U0895305

国家自然科学基金（G305－71663041）
宁夏高等学校一流学科建设项目（理论经济学学科）（项目编号：NXY-LXK2017B04）
“十三五”国家重点出版物出版规划项目
中国经济治略丛书

生态移民意识培育、行为养成、制度建设响应机制研究

——基于生态文明建设目标驱动视角

东　梅　等著

中国财经出版传媒集团

图书在版编目（CIP）数据

生态移民意识培育、行为养成、制度建设响应机制研究：基于生态文明建设目标驱动视角/东梅等著．—北京：经济科学出版社，2020.7
（中国经济治略丛书）
ISBN 978-7-5218-1694-5

Ⅰ.①生… Ⅱ.①东… Ⅲ.①移民安置-研究-中国 Ⅳ.①D632.4

中国版本图书馆CIP数据核字（2020）第122007号

责任编辑：王 娟 张立莉
责任校对：刘 昕
责任印制：邱 天

生态移民意识培育、行为养成、制度建设响应机制研究
——基于生态文明建设目标驱动视角
东 梅 等著
经济科学出版社出版、发行 新华书店经销
社址：北京市海淀区阜成路甲28号 邮编：100142
总编部电话：010-88191217 发行部电话：010-88191522
网址：www.esp.com.cn
电子邮箱：esp@esp.com.cn
天猫网店：经济科学出版社旗舰店
网址：http://jjkxcbs.tmall.com
北京季蜂印刷有限公司印装
710×1000 16开 15印张 290000字
2020年12月第1版 2020年12月第1次印刷
ISBN 978-7-5218-1694-5 定价：69.00元
（图书出现印装问题，本社负责调换。电话：010-88191510）

本书得到开放战略与区域经济自治区级人文社科重点研究基地建设项目、宁夏大学社科重大项目（SXZD2017004）、宁夏大学理论经济学一流学科（NX-YLXK2017B04）资助。

自序

自锁定生态移民这个研究话题，不知不觉中，已走过十五个年头，从最初的项目绩效评估到中期移民项目满意度关注，再到生态文明建设研究，生态移民研究的外延越来越大。作为打破环境脆弱与经济贫困恶性循环的措施之一，生态移民的减贫效果不容小觑。然而，将一个贫困人口迁移到一个全新的地区，短时间内移民所面临的心理、经济和社会方面的问题也不容忽视，尤其是面对国家生态文明建设这个更高的目标时，对移民的挑战更大。

生态文明强调人与人、人与社会的和谐共生及全面发展，需要一种新的主体承担时代重任。生态移民是新时期生态环境选择的产物，理应承担起农村生态文明建设的重任。然而，在实践中，生态移民在短期内可能很难担此重任。原因在于：生态移民大多是经济贫困，加之生态环境保护机制不健全，导致他们较少会在经济利益和生态利益冲突时主动选择生态利益，这决定了生态文明建设将是一个长期而艰巨的任务。本书正是在这样的背景下完成的。

本书旨在以生态移民这个群体为研究对象，研究其在生态文明这个建设目标的驱动下，在生态制度约束或激励下，如何通过生态意识培育、促进其生态行为养成，从而使其成为新时代合格的生态公民。

本书是我和研究生们共同完成的成果。我负责了第 1 章～第

4章的工作，主要围绕理论框架构建、评价指标选取、文献回顾、现状描述等；研究生高越红负责第5章、第6章的写作；研究生欧耀文负责第7章和第10章的写作；研究生孙宁波负责第8章的写作；研究生张旭完成了第9章写作。感谢同学们的辛勤工作，本书文责自负！

本书的主要贡献是引入了NEP环境研究范式，设计了一套生态文明响应机制的调查问卷，检验了生态知识—生态意识—生态行为—生态制度之间的量化关系在移民安置区的适用性。希望本书对于我国农村地区生态文明建设研究有所贡献。

东　梅

2019年7月1日

前言

人与自然的矛盾是人类文明演进的驱动力。从原始文明、农业文明到工业文明，人类文明经历了由低向高的发展过程，生态文明是继工业文明之后、一种更高级的文明形式（谢龙，2009；黄晓云，2014；丁竹，2015）。众所周知，工业文明在推动人类发展的同时，也带来了严峻的环境问题。日益严重的水污染、土壤污染、空气污染等问题不但唤醒了公众对生态环境的强烈关注，也引起了政府的高度关注。党的十八大报告中提出了“我们一定要建立系统的生态文明制度体系，努力走向生态文明新时代”。举国上下的关注为我国生态文明建设提供了千载难逢的契机。

以生态移民为切入点研究生态文明建设具有很强的代表性。生态文明强调人与人、人与社会的和谐共生及全面发展，需要一种新的主体承担时代重任（徐梓淇，2013）。生态移民是新时期生态环境选择的产物，理应承担起农村生态文明建设的重任。因此，以“生态移民”为切入点，以点带面地研究农村，乃至全国生态文明建设这个“面”，具有很强的代表性。

宁夏回族自治区是我国生态较为脆弱、贫困人口较为集中的连片地区之一，因此也是生态移民实践经验比较丰富的地区之一。本书以宁夏回族自治区为例，从宏观（外部环境、制度建设）和微观（生态意识、生态行为）两个层面，构建了生态移民对生态文明建设响应机制研究理论框架与评价指标体系；以调查数据为基础，采用多种计量模型，揭示了生态移民生态意识培育、生态行为养成、制度约束三者之间的内在因果关系，以及三者对生态文明目标实现的外在联动效应，为我国农村地区生态文明建设提供理论和实践支撑。

本书共有十个章节：第 1 章是问题提出、研究目标及研究方法探讨等；第 2、第 3 章辨析了生态知识、生态意识、生态行为与生态制度之间的关系，构建了三者之间理论框架；第 4 章介绍了宁夏生态移民、生态文明建设发展历程；第 5 章到第 9 章是实证研究，分别研究了生态移民知识与生态意识、生态意识与生态行为、制度对生态行为的影响机制、生态文明响应机制等；第 10 章是政策建议。

本书的贡献可能有三个：第一，设计了一套生态移民生态文明建设响应机制调查问卷；第二，验证了生态知识—生态意识—生态行为模型在宁夏生态移民迁入区的适用性；第三，编撰了数十个生态文明建设案例。

本书的创新可能有三个。

研究视角：以经济学为基础，将管理学、社会学、心理学、哲学等学科相关知识引入分析体系，从内部和外部两种驱动力入手，从微观到宏观、从内部到外部，全面理解和认识生态文明建设目标下，生态移民生态意识培育、生态行为养成以及管理制度完善。

研究方法：分析框架注重系统性和内在关联性。本书按照压力—状态—响应模型的逻辑关系，构建生态移民对生态文明响应机制理论分析框架，通过提炼假说、实证检验等方法，系统研究生态移民生态意识、生态行为以及制度三者之间的内在关联性，以及对生态文明目标的响应机理。这种既注重系统性又注重内在性的研究方法使研究更全面、结论更可靠。

研究意义：理论的价值在于指导实践。本书从生态移民的生态意识、行为以及管理入手，关注我国农村地区生态文明建设这一长期趋势，可满足决策层短中期内的紧迫需求，学术、政策意义兼顾。

目录 CONTENTS

第 1 章

引　言

1.1 研究意义

人与自然的矛盾是人类文明演进的驱动力。从原始文明、农业文明到工业文明，人类文明经历了由低向高的发展过程，生态文明是继工业文明之后，一种更高级的文明形式（谢龙，2009；黄晓云，2014；丁竹，2015）。众所周知，工业文明在推动人类发展的同时，也带来了严峻的环境问题。日益严重的水污染、土壤污染、空气污染等问题不但唤醒了公众对生态环境的强烈关注，也引起了国家的高度关注。党的十八大报告中提出了“我们一定要建立系统的生态文明制度体系，努力走向生态文明新时代”。举国上下的强烈关注为我国生态文明建设提供了千载难逢的契机。

人与自然的矛盾是人类调整自身行为的重要依据。一直以来，生态文明都在哲学、心理学、生态学等领域广泛讨论着。我国自古就有道法自然、天人合一的哲学思想，但这些朴素的生态保护理念受到了经济大潮的强烈冲击。农村地区受到的冲击尤为严重，它们不但要承受自身环境破坏的后果，还要被迫接受城市转移的污染，因此，农村地区已成为我国生态文明建设的薄弱环节，那些生态环境脆弱地区的农村更是如此（黄巧云、田雪，2014；袁树、黄洪雷，2015；古桂琴，2015）。对这些地区而言，打破贫困和生态环境恶化之间循环魔咒、缓解人与自然之间尖锐矛盾的有效途径就是生态移民（东梅，2005；张灵俐等，2013）。

生态移民对生态文明建设具有强烈的需求。连片特困地区在我国生态文明建设中处于极为重要的地位（李晓龙、徐鲲，2014）。由于经济贫困和生态脆弱之间具有强烈的耦合关系（李周，2000；李培林，2013），因此在那些集中连片的特困地区继续使用传统的扶贫方式效果并不明显（都阳、蔡昉，2005；汪三贵，2006）。为此，《中国农村扶贫开发纲要（2001－2010年）》《中国农村扶贫开发纲要（2011－2020年）》均提出，对于那些居住在生存条件恶劣地区的特困人口，要坚持自愿的原则实行易地扶贫搬迁。宁夏将2000年后境内实施的易地扶贫搬迁统称为生态移民。生态移民是生态环境恶化的受害者，他们对生态文明建设有着更加迫切的需求（高越红，2019）。

以生态移民为切入点研究生态文明建设具有很强的代表性。生态文明强调人与人、人与社会的和谐共生与全面发展，需要一种新的主体承担时代重任（徐梓淇，2013）。生态移民是新时期生态环境选择的产物，理应承担起农村生态文明建设的重任。然而，在实践中，生态移民在短期内可能很难担此重任。原因在于：生态移民大多处于贫困状态，因此，在经济利益和生态利益有冲突时，移民很少会主动选择生态利益。试想，如果这些生态移民在搬迁后，仍然沿袭过去的生产、生活方式，那么，总有那么一天，新搬迁之地又会变成旧日离开之所，那么生态移民的意义何在？因此，以“生态移民”为切入点，以点带面地研究农村乃至全国生态文明建设这个“面”，具有很强的代表性。

在这个背景下，本书拟以宁夏回族自治区为例，从宏观（外部环境、制度建设）和微观（生态意识、生态行为）两个层面，构建生态移民对生态文明建设响应机制研究理论框架与评价指标体系；以调查数据为基础，采用多种计量模型，揭示生态移民生态意识培育、生态行为养成、制度建设三者之间的内在因果关系，以及三者对生态文明目标实现的外在联动效应，为我国农村地区生态文明建设提供理论和实践支撑。本书对培育新型农村生态文明建设主体、丰富生态移民研究内容、促进生态文明建设具有重要的理论和现实意义。

1.2 研究目标

本书以宁夏回族自治区为例，从宏观（外部环境）到微观（生态移民）、从外驱（制度建设）到内驱（生态意识和生态行为）两个层面，构建生态移民对生态文明建设响应机制研究理论框架与评价指标体系；以调查数据为基础，采用多种计量模型，揭示生态意识、生态行为、制度建设三者之间的内在因果关系，以及三者对生态文明建设目标响应的外在联动效应，为我国农村生态文明建设提供理论和实践支撑。本书对培育我国新型生态文明建设主体，丰富生态移民研究，促进生态文明建设具有重要的理论和现实意义。

1.3 研究内容

1.3.1 构建理论框架

机制是指系统内各子系统（要素）之间相互作用、相互联系、相互制约的形式和运动原理及其内在的、本质的工作方式。响应机制概念来自压力—状态—响应模型，该模型的逻辑关系是“原因—效应—响应”。本书借鉴了这一概念的逻辑关系，即生态文明作为一种外部“压力”，必然驱动生态移民从意识、行为到制度发生“状态”改变，才能“响应”生态文明建设目标的要求。这部分由评价指标体系和响应机制构建两部分构成。

1.3.1.1 生态移民生态意识、生态行为、制度建设内容研究及指标体系构建

综合国内外文献，研究生态意识、生态行为和制度建设，构建相应的评价指标体系，结合生态移民特点，在专家访谈与德尔菲法基础上，修正上述指标体系。

首先，生态意识内容及指标体系构建。生态意识是生态移民响应生态文明建设目标的内在动力。文献显示，生态意识应包含生态认知与情感、生态意志与参与、生态知识三方面内容。

其次，生态行为内容及指标体系构建。生态行为是生态移民响应生态文明建设目标的内在约束力。生态移民在具备了生态意识、在严格的制度约束或激励下，生态行为可能实现或强化。实施生态行为需要进行生产方

式（如种植、养殖等）、生活方式（如生活垃圾处理等）和其他方面的调整，因此需要支付相应的成本。成本的高低是生态移民践行生态行为时言行不一的主要原因。因此，生态行为是生态文明目标实现的内在约束力。生态行为与生态意识一起构成生态文明实现的内在驱动力（内因）。

最后，生态文明制度建设内容及指标体系构建。完善的制度和强有力的执行是生态移民响应生态文明建设目标的外在驱动力（外因）。制度建设应包括法律法规、经济奖惩手段等正式制度，也包括一些乡规民约、伦理道德等非正式制度。制度对生态移民的生态行为可起到约束或强化的作用。

1.3.1.2 响应机制构建

生态移民对生态文明响应机制应包含两个层面：从微观上看，生态文明要求移民具有生态意识、生态行为；宏观上应有完善的制度保障。它们之间的关系应该是：生态意识和生态行为是生态文明目标实现的内在驱动力，是生态文明目标实现的内因；制度建设是生态文明目标实现的外在驱动力，是外因；内因是根本，外因通过内因起作用，可加速或延缓生态文明目标实现的进程。

1.3.2 提出研究假设

在生态移民对生态文明建设目标响应机制理论分析的基础上，提出如下研究假设。

1.3.2.1 生态移民生态意识研究及假设

生态意识是生态移民响应对生态文明建设的内在动力。移民的生态意识受到本身的知识、信仰、经验、民族等因素影响，因此，不同移民（指不同文化、不同民族、不同经济地位、不同社会关系等）的生态意识不同，对生态文明建设目标的响应程度也不同。为此，我们提出研究假设1、研究假设2。

研究假设1：生态意识越强，生态移民对生态文明目标的响应度越高。

研究假设2：不同移民的生态意识不同，对生态文明目标的响应度不同。

1.3.2.2 生态移民生态行为研究及假设

生态行为是生态移民响应生态文明建设的内在约束力，生态意识对生态行为具有促进或抑制作用，生态行为与生态意识一起构成生态文明建设的内在驱动力。实施生态行为需要对某些生产方式（如种植、养殖等）和生活方式（如生活垃圾处理等）进行调整。一般而言，生态移民的行为越文明，生态文明目标越容易实现。然而，由于不同移民的生态行为成本不同，因而对生态文明目标实现的响应程度也不同。

研究假设3：生态移民的生态意识与生态行为存在正相关。

研究假设4：生态行为越文明，生态移民对生态文明目标响应度越高。

研究假设5：不同移民实施生态行为成本不同，对生态文明目标响应度不同。

1.3.2.3 生态文明制度研究及假设

完善的制度和强有力的执行是生态移民响应生态文明建设的外在驱动力。一般而言，生态保护制度越完善、执行越严格，对于生态移民而言，其实施生态行为的可能性越大，从而对生态文明目标的响应程度越强。然而，由于不同移民对制度遵守的程度和受到的惩罚概率不同，因而其对生态文明目标实现的响应程度也不同。

研究假设6：制度建设与生态移民生态行为存在正相关。

研究假设7：制度建设越完善，生态移民对生态文明目标的响应度越高。

研究假设8：不同移民对制度遵守不同，因而对生态文明目标响应度不同。

1.3.3 实证研究

基于生态移民的调查数据，运用计量经济学方法，从以下五个方面进行研究：

（1）验证生态意识与生态行为之间的关系，验证假说3；

（2）验证制度约束与生态行为之间的关系，验证假说6；

（3）关键因子提取：运用主成分分析、结构方程模型，提取生态意识、生态行为、制度建设三方面对生态文明响应度的关键因子，在此基础上验证假设1、假设4和假设7；

（4）采用相邻级别Logit模型、研究所提炼的关键因子对生态文明响应度的影响程度：

分析生态移民生态意识关键因子对生态文明响应度影响，验证假设2；

分析生态移民制度约束关键因子对生态文明响应度影响，验证假设5；

分析生态移民生态行为关键因子对生态文明响应度影响，验证假设8。

（5）在以上实证研究的基础上，归纳响应机制主要形式：

设生态意识关键因子为一组矢量A，生态行为关键因子为一组矢量B，制度保障关键因子为一组矢量C。

若：A+，B+，C+，则定义为正响应，且响应度强，表现为积极配合；

若：A+，B+，C-，则定义为正响应，但响应度较强，表现为自发行为，需完善制度建设；

若：A+，B-，C+，则定义为负响应，且响应度较弱，表现为不配合，需强化行为约束；

若：A+，B-，C-，则定义为负响应，且响应度弱，表现为不配合，需完善制度、强化行为约束；

若：A-，B+，C+，则定义为正响应，但响应度中，表现为自发行为，需加强生态教育；

若：A-，B+，C-，则定义为正响应，但响应度中，表现为自发行为，需加强生态教育、完善制度建设；

若：A-，B-，C+，则定义为负响应，且响应度非常弱，表现为不配合，需加强生态教育，强化行为约束；

若：A-，B-，C-，则定义为负响应，响应度非常弱，表现为不配合，生态文明目标无法实现。

1.3.4 结论与建议

最后，基于以上研究结论，从培育生态移民生态意识、完善生态文明制度、强化生态移民生态行为三个方面，提出促进生态文明建设的政策建议。

1.4 研究方案

1.4.1 技术路线

为了确保研究内容顺利完成，将按如下技术路线（如图1-1所示）开展工作：首先，在文献研究的基础上，构建生态移民对生态文明响应机制理论框架及指标体系；其次，利用上述理论框架和农户调查资料，运用多种计量经济方法，分别从生态意识、生态行为、制度建设三方面研究生

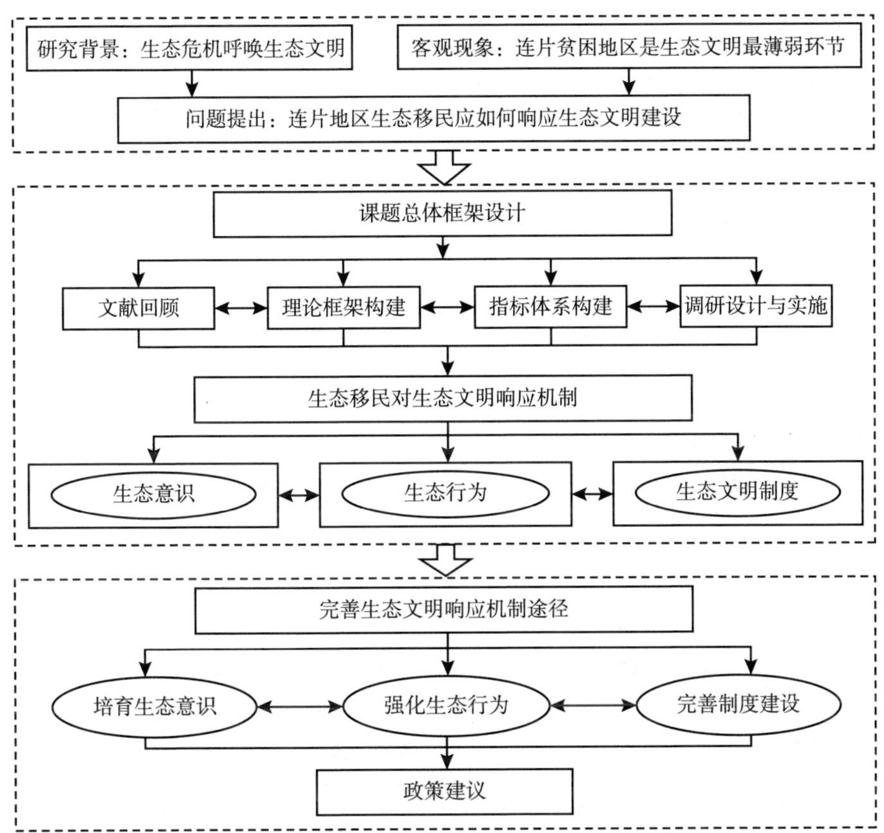

图1-1 总技术路线图

态移民对生态文明建设响应机制；最后，从培育生态意识、完善制度建设、强化生态行为三方面，提出生态文明建设路径选择和政策建议。

1.4.2 实验手段

课题以抽样调查获取一手农户数据为基础，以官方数据和课题组其他相关研究调查数据为辅助，支持本项研究的开展。

选点：2013 年，申请人依托国家自然科学基金，对生态移民满意度及其安置方式选择策略进行了调查，共收集了 3 种类型、36 个移民点、1016 户、3720 人调查数据，其中：有土安置已搬迁有效样本 514 户、2270 人，劳务移民 326 户、734 人，待搬迁移民 176 户、716 人。本课题在 2013 年调查数据的基础上，于 2018 年选择 505 户有土安置生态移民（由于劳务移民是非农安置，故不在跟踪范畴）进行跟踪调查，构成一个面板数据。

跟踪调查增加了以下两个方面的工作。

第一，修改入户调查问卷，删除一些不相关内容，增加新内容。如何用具体指标度量生态移民的生态意识、生态行为，以及制度约束这些抽象的问题，是此次跟踪调查的重点任务。在保留过去移民基本信息，同时更新一些会随时间发生变化的信息后，本书重点要增加这方面的调查内容。

第二，增加县、市、区关于生态文明管理方面的调查问卷与访谈计划。生态文明是一个系统工程，单纯依靠生态移民觉悟难以实现，因此，有必要增加县、市管理部门政策方面的调查，这些调查包括具体数据，也包括一些管理者的访谈。

抽样：宁夏生态移民按照迁入县和迁出县对应接收的方式进行搬迁，即银川市兴庆区——彭阳县、银川市金凤区——彭阳县、银川市西夏区——彭阳县、永宁县——原州区和隆德县、贺兰县——原州区和西吉县、灵武县——泾源县、平罗县——西吉县、利通区——同心县、青铜峡——同心县、红寺堡——同心县和原州区、中宁县——海原县、宁夏农垦集团——海原和原州区。为了使调查样本覆盖到尽可能多的移民点，我们为每个迁出县在迁入县寻找 2 个安置点。调查采用多阶段随机抽样方法在省内依次抽取了样本县、样本乡镇、样本村庄和样本农户。由于现在的生态移民安置点规模较大，每个安置村三五千人非常普遍，因此难以按照传统的、每村 10 户这样的方法抽取样本。我们按照人口比例，如每村总人口的 1% ~2% 确定样本量。这样，每个搬迁安置点抽取的农户数量并不相同。

调查：由于样本量较大，调研内容比较细致，故选取了10名研究生组成调研组，于2017年正式调研。

1.5 研究方法

1.5.1 定性分析法

在理论框架及指标体系构建中，将使用文献检索法等定性研究方法。我们采用了如下四个步骤建立指标体系：第一，建立社会理想指标体系（social desirability，SD），拟借鉴阿梅朗和巴图塞克（Amelang and Bartussek，1970）的指标体系，这个指标体系包含32个“是或否”的问题；第二，建立生态行为指标体系（general ecological behavior，GEB），这个方法是瑞特和马斯特（Wright and Masters，1982）提出的，包含38个“是或否”的关于生态行为的判断题；第三，建立生态意识指标体系（ecological behavior intentions，简称EBI），借鉴（Fuhrer and Wolfing，1997）提出的包含生态认知与情感、生态意志与参与、生态知识三个层次28个环境态度问题指标体系。第四，在以上指标体系研究的基础上，结合国内生态移民研究成果，构建生态移民对生态文明响应机制指标体系，并采用德尔菲法，修正上述指标体系。

1.5.2 观察法

生态意识是一种潜意识，需要借助观察法、通过观察各种现象去辨识、去推测。观察法是指研究者根据一定的研究目的、研究提纲或观察表，用感官和辅助工具去直接观察被研究对象，从而获得资料的一种方法。在研究生态移民生态意识时将使用观察法。

1.5.3 调查法

研究生态移民生态行为和制度建设时将使用调查法。调查法是有目的、有计划、有系统地搜集有关研究对象现实状况或历史状况材料的方法。将对生态移民、村级、乡级、县级、市级等管理部门，综合运用观察法、谈话、问卷调查、个案研究、测验等科学方式，对生态移民的生态行为和制度建设方面信息，进行有计划地、周密地、系统地收集，并对搜集到的资料进行分析、综合、比较、归纳，从而得出规律性的认识。

1.5.4 定量分析法

1.5.4.1 支付意愿法

实施生态行为需要支付一定的成本，这个成本可能来自行为的实施者，也可能来自政府，无论哪一方支付了成本，都需要受益方进行补偿。然而，由于自然或生态价值的不可测量性，需要使用条件价值（contingent valuation method，CVM）或支付意愿法（willingness to pay，WTP）计算成本补偿额度。虽然很多学者认为支付意愿法中可能存在策略性偏差、起点偏差、局部和整体偏差、抽样范围偏差、样本设计和执行偏差、假想偏差、推力偏差等诸多问题，但在各国学者坚持不懈地对该方法的运用条件、有效范围、调查程序、方式和问卷设计等探讨后，应用支付意愿法估算结果的可信度被大大提高了（Jorgensen，Macmillan，Kaplowitz）。

我们采用支付意愿法研究生态移民生态行为。我们注意到，生态行为需要生态移民从生产方式到生活方式发生相应的改变，然而，由于生产方式和生活方式涉及的项目较多，我们只能选择几个有代表性的项目分别研究，如在生产方式中选择地膜回收、农药使用、清洁生产项目等；在生活方式中选择垃圾处理、旱厕改造项目等。假设生态移民实施生态行为的意愿有愿意和不愿意两种情形。若以实施意愿为因变量，则其符合二项分布函数。选择 Logit 模型，使用 CVM 获得的样本数据，对生态移民生态行为实施意愿与影响因素之间的关系进行实证分析。设第 i 个消费者从追溯信息中获得的消费者剩余 V_i，构建以下二元离散选择模型：

$$y = logit(P) = \ln\left[\frac{P}{1-P}\right] = \beta_0 + \sum_{i=1}^{k} \beta_i x_i \qquad (1-1)$$

即：

$$P(y=j \mid x_i) = \frac{\exp(\beta_0 + \beta_1 x_1 + \cdots + \beta_k x_k)}{1 + \exp(\beta_0 + \beta_1 x_1 + \cdots + \beta_k x_k)},\ j=0,\ 1 \qquad (1-2)$$

式（1-1）中，y 为因变量，表示生态行为实施意愿：当 y=0 时，表示不愿意；当 y=1 时，表示愿意实施生态行为。x_i 为自变量，表示 i 个影响生态行为实施的因素。β_0 为截距，β_i 为各变量的系数。

1.5.4.2 结构方程模型

由于响应机制研究中往往涉及潜变量（如人的态度）的测量和因果模型的验证，因而在研究响应机制关键驱动因子识别中将用到结构方程模型。结构方程模型（structural equations modeling，SEM）是一种建立、估计和检验因果关系模型的多元统计分析技术，它包含了回归分析、因子分析、路径分析和多元方差分析等一系列多元统计分析方法。结构方程模型分为测量方程（measurement equation）和结构方程（structural equation）两部分。测量方程描述潜变量与指标之间的关系，结构方程则反映潜变量之间的关系。潜在变量是指那些不可能直接测量的变量，它包括比较抽象的概念和由于种种原因而不能准确测量的变量。由于潜在变量的不可测量性，观测变量可以视作潜变量的衡量指标。瑞特（Wright）推荐的 LISREL 路径图如图 1-2 所示，能明确变量之间的因果关系，并据此提出研究假设。

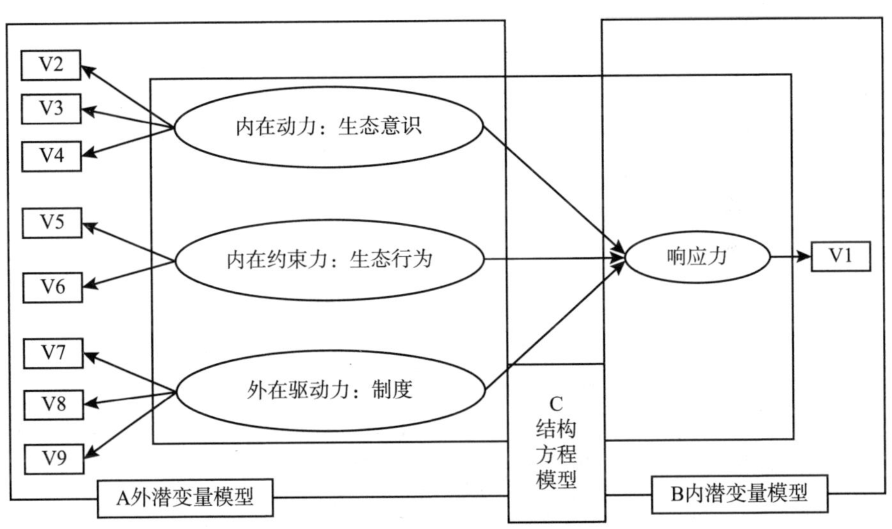

图 1-2 结构方程模型示意图

图 1-2 中的矩形表示观测变量，椭圆表示潜在变量，观测变量是潜

在变量的测度标识。左边的方框 A 表示外源潜在变量的测量模型，包括移民生态意识、生态行为和制度建设三个潜变量，其中生态意识由生态危机意识、生态责任意识、生态知识 3 个（VAR2—VAR4）度量，生态行为由生产方式调整、生活方式调整 2 个标识（VAR5—VAR6）度量，制度建设由法律法规、经济手段、其他手段 3 个标识（VAR7—VAR9）度量。右边的方框 B 表示内源潜在变量的测量模型，响应度由 1 个标识（VAR1，取值范围 1 ~5）度量，中间的方框 C 表示结构方程模型中的结构模型，它由三个外源潜在变量（生态意识、生态行为和制度建设）和一个内源潜在变量（响应程度）构成，潜在变量之间的连线代表了研究假设（假设 1 ~ 假设 8），单箭头线条表示假设两个潜在变量之间存在因果关系，箭头指向结果变量，即内潜变量。用 AMOS8. 0 软件对模型的拟合指数、因子载荷系数、路径系数及其显著性的检验分析，验证研究假设。估计方法是最大似然估计或最小广义二乘法。

1.5.4.3 相邻级别 Logit 模型

在研究生态移民对生态文明响应机制研究时，将用到相邻级别 Logit 模型（adjacent-category logit model）。相邻级别 Logit 模型主要用于因变量需要排序的研究中，由于响应度有从不响应到十分响应五个级别，因而适用于此模型。

设：Y 为排序因变量（ordered dependent variable），代表移民对生态文明响应度，有 r 个选择类别，Y =（1，2，…，r），j =1，2，…，r 代表第 j 个选择（本书中用 1、2、3、4、5 分别代表不响应、不太响应、基本响应、比较响应、十分响应），$\pi=(\pi_1, \pi_2, \cdots, \pi_j)$ 代表各种态度出现的概率；自变量 XWZ 分别有 K 个影响个体选择的变量。

函数形式分别为：

Y 代表移民响应度，X 代表生态意识关键因子；

$$y_i = f(x_i, u_i) \tag{1-3}$$

Y 代表移民响应度，W 代表制度建设关键因子；

$$y_i = f(w_i, u_i) \tag{1-4}$$

Y 代表移民响应度，Z 代表生态行为关键因子；

$$y_i = f(z_i, u_i) \tag{1-5}$$

定义个体的选择落入相邻两个级别的机会比对数（log-odds）为 $\log\frac{\pi_{j+1}}{\pi_j}$（j =1，2，…，r -1），可得相邻级别 Logit 模型如下：

$$\log \frac{\pi_{j+1}}{\pi_j} = -\alpha_j - \beta_1 x_1 - \beta_2 x_2 - \cdots - \beta_k x_k \quad (j=1, 2, \cdots, r-1)$$

$$\log \frac{\pi_{j+1}}{\pi_j} = -\alpha_j + \beta_1 x_1 + \beta_2 x_2 + \cdots + \beta_k x_k \quad (j=1, 2, \cdots, r-1)$$

(1－6)

式（1－6）包括 $r-1$ 个回归方程和 $k+(r-1)$ 个待估参数，采用极大似然法估计，求得因变量的取值落入各等级的概率。由于因变量 Y 的取值是排序的，模型参数 β_k 表示当其他自变量保持不变时，自变量 x_k 每变化一个单位，因变量的取值落入任意两个相邻等级 $j+1$ 和 j 的机会比对数（log-odds）都变化 β_k 个单位。

1.6 关键科学问题

本书拟解决的关键科学问题有三个：第一，如何将生态意识、生态行为、制度建设这些抽象的、集合概念指标化；第二，如何从生态意识、生态行为、制度建设三方面建立生态移民对生态文明响应机制理论研究框架；第三，如何在实践中验证三者之间的内在因果关系和对生态文明建设目标响应的外在联动效应，为政府科学决策提供依据。

1.7 特色与创新

1.7.1 研究视角

以经济学为基础，将管理学、社会学、心理学、哲学等学科相关知识引入分析体系，从内部和外部两种驱动力入手，从微观到宏观、从内部到外部，全面理解和认识生态文明建设目标下，生态移民生态意识培育、生态行为转变以及管理制度完善。

1.7.2 研究方法

分析框架注重系统性和内在关联性。本书按照压力—现状—响应模型的逻辑关系，构建生态移民对生态文明响应机制理论分析框架，通过提炼假说、实证检验等方法，系统研究生态移民生态意识、生态行为以及制度建设三者之间的内在关联性，以及对生态文明目标的响应机理。这种既注重系统性又注重内在性的研究方法使研究更全面、结论更可靠。

1.7.3 研究意义

理论的价值在于指导实践。本书从生态移民的生态意识、行为以及管理入手，关注我国农村地区生态文明建设这一长期趋势，可满足决策层短中期内的紧迫需求，学术、政策意义兼顾。

第 2 章

文献回顾

根据“十八大”精神，我国生态文明制度体系应包括生态意识文明、生态行为文明和生态制度文明三个方面。张首先等（2010）认为，政治、经济和文化资源是我国生态文明建设的体制资源与动力基础。生态文明建设首先是“生态人”的培育（黄正泉，2012；徐梓淇，2013），因为人的生态意识引导着人的生态行为（王迎，2013；刘海霞等，2014）；公民生态行为规范是关于公民生态行为的规则或准则（刘新庚等，2014）；生态行为有良性生态行为、中性生态行为和负面生态行为三种（李贵德等，2013）。倪珊等（2013）指出，生态文明建设目标指标体系是量化生态文明建设水平最有效的手段。生态文明建设应是“自上而下治”和“自下而上治”相结合的、上下联动过程（毛惠萍等，2013）。张首先（2013、2014）指出，全球化视域下国际资本生态殖民的外在压力和国内资本的内在压力，是我国生态文明建设面临的主要压力；学术话语、政治话语和公众话语是我国生态文明建设的话语形态及动力基础。刘海霞、宋秀葵（2014）认为，公民生态意识的集体提升可以推动政府的生态行为、企业的生态行为和社会生态行为。《中共中央关于全面深化改革若干重大问题的决定》提出，要以“最严格的源头保护制度、损害赔偿制度、责任追究制度，完善环境治理和生态修复制度，用制度保护生态环境”，为此，有必要制定有针对性的管制政策、引导普通公众向生态公民转变，帮助政府实现区域生态风险有效防范（彭皓玥，2015）。

2.1 生态移民研究

人口迁移领域的研究一直是国外经济研究的一个重要内容之一：拉文斯坦的人口迁移规律、唐纳德·博格推—拉理论、费景汉和拉尼斯的农业劳动力转移模型、托达罗的预期收入模型、舒尔茨的人力资本理论等理论或学说的诞生，从多个视角揭示了人口迁移的内在规律，反映了人口迁移问题的重要性和复杂性。然而，这些理论并没有把迁移与环境、迁移与生活质量等重要因素包含进去。近 20 年来，人口和环境领域的研究取得了很大进展。例如，在增加了一些如贫困、发展因素、社会因素及技术要素等新变量后，过去简单的人口增长与环境恶化的线性模型（Ehrlich，1968）逐渐被拓展了（Jolly，1994；Marquette and Bilsborrow，1999；Panayotou，2000）。以后这个领域的研究又被延伸到了迁移与环境领域，即生态（环境）移民领域。

在资源缺乏将导致经济贫困—环境破坏—经济再贫困的恶性循环的假设前提下，贫困通常被认为是造成环境问题的主要原因（World Commission on Environment and Development，1987），而短期或长期的迁移又通常被认为是打破这种恶性循环的有效手段之一（Bigsten，1996；Lucas，1997；Haan，1999）。遗憾的是，关于这一点，许多的研究结论却并不一致（Curran，2002；Katz，2000；Pretty and Ward，2001；Joseph Tzanopoulos et al.，2010）。总体来说，国外对于贫困与迁移、迁移与贫困消除的定量研究并不多（Mckenzie and Rapoport，2004；Sabates，2005；Myers，2005；Brown O.，2007；David and Richard，2009）。以生态移民为研究对象，研究其生态文明建设的文献更为鲜见。国内出现真正意义的生态移民始于 20 世纪 90 年代末，相关研究集中在以下七个方面。

2.1.1 生态移民意义研究

秦玉才等（2001）在讨论正确处理退耕还林工程中的两大关系时提出，要把退耕还林和生态移民结合起来，以促进和带动农村经济可持续发展。方兵、彭志光（2002）用事实指出了西部生态环境破坏的严重性和保护西部生态环境的紧迫性。东日布（2002）认为，生态移民既是对牧区传统观念的更新，也是对传统生产方式的革命，还是对牧区现行经济政策的完善发展。东梅（2005）指出，保持退耕还林成果、减少生态脆弱地区生态压力可能的有效渠道就是生态移民。

2.1.2 生态移民类型研究

生态移民按照其迁移目的可分为三类：一是为遏制我国土地沙漠化而在干旱半干旱地区进行的迁移（吴晓英，2006；葛根高娃，2003、2006等）。二是以保护大江大河源头生态为目的而进行的迁移（刘敏，2005；盛国滨，2006；张志良等，2005等）。三是由于兴建一些大型水利工程而进行的移民（潘晓成，2006）。

2.1.3 生态移民评价指标研究

张涛、袁辕、张志良（1997）首次构建了一套较为完整的移民经济效益、生态效益、社会效益的指标体系及移民综合效益的评估方法。以后很多移民研究（尤其是工程移民）使该评价指标体系得到了进一步的重视和完善（杨文健等，2004；潘晓成，2006；焦爱萍，2006；唐建，2006；孔令强，2006）。东梅（2011）针对宁夏生态移民情况，从经济、社会和生态三方面构建了一套完整的生态移民扶贫绩效评价指标体系，并将其应用到宁夏移民实践进行检验。

2.1.4 生态移民安置方式研究

生态移民安置方式研究共有四类：第一类是按照搬迁目的不同而衍生的安置方式，包括政府建移民开发基地安置移民（含县内移民和跨县跨地区移民）、插花移民（由农民自己投亲靠友，分散安置，政府可能给予一定补助）、由企业承办的移民（包括由乡镇企业解决就业的移民和农业开发移民等），其中政府建移民开发基地安置移民占主导地位（白南生，2000）。第二类是按照是否分配土地可分为有土安置和无土非农化安置两种（东梅，2005；葛根高娃，2006；王素芳等，2009；郑瑞强等，2011）。第三类是城市楼房安置方式，主要针对水库移民（郑瑞强等，2011）。第四类是“多样化组合”安置方式，即考虑移民建议和需求，设计多种安置方式和扶持政策，在总成本控制的前提下，根据移民安置对象群体特点与需求特征，形成多样化安置方式组合（郑瑞强等，2011）。宁夏在坚持移民自主选择、“按需定供、依供取需”的原则下，提出“开发土地集中安置、适度集中就近安置、因地制宜插花安置、劳务移民无地安置和特殊人群敬老院安置”的多样化组合安置方式（宁夏生态移民十二五规划，2011）。

2.1.5 生态移民存在问题与对策研究

唐丽霞等（2005）以宁夏西吉县和云南沧源县的自愿移民为例，对两地自愿移民的目标瞄准进行了研究，发现自愿移民中存在着目标瞄准偏离的现象。东梅（2010、2011）实证分析了宁夏生态移民项目对移民收入的影响，以及生态移民的瞄准效率问题。俞刚（2010）提出，在有限的条件下，如何通过自身体制改革、机制创新等措施，解决甘肃民勤生态移民问题。周华坤（2010）则构建了一套适合于三江源区的生态移民支持政策。唐宏等（2011）从生态移民意愿调查出发，提出政府应从基础设施等方面保障移民工程的实施。

2.1.6 生态移民项目满意度驱动机制研究

东梅等（2014、2015）以期望理论、需求层次论和推拉理论等为依据，从移民满意度内驱力、外引力和中介力三个层面研究了有土安置和无土安置两种生态移民安置方式下，生态移民满意度驱动机制与其安置方式选择策略之间的因果关系。

2.1.7 生态移民可持续发展与生态文明建设研究

初春霞等（2006）分析了生态移民对内蒙古经济可持续发展的影响。朱儒顺等（2007）探讨了内蒙古草原牧区生态移民可持续发展途径。张小明（2008）从可持续发展角度提出了生态移民的战略思想、目标、措施和步骤。朱丽（2008）从生态承载力、人居环境评价以及效益分析三方面研究了生态移民异地搬迁后，区域生态承载力以及人居环境状况的变化。赵宏利、陈修文等（2009）对生态移民后续产业发展模式进行了研究。史俊宏（2010）从理论上构建移民安置区可持续发展指标体系并探讨了可持续发展综合评估方法。李培林等（2013）、宋豪等（2014）指出，由于贫困与环境恶劣具有内在耦合性，因此高山生态扶贫搬迁能重新调整人与自然的关系，实现消除贫困、发展经济、保护生态的目的，具有生态保护与脱贫致富的双重效应，是生态文明视域下扶贫开发工作的创新举措。王新军等（2014）指出，在生态文明的理念下实施生态移民，实质是在资源环境承载力的基础上，以自然规律为准则，实现移民的可持续发展和移民新区建设。

2.2 生态文明研究

生态文明相关的研究集中在生态文明概念和生态文明内容两个方面。

2.2.1 生态文明概念研究

从国外看：1972 年，罗马俱乐部在《增长的极限》中指出，人类社会发展对自然资源的无限需求与自然资源、环境容量有限供给之间存在着矛盾。丹尼尔贝尔（Daniel Bell，1973）把人类社会的发展分为前工业社会、工业社会和后工业社会三个阶段；虽然他没有使用“生态文明”的概念，但他所提出的“后工业社会”构想已经赋予了生态文明的实质内涵。联合国世界环境与发展大会（1992）通过了《里约环境与发展宣言》和《21 世纪议程》两个纲领性文件，标志着生态经济由理论向实践行动的转向。罗伊·莫里森（Roy Morrison，1995）明确地提出了“生态文明”概念，认为它是工业文明之后的一种新的文明形态。约翰·科尔（John Cole，2007）提出，人类文明的发展尤其是近代工业革命以来人与自然是相疏离的，而生态文明则是合乎生态世界观和生态实践的回归，是可持续发展的途径。盖尔·艾伦（Gail Allen，2010）提出，生态文明是在工业文明中产生，并将彻底超越和改变这种文明的、新的文明形态，它涉及深层设定、终极目的、思维方式、生活方式和社会组织方式的转型，而这些转型是对以往人类文明中最优秀东西的整合。马格多夫·弗雷德（Magdoff Fred，2011）提出，生态文明是通过人与自然的物质变换关系，实现社会与自然的高效循环、适时调节和自发修复，社会是与自然和谐，而不是超越和控制自然。

从国内看：我国生态理念古已有之。“天人合一”“道法自然”等思想，都是古人在与自然相处过程中，寻求秩序与和谐、寻求与自然共存共荣的智慧结晶。现代最早提出生态文明的学者是叶谦吉，他（1987）指出，生态文明就是人类既获利于自然，又还利于自然，在改造自然的同时又保护自然，从而使人与自然之间保持和谐统一关系。刘思华（1998）的《理论生态经济学若干问题研究》被誉为“我国生态经济学研究的经典之作”，书中有关于生态文明的论述。以后，刘湘溶（1999）、杨通进（2007）、卢风（2008）、徐春（2010）、王宏斌（2011）等指出，生态文明是一种高级形态的文明，是对人类与自然之间关系的理论反思与实践调整。潘岳（2004、2006）认为，生态文明是以人与自然、人与人、人与社会和谐共生、良性循环、全面发展、持续繁荣为基本宗旨的文化伦理形态；农村应该是我国生态文明建设的重要组成部分，却一直是其薄弱环节。黄和文（2013）指出，农村生态文明建设既表现为外在环境的保护和相应的设施建构，又包括生态文明意识的培养和生活方式的养成，其中生态伦理教育是农村生态文明建设的关键环节；农村生态产业是农村生态文明建设的重要内容（岳靓等，2014）。刘晓光、侯晓菁（2015）指出，农村生态系统退化，生态文明建设形势严峻，只有实行最严格的制度、最严密的法治，才能为生态文明建设提供可靠保障。

2.2.2 生态文明内容研究

生态文明研究围绕着生态知识、生态意识、生态行为以及三者之间的关系展开。

2.2.2.1 生态知识

从国外看：生态知识起源于“生态智慧”。1973 年，挪威哲学家（Arne Naess）创造了专业用语生态哲学（ecosophy），即生态智慧（ecological wisdom，EW）的同义词，用来形容人类对待自然的态度，他打算用生态学和深层次生态学的相关构想，作为超越功利主义的环保观，调和人与自然之间、精神与肉体之间的鸿沟。在很多研究中，生态智慧（EW）和生态知识（EK）之间的界限是不明确的，二者可以作为同义概念合并研究。

此后，在人们对生态意识产生广泛关注的基础上，对生态知识的研究也越来越细化，研究集中在两方面：本地生态知识（local ecological knowledge，LEK）和传统生态知识（traditional ecological knowledge，TEK）的推广与其适用性，生态知识是否作为生态意识或是生态行为的影响因素，且通常会考虑人口统计特征（如性别、年龄、民族和文化程度等）的影响。

传统生态知识是指在非工业或技术先进的社会中，关于生物与生态环境之间关系的一种生态知识的形式（Berkes et al.，2000；Berkes，2012）。顾名思义，LEK是与研究地区的风土人情和习俗惯例等密切相关的基础上，结合当地特色发展丰富起来的一种生态保护知识；而TEK的范围较大、广度较深，它越来越多地被解释为知识、信仰、实践、传统和制度等的组合，并且“以道德、伦理和精神世界观为基础”（Ford and Martinez，2000），或是“一种生活方式”，因此被认为是“知识—实践—信仰”的复合体（Berkes，2012）。约阿希姆·沙恩和埃温·霍尔泽（Joachim Schahn and Eewin Holzer，1990）等学者认为，应该对生态知识进行更具体、更细致化的研究，生态知识应包括生活中常用的具体知识（如何节约用水）和需要一定专业知识才能理解的抽象知识（硝酸盐对海洋生物的危害）。此外，很多学者从文化差异、个体差异和社会背景等方面，探讨公民的生态知识掌握程度是否存在差异，研究发现个体环境关注（environmental concern）的性别差异，即女性保护环境的态度相较于男性更积极，但女性掌握的环境知识相对少。

从国内看：学者研究主要集中在以下三方面：地方性（或少数民族）生态知识、传统生态知识的论述，生态知识的内容，普及生态知识的重要性。生态环境问题从根本上说是人、文化与自然的关系问题（马宗保、马小琴，2005），它作为自然教材中研究生物与环境关系的一个重要组成部分，对人类的作用已日趋明显（孙尚勤等，1994），认识自然、保护环境、合理开发资源已成为人类必须研究的课题。同时，滕晓华（2006）以西藏昌都地区察雅县荣周乡为例，讨论了少数民族生态知识的不可替代性。姜爱（2014）探索了武陵山区土家族地方性生态知识的传承机理，即教育内化机理、仪式强化机理、人际网络引导机理和外部制衡机理。这也是我国与国外研究相比独特的地方。王志芳（2017）提出了“可实践生态知识”的概念，将其界定为：能有效用于实践中，可以解决特定情况下可持续发展问题的相关知识，继而指出“生态实践智慧”。

由上，本书认为，生态知识既包括人类对自然明确的认知，又包括人类清晰地了解人与自然、社会之间的关系，在此基础上，生态知识也包括人类对上述内容的具体化，将生态知识细化到生活与实践中，通过实践积累和文化传承不断丰富生态知识的内容。

2.2.2.2 生态意识

生态意识是包括生态知识和生态行为在内的、一切相关生态问题研究的起点，伴随着生态意识研究的发展，生态知识和生态行为内容也随之丰富。与此同时，受到经济发展状况和社会发展现代化程度的约束，国外学者在生态保护的相关领域稍领先于国内研究，且取得显著成效。在阅读大量文献的基础上，发现国内外学者对生态意识的研究侧重点不同：国外学者更多倾向于在实证分析的基础上，研究环境关注的影响因素，因此他们对生态意识内涵和维度的研究结果也有很强的可借鉴性和实用性。国内是从20世纪60年代开始出现生态文明著作，直到90年代，才开始专注研究生态意识和生态行为。其研究的特点是：一方面，从哲学层面，对生态意识及其内涵的定性研究居多；另一方面，以调查问卷的形式讨论高校学生和城市居民生态意识的养成研究（对其他特定群体的研究鲜少），或者专注于某个地区公民（如少数民族地区）生态意识的现状调查。本书从生态意识起源、内涵与内容三个方面对国内外现有研究进行了梳理。

（1）生态意识起源与发展。生态意识，即生态文明意识，也称环保意识、环境意识等。在生态危机加剧的情况下，人类开始了对生存环境的重新审视，由此萌发的生态意识越来越强烈；人类对生态环境的保护意识，与人类社会状况紧密联结，随社会发展而不断更新变化。

从国外看：最早提出生态意识可以追溯到19世纪30年代，美国保护野生生物之父奥尔多·利奥波德的著名作品——《沙乡年鉴》（侯文蕙译，1997），书中说道："没有生态意识，私利以外的义务就是一句空话。因此，我们面临的问题是，把社会意识的尺度从人类扩大到大地（自然界）"。在这里，生态意识实质上被理解为一种对自然的朴素责任，反映出当时社会中隐含的矛盾与需要（宫长瑞，2011）。1866年，德国生物学家赫克尔提出了"生态学"的概念，使人们意识到生态环境和生态意识的存在。

20世纪60年代以后，公众普遍开始关注生态问题，逐渐从观念、理论和制度等方面进行反思。1962年，《寂静的春天（*Silent Spring*）》一书的问世是人类自我反思的一个重要标志；1968年，美国学者罗斯（Roth）首先提出环境素养（Environment literacy）概念，媒体认为环境盲（environmental illiterates）导致了环境污染，罗斯（Roth，1992）便提出如何辨认公民是否环境盲，以及是否具有环境素养的重要性；1983年，苏联学者Э·B·基鲁索夫提出，生态意识的产生符合历史发展过程中主体因素作用增长的总趋势，它是最优解决社会和自然关系问题的观点、理论和情感的总和。到20世纪70年代，国外学者开始专注于研究生态意识的内涵及维度，多用环境关注（环境关心）“environmental concern”、环境意识“environmental conscious”或“environmental awareness”、环境态度“environmental attitudes”等词形容公民环保态度或生态意识。

从国内看：国内学者对“生态意识”多为论述，而对“环境意识”的实证研究较多。本文认为，生态意识源于环境意识，从某种程度上说，我国学者研究中的生态意识等同于环境意识。“环境意识”这一概念产生于1983年，在第二次全国环境保护会议上正式提出，国务院号召环境保护必须提高全民族的环保意识。尽管我国生态意识研究落后于国外，但关于环境保护、人与自然界和谐共生的认识，中国自古以来就有。

与现代社会盛行的生态意识相比，中国传统文化中所渗透的生态意识与环保观念毫不逊色，甚至是相通的。最经典的诠释是《道德经》中对人与自然关系的描述——“人法地，地法天，天法道，道法自然”。老子认为，人与自然在相互制约中发展，人应该遵守客观规律，与“天”和谐相处；除此之外，儒家学派推行“仁道”，将仁从爱人推广到爱天地万物；佛学思想告诉我们，每一个生物和非生物都有生存的权利，万物平等，这种众生平等观有助于人们自觉敬畏自然，提升现代生态意识。除古代思想家和文学作品中所体现的生态平衡观外，古代掌权者对生态平衡也很重视：如唐代宗曾下令：“宜劝课种桑枣，仍每丁每年种桑三十树。”这种官方强制实施的植树造林活动被广为推崇。可以看到，这种与自然和谐共生、维持生态平衡的意识中国自古以来就有。

（2）生态意识内涵。从国外看：迈克尔·马洛尼和迈克尔·沃德（Michael P. Maloney and Michael P. Ward，1973）提出了环境关心或环境关注（environmental concern）的概念，将环境关注概括为四个内容：情感（affect，A）、口头承诺（verbal commitment，VC）、自我报告的实际承诺（self-actual commitment，SAC）和知识（knowledge，K），这个概念一经提出便被广泛应用于环境关心的实证研究中。并将实际承诺，即实际行为列入了环境关心的衡量范围，作为环境关心的一个维度。

关于环境关心最重要的研究成果是邓拉普和范里艾（Dunlap and Van-Liere，1978）提出的 NEP 量表，即“新环境范式”（new environment paradigm，以下简称 NEP），该量表是在传统方法上发展起来的，替代过去那种用单一要素测量环境关注的一种新范式，衡量公众对环境与经济关系的认知，强调限制增长、保持经济与自然平衡增长的必要性。因 NEP 量表量化了难以测量的环境态度，将环境态度的内容具体化，且在西方公民的实践中得到了良好的反馈，提高了测量生态意识的效度。

从国内看：新中国成立以来，国内专注于经济建设无暇顾及生态环境，在此领域的研究落后于国外同一时期的研究，国内学界的主要研究如下。

生态意识的定义。余谋昌（1991）从哲学层面详细阐述了生态意识，他认为，生态意识是“全球村”意识，它的主体是人和社会，客体是人与自然的关系，它指各种自然现象作为系统，自然现象与人作为“人—社会—自然”复合生态系统的相互作用和关系。徐嵩龄（1997）从价值观角度指出，环境意识作为一种价值观，是任何社会实现高度现代化的必备标志。从社会发展层面，王孔雀（2010）、陈小娜（2013）认为，生态意识指人类深刻反思了工业文明后，看待自然的一种更先进的思想认识，涉及人对生态问题的情感、态度、认识等诸多方面；生态意识针对当代生态危机，有其独特的时代内涵，是一种新的时代意识（于冰、王洪新，2016）。

生态意识的内容。首先，生态意识是人类面对日益严重的生态危机时，产生的关于心系自己命运的一种忧患意识；其次，生态意识要求人们用生态的眼光审视自然、指导实践的一种科学意识；再其次，生态意识也是人类肯定自然界价值和生态价值的一种意识；最后，生态意识是每个人都应对生态环境持有的一种责任意识（刘湘溶，1994）。于冰和王洪新（2016）的观点与刘湘溶相似，认为生态意识包括三个层面：一是认知层面的生态科学意识；二是伦理层面的生态道德意识；三是价值层面的生态价值意识，三者之间呈现出一种从低到高、由浅至深的逻辑顺序。闫喜凤（2008）认为，生态意识是人类、经济、社会与自然之间的相互联结，即全面协调可持续，它包括生态伦理意识、生态价值意识、生态科技意识和生态审美意识等。祁秋寅（2009）等发现，游客的环境态度可以细分为环境情感、责任、知识以及道德四个维度的内容。

因此，结合国内外观点，本书认为，生态意识是人类环境思想的先进观念，体现了人类、自然与社会和谐共生的价值观，是一种更高级的人类文明存在形式，且其内涵会随着时代的发展而变化。本书认为，生态意识包括生态认知意识、生态忧患意识、生态责任意识和生态价值意识。

（3）生态意识的影响因素。生态意识将人类、自然与地球联结起来，将其作为一个事件或现象单独考虑没有意义（Marla Morris，2002），所以生态意识会受到多方面因素的影响。根据它的产生和发展特点来看，生态意识的主要影响因素如下。

生态行为。事实上，生态意识的研究在初始阶段时，学者还没有将生态行为单独看作一个研究方向，往往将它作为生态意识的一个维度或是一个影响因素。如迈克尔·马洛尼和迈克尔·沃德（Michael P. Maloney and Michael P. Ward，1973）将实际承诺即生态行为作为环境关注的一个概念。

社会发展状况。生态意识伴随社会发展而生，与特定的社会环境和经济状况相对应，是社会意识的组成部分。当经济发展处于这种状态时：公众普遍不再为生存感到焦虑，物质条件基本满足（如小康生活水平），开始追求生活环境的质量，生态意识才会得到改善。

个人特征。在不断修正 NEP 量表的过程中，邓拉普和范里艾（Dunlap and Van Liere，1978）发现，个人背景（如年龄、收入和受教育程度）对个人环境关注有很大影响。约阿希姆·沙恩和埃温·霍尔泽（Joachim Schahn and Eewin Holzer，1990）认为，女性保护环境的态度比男性更积极一些。洪大用等（2014）验证了收入水平和受教育程度对生态意识的显著影响，而个人性别、年龄则无显著影响（周葵、朱明姣，2013）。尼斯贝特、泽伦斯基和墨菲（E K Nisbet，J M Zelenski，S A Murphy，2009）通过建立 NRP 量表，将五大人格特质（外倾性、亲和性、责任心、情绪不稳定性和开放性）应用到人与自然关联性的测量中，发现个人亲和性和开放性显著影响其环境态度。

生态知识。生态知识和生态意识正相关。由拉梅和里克森（Ramaey and Rickson，1976）提出“知识—态度—知识”有一种循环递进的关系，这表明，生态知识与生态意识之间互相促进、互相影响，知识的提高显著有利于意识更趋向于正面；而具备某种程度的环境态度，又会促使学习者进一步学习吸收更多的环境知识。此后，只有少数学者研究环境知识在环境态度和环境行为之间所起的作用。汤姆斯·阿尔库里（Thomas A. Arcury，1990）等研究发现，在社会人口学变量的影响下，环境知识和环境意识呈正相关，但相关程度并不高；在公众的环境知识水平较低时，环境意识与环境知识无明显相关性，且公众环境知识水平低是导致二者之间的关联程度不高的最主要因素，遗憾的是该研究没有给出二者之间的因果关系。布拉德利（Bradley，1999）首先对高中学生的环境知识和态度进行了问卷调查，然后对这些被调查对象进行为期十天的环境科学课程培训，最后再进行一次问卷调查。研究结果发现，学生在知识获取和态度方面存在显著差异，那些参加培训前测试时有良好环境意识的学生，在参加培训之后会有更好的环境意识，而那些在培训前环境意识不太好的学生，在参加课程培训后往往会有更多的负面态度。

胡荣（2007）认为，环境意识包含环境科学知识和环境价值观两个方面，环境科学知识是环境意识的基础，环境知识的提高会影响环境价值观。于伟（2010）对山东大中城市居民的调查结果研究表明，环境知识不仅影响居民的环境敏感度，而且直接影响其环境态度。彭远春（2013）认为，自评社会经济地位对环境知识和环境关心可能存在影响。冯潇（2017）认为，林农根植于林区这一大的生态环境中，对生态保护的觉醒和认知往往起源于对一些生态知识的吸收，生态知识是形成生态情感的重要环节，是激发生态责任意识的关键因素。高越红（2018）将生态知识作为中介变量，研究了生态意识与生态行为之间的关系。杨培蓓（2018）认为，环境知识是基础，是影响居民环境意识的评价指标之一，是环境意识形成过程中的重要一环，居民对环境保护问题的基本认知和环保常识的掌握与运用，在一定程度上会影响居民的环境态度。

2.2.2.3 生态行为

生态行为作为研究生态环境保护的一个专有词汇，至今没有一个明确的界限和统一的定义，且不同领域的学者称谓不同：如海恩斯（Hines）等将其称为负责任的环境行为（responsible environmental behavior）；盖特斯莱本（Gatersleben）等将其称为“正面的环境行为”或“亲环境行为”（pro-environmental behavior）；斯特恩（Stern）将其称为具有环境意义的行为（environmentally significant behavior）；普尔廷加（Poortinga）等将其称为环境行为（environmental behavior）；亨格福特·佩顿（Hungerford and Peyton）等将其称为环境行动（environmental action）；凯撒（Kaiser）等将其称为生态行为（ecological behavior）；还有环境行为、环境友好行为，等等。学者们对生态行为的内涵界定基本一致，本质上都是强调个人主动参与环保行动，以积极、正面的行为来保护生态环境，维持生态平衡。因此，以下提及的除生态行为以外的名词皆与生态行为内涵一致。

生态危机爆发后，人们对保护生态环境的积极号召便开始付诸行动，国外学者对生态行为的最初研究起源于“pro-environmental behaviors”，即亲环境行为的研究，同期还出现了“environmentally responsible behavior”（环境负责行为）、“pro-environmental behaviors”（环保行为）和环境行为“environmentally behavior”。斯特恩（Stern，2000）将亲环境行为界定为：“积极影响资源有效利用的行为”以及“能够积极地改变生态系统或生物圈的结构和动机的行为”，主要包括以下四种行为：公共领域直接参加环境保护组织及活动等行为、公共领域非直接针对环境本身的行为（如发起或参加与环境议题相关的环保活动）、个人领域中的环境行为（如购买节能减排产品）以及工作场景中的亲环境行为（如直接从事有关环保活动的工作）。

（1）生态行为定义。从国外看：从社会角度来说，亨格福德和佩顿（Hungerford and Peyton，1985）将环境行为定义为：行为主体欲解决某一环境问题所付诸的行为表现，这里的行为主体包括个体和群体；伯杰（Berger，1997）定义负责任的环境行为是，“人与人之间展现的一种正向的、跨领域且友好的环境行为”；胡和罗斯（Hsu and Roth，1998）认为，环境行为是个人采取的保护或改善环境质量的行为，使个人与整个社会都受益。从个人角度来说，海恩斯（Hines，1999）将环境行为称为“负责任的环境行为”，并将其定义为“基于个人责任感和价值观的一种有意识的行为”。从行为机制的角度来说，斯特恩（Stern，2000）认为，环境行为应从“影响”（行为对环境产生的影响）和“意向”（环保动机）两方面来界定。

从国内看：一方面，“生态行为”这一专有名词使用以来，学界对其内涵界定不一。国内学者认为，环境行为不仅仅是正面、积极的环保行为。一般来说，广义的生态行为指可以影响生态系统的环境质量或对环境起到保护作用的行为，它既指作用于生态环境的正向行为，又包括负面行为。但大多数文献中，环境行为指积极、正面、有利于生态环境的行为，即公众积极参与，力求通过自身行为解决、预防生态问题的行为。张兴莲等（2004）认为，生态行为是指人们具有一定的环境知识、态度和技能后，必须采取行动，参与解决环境问题；刘建国（2007）认为，环境行为是人们为解决影响生态环境的问题或以保护环境为目的的行为，它来源于个人对环境的情感认识，价值观和责任感。

(2) 生态行为分类。从国外看：较为经典的分类理论主要是亨格福德和斯特恩（Hungerford and Sia）和斯特恩（Stern）两种类型。

根据生态行为目的不同，亨格福德和塞（Hungerford and Sia，1986）、海恩斯（Hines，1999）等将生态行为分为以下五类：①说服（persuasion）行为：说服人们改变自己的价值观和信念，通过言辞（演讲、辩论或是教育宣传等）说服他人采取积极的环境行为；②消费行动（consumer action）或消费者主义（consumerism）：在购物消费过程中自发的环保行为，如抵制环境污染型企业及污染性产品等；③生态管理（Eco-management）：以实际行动改善或维护现有生态系统，如植树造林、保护耕地、资源的回收利用等；④法律行动（legal action）：完善与加强环境立法与监督工作；⑤政治行动（political action）：通过游说、投票或参与竞选等政治活动，希望政府相关部门采取行动来保护环境或解决环境问题的行为。

根据行为的不同影响领域，斯特恩（Stern，2000）将生态行为划分为个人领域和公共领域两方面，又考虑到各类行为的激进程度，进一步将环境行为概括为以下四类：①激进的环境行为（environmental activism），如参与环保性质的呼吁活动等激进的环境保护行为；②公共领域的非激进行为（non-activist behaviors in the public sphere），如加入环保组织等；③个人领域的环境行为（private-sphere environmentalism），如购买节能减排消费品或参加生态旅游等；④其他具有环境意义的行为，如工程师在设计某一产品时，对该产品的加工过程及最终使用时都有设计要求——以减少资源损耗与污染为原则进行设计等。

从国内看：国内学者对生态行为的分类建立在国外学者研究成果的基础上，并考虑到我国国情进行概括总结。如刘建国（2007）参照斯特恩（Stern）的分类，将环境行为分为个人领域的环境行为和公共领域的环境行为两部分，其中，经济行为、说服行为和环境管理行为均为个人领域的环境行为，公共领域的环境行为表现为政治行动和法律行动。孙岩（2007）根据行为主体的不同，在亨格福德和塞（Hungerford and Sia）研究的基础上，将环境行为分为公民行为、财务行为、说服行为和生态管理行为四类。其中，公民行为是指主动与他人讨论如何解决生态问题或参加相关的环保会议等行为；财务行为与消费行为的内涵一致；生态管理行为是指诸如进行垃圾分类、节约能源等个人行为。

以上分类视角不同，但内涵一致，公众最容易做到的是生态管理和消费行为等个人领域的生态行为，其次是政治行动和法律行动等涉及公共领域的生态行为，它要求公民具备一定的环境知识和法律知识，同时还要有主体性和参政意识。同时，很多学者环境行为分为垃圾管理、资源回收利用或水资源保护等具体的环保行为，都是针对某种特定的环境行为进行研究。另外，还有学者从消费角度，分析消费行为中产生的污染及资源浪费等问题，使“绿色消费”“低碳出行”等节能减排等生态行为成为现下流行趋势。

（3）生态行为影响因素。从国外看：在后续的研究中，国外学者更热衷于研究生态行为的影响因素，用来预测公民生态行为，其影响因素大致分为以下四个方面。

第一，环境态度。由环境问题感知和常识组成的生态意识越强，行为越正面（Maloney and Ward，1973）：①一个人对环境的态度是一个正确的、可以预测生态行为的要素；②人们对自然的态度（生态意识）和对生态行为的态度（即行为意愿）是两个并列的、预测生态行为的要素（Hines，1986；Schahn and Holzer，1990）。阿耶兹（Ajzen，1991）认为，环境态度是行为主体所持有的、对特定环境行为的一般倾向和立场，且环境态度对评估、预测环境行为有一定的影响。

第二，经济成本。这里经济成本的影响不止包括生态行为的践行度，还包括经济成本带来的生态意识对生态行为相关程度的影响。环境关注对环境行为影响的强度随着行为成本的增加而减少，至少积极的经济刺激对环境行为影响很大。所以安德烈亚斯·迪克曼和普雷塞多费尔（Andreas Diekmann and Preisendorfer，2003）认为，只有在低成本（包括经济成本和行为实施难易程度等非经济性成本）的前提下，环境意识的影响才会凸显。因此，可以通过制定相关政策提高公众污染环境的成本，降低环境保护的成本，以使生态意识对生态行为的影响更正向扩大化。

第三，个体特性。瓜格纳诺埃（Guagnanoet，1995）、海恩斯（Hines，1986）等学者认为，社会背景、性别等人口统计特征以及性格、情绪和价值观等个人特征，会对自身的环境行为以及二者之间的关系产生重要影响，如个人的哲学价值观，实利主义越强，行为越负面。布伦特（Brent. S，1996）调查发现，性别对个人的环保行为影响最为显著。

第四，环境知识。汤姆斯·阿尔库里（Thomas A. Arcury，1990）研究发现，在社会人口学变量的影响下，环境知识和环境意识呈正相关，但因公众环境知识水平太低，导致二者的相关不明显。

第五，其他因素。公众对科技的信赖程度对行为影响很大（Trigg，1980；Ajzen and Madden，1986），人们对科技的信赖程度越高，行为越负向；再如，情绪因素主要包括个人对环境恶化的厌恶情绪及理想与现实的差异所引发个人的恐慌程度。许多研究认为，在上述因素中个人价值观起到至关重要的作用（Alexander Grob，1995）。

从国内看：国内学者对环境行为的影响因素做了大量实证研究，都建立在生态行为是正向、积极的环境行为的基础上。众多实证研究发现，收入、文化程度和社会地位越高的人，更能约束自己的行为来保护生态环境。但也有学者认为，人口统计学变量对生态行为没有影响，也有个别研究有不一致的结论。如付春燕（2012）认为，人口统计学变量会对个人环保习惯和公共环保行为产生影响，而政策的影响则不明显。

第一，人口特征因素。王欣（2011）分析了农户生态行为的影响因素，得出户主年龄、家庭规模、户主受教育年限、家庭的实际劳动力数对农户的生态行为有正向影响，而家庭资产状况和兼业程度对农户行为有显著的负向影响；付春燕（2012）研究了甘肃省民勤县农户的生态行为，得出了文化水平、性别、年龄、收入与农民的生态行为正向相关；帅庆（2014）专门从性别角度探讨了生态文明意识的培育问题，他认为，由于受到角色分工和社会分工的影响，导致女性一般会采取关爱和悲悯的态度，从而女性相比较男性更可能倾向于保护自然和资源。龚继红等（2016）研究了农药施用行为，发现农民的个人特征诸如性别、教育等会影响其生态行为。

第二，生态知识。洪大用（2016）定义环境知识是公众对于环境问题、环境科学技术以及环境管理基本性的获得与应用的情况；冯潇等（2017）从林农的角度，定义了林区生态知识，即林农在生态环境中所了解到的、有关环境状况与环境保护相关的基本知识，这些知识有助于林农更好地保护生态环境，指导其生产和创业。耿言虎（2017）认为，生态知识也称自然知识，是人对生态以及人与生态关系的认识。孙习祥、张启尧（2017）从消费者的角度，定义了生态知识，即消费者积累环境污染的影响及其成因等方面的知识。石志恒等（2018）认为，环境知识是个体通过正规教育、社会网络和大众媒介等途径，获得辨认和识别生态环境相关方面的特征、概念和形式的基本能力。

文首文、吴章文（2009）运用生态教育干预的方法进行研究，发现游客的生态知识会影响其行为，其作用机制主要是：个人通过生态教育，把正确的旅游观念和制度规范转变为自己的价值观，从而约束其行为。于伟（2009）研究了消费者的绿色消费行为，发现，群体压力和环境知识能够促进消费者的环保意识，从而进一步影响其行为。王屏等（2016）分析了森林游憩者群体的生态行为，得出生态知识、生态体验和生态态度会显著正向影响人们的生态行为。范香花等（2016）研究了旅游景区居民的环境行为发现，环境知识会影响居民。施生旭、甘彩云（2017）通过对CGSS2013数据的分析，发现环保知识与公众的环保行为存在正相关关系，而环保意识与环保行为不相关。朱慧劼（2017）也发现，环境知识能够促进青少年的环境友好行为。李昊（2018）研究了农药的施用行为，认为农药知识是影响农药施用行为的重要因素。

第三，生态意识。生态意识在国外最早也叫做环境意识（environmental awareness）。关于生态意识较为权威的阐释来自基鲁索夫（1983），他认为，生态意识是人们在自然约束和社会约束的情况下，人和自然平衡的最优解的思想与观念的总和。包庆德（2010，2005）认为，生态意识是对环境日趋恶劣的反思与认识。李笑春等（2004）认为，生态意识是生态主体在生态活动的过程中，对生态客体产生影响的认识和反映，可分为感性生态意识和理性生态意识。于冰、王洪新（2016）认为，生态意识是一种理论自觉，是人类对当今生态问题的思考，包括生态科学意识、生态道德意识、生态价值意识。

艾慧（2008）以大学生为例，研究了生态意识与生态行为的关系，提出了四种分析框架：知弱行弱、知弱行强、知强行弱和知强行强，调查结果发现，大部分大学生生态意识与生态行为不一致，也就是说学生的生态意识比较好，而生态行为却表现不理想；虞佳丽（2013）以石化公司员工为例，得出环境态度与环境行为有显著的正相关性。罗庚（2016）以低碳交通为例，得出居民的环境态度、环境价值观与环境行为存在显著的相关性，环境态度越好、价值观越趋向正确的人往往表现出积极的环境行为；高越红（2018）研究了生态移民区，移民的生态知识和生态行为的关系，得出生态知识会显著影响其生态行为。

第四，主观感受。海万泰·拉姆基索（Haywantee Ramkissoo，2010）从地方依恋、地方认同、地方影响、地方社会联系，探讨了居民亲环境行为的影响机制；亢楠楠（2017）运用2010年的综合社会调查数据发现，人们越幸福，越有可能参与环境行为，其影响机制是：幸福影响人们的环境关心和社会资本，从而进一步影响人们的生态行为；何学欢等（2018）从公平理论和关系理论出发，研究了旅游地居民的环境责任行为发现，居民所感知到的程序、分配、互动上的公平、人与社区之间的关系质量，是影响居民环境责任行为的重要驱动因素。贾衍菊（2018）以游客满意度作为中介，研究了旅游目的地依恋对游客环境保护行为的影响，研究得出，旅游目的地的依恋会正向影响游客满意度，游客满意度对环境保护行为存在影响。彭远春、毛佳宾（2018）从城市居民的层次研究，得出环境效能感通过环境意向的中介作用，对环境行为起到正向影响作用。

第五，其他因素。张莎莎（2010）研究了西北地区农户的生态行为，认为土地产权制度、农业技术推广、农业补贴政策等，对农户的生态行为具有积极的导向作用；彭远春（2011）从环境行为的社会结构性视角，发现政府主导的环境制度和政策会影响人们的生态行为，但缺乏实证。谢伟伟（2015）研究了影响石河子棉农生态行为的因素，研究得出征地制度、补贴政策、农技推广以及文化等外部环境显著影响着棉农的生态行为。刘乐（2017）从土地规模方面，发现经营规模的扩大有助于农户采取秸秆还田这种环境友好型的生产行为。唐林、罗晓锋等（2019）认为，农户行为是内部因素和外部因素共同作用的结果，内部因素是中国人的面子观念，而外部因素是社会监督等因素。

2.2.2.4 生态知识与生态意识的关系研究

汤姆斯·阿尔库里（Thomas A. Arcury，1990）分析了环境知识和态度与社会人口因素的关系发现，环境知识对环境意识的关联是一致且积极的，尽管此关联程度不是很强；人们环境知识水平较低的时候，环境知识与环境意识之间无明显关系，而人们环境知识增加可以改变人们对环境的态度，进而表现在行为上，且环境知识和态度可以影响环境政策的制定。约阿希姆·沙恩（Joachim Schahn，1990）采用逐步回归和判别分析的方法，研究了知识、性别和背景等变量与环境行为之间的关系；他把环保知识分为具体知识（如怎么节约用水）和抽象知识（硝酸盐对海洋生物的危害是什么）认为，环保知识通过生态意识而间接影响其生态行为；女性在态度标准和自我反馈报告行为的措施有较高的价值观，但对相关的环境问题知之甚少。布拉德利（Bradley，1999）对高中学生的环境知识和态度进行了问卷调查，然后对这些被调查对象进行为期十天的环境科学课程培训，再进行一次问卷调查，结果发现：学生在知识获取和态度方面存在显著差异，那些参加培训前测试、有良好环境意识的学生，在参加培训之后会有更好的环境意识，而那些在培训前对环境意识不太好的学生，在参加课程培训后往往会有更多的负面态度。

胡荣（2007）认为，环境意识包含环境科学知识和环境价值观两个方面，环境科学知识是环境意识的基础，实证结果也表明，环境知识的提高会影响环境价值观。于伟（2010）对山东大中城市居民的调查研究表明，环境知识不仅影响居民的环境敏感度，而且直接影响其环境态度。彭远春（2013）认为，自评社会经济地位对环境知识和环境关心可能存在影响。冯潇（2017）认为，林农根植于林区这一大的生态环境中，对生态保护的觉醒和认知往往起源于对一些生态知识的吸收，生态知识是形成生态情感的重要环节，是激发生态责任意识的关键因素。高越红（2018）将生态知识作为中介变量，研究了生态意识与生态行为之间的关系。杨培蓓（2018）认为，环境知识是基础，是影响居民环境意识的评价指标之一，是环境意识形成的重要环节。

2.2.2.5 生态意识、生态知识与生态行为关系研究

通过文献阅读，不难发现生态意识、生态知识和生态行为之间关系错综复杂，互为因果，交叉影响。广泛应用且被反复论证的研究结论集中在三个方面：生态知识和生态意识作为生态意识的影响因素，常用于预测生态行为；生态知识和生态意识直接或间接影响生态行为；生态意识通过“意识—行为意向—行为”的影响路径对生态行为产生影响。生态知识和生态意识通常用于预测生态行为，即二者分别作为影响生态行为的因素，研究结论的差别主要是影响程度不同。

（1）生态知识和生态意识直接或间接影响生态行为。生态知识和意识会影响生态行为。NEP 量表的应用证明，由 NEP 衡量的生态意识与生态行为的关系强度从逐渐减弱到不存在（Dunlap and VanLiere，1978；Scott and Willits，1994）；相反，海恩斯等（Hines et al.，1986）研究表明，环境意识和生态行为之间至少是中等强度相关，这说明引入多要素分析生态意识是必要的，因此，有学者认为有必要细分态度，研究态度的各个维度比把态度作为一个总的变量对生态行为的影响更有意义。

马丁（Martin，1995）研究显示，生态知识和情感都显著影响生态行为，且彼此独立，公民生态知识越丰富，生态意识越强，其生态行为越积极正面；总体来说，情感成分对生态行为的预测性优于认知成分；同时，

生态知识和生态意识间接影响交替作为自变量和中介变量，会间接影响生态行为。如阿尔布特赫特和林格（J Arbuthnot and S Lingg，1975）等学者认为，知识可能是态度和行为之间的中介变量，同时将个人特征（如年龄、性别）等因素考虑进去，检验这些因素是否对二者关系具有干扰作用。沙恩和汉森（J Schahn and E Holzer，1990）发现，知识和性别对态度和行为之间的关系有调节作用。刘沙（2013）则认为，在性别和收入水平的区别上，生态行为没有明显差异。金朋满和陈海荣（Kim－Pong Tam and Hoi－Wing Chan，2017）的研究表明，环境关注并不总是转化为环保行为。这种环境关注—行为（concern-behavior）的差距有一部分是心理障碍的影响。

具体问题具体分析：只有具体情况的认知才是特定行为的直接决定因素（Sebastian Bamberg，2003；E K Nisbet、J M Zelenski、S A Murphy，2009）。早在1980年，阿耶兹和费希宾（Ajzen and Fishbein）的研究就表明：只有当态度和行为与具体的目标、行为、情境以及时间等彼此相适应，态度和行为之间才有实质性的关系。许多研究都认为，环境态度和行为之间这种关系是低到中等程度的结论。埃茨和斯克斯（Eckes and Six，1994）发现，环境关注和环境行为的平均相关系数只有0.26，综合考虑，环境关注的一般态度对特定的环境行为方差的解释程度几乎不到10%。此后的学者注重对特定环境行为的研究，得出具体的环境意识对特定的环境行为有显著影响。

（2）“意识—行为意向—行为”影响路径。此路径指生态意识影响行为意向，行为意向再影响生态行为。阿耶兹和费希宾（Ajzen and Fishbein，1980）提出了一个具有理论性的实证结论——只有特定情形下的认知才能直接影响并决定特定行为，因此，阿耶兹（Ajzen，1991）提出了计划行为理论（theory of planned behavior）。司和春（O L Siu and K Y Cheung，1999）应用该理论发现，口头承诺是情感承诺关系的一个良好的调解者，以意向为中间变量的态度—环境关系的行为理论可以推广到中国样本。实际上，不管是生态知识和生态意识影响生态行为的路径如何，与研究生态行为的影响因素一样，受不同因素的影响，学者们对生态意识和生态行为之间这种因果关系的定性是一致的，但这种因果关系的强弱研究并不一致：以前的研究显示，尽管人们表达了较高的对环境的关心程度，但实际上他们却较少地实施以环境为导向的行为，即言行不一，出现意识与行为脱节现象。

2.3 生态文明响应机制研究

2.3.1 生态文明评价研究

学者对生态文明评价的研究主要基于“压力—状态—响应（PSR）”理论模型，从压力、状态和响应三个维度，分别对生态文明各主要领域的发展水平做出评价。国家层面：侯鹏（2015）采用全球 60 个主要国家（地区）的数据，从国际比较的视角，考察了中国生态文明建设水平和生态文明协调度，结果显示：中国生态文明综合指数排名第 50 位，与发达经济体的差距较大，在发展中经济体中位居中游。省域层面：陈润羊（2018）按照生态文明的内涵和指标体系的设计原则，进行京津冀生态文明指数指标体系的构建，呈现出北京最高、天津次之、河北相对较低的总体格局；杨美艳（2018）以广东省、江苏省、山东省、浙江省和河南省为例，采用模糊综合评价方法，对 5 省的生态文明建设绩效实施综合评价，整体绩效评价结果依次从高到低。李宇（2019）以生态文明建设开展较早的江苏、广东两省为研究区域，发现江苏省生态文明建设水平区域差异小于广东省。城市层面，冯银（2018）以湖北省 13 个市州和三大城市群作为分析对象，分别对其生态文明发展水平做出评价，并在此基础上对湖北省城市生态文明建设水平进行空间效应分析。许国成（2018）采用多指标综合加权法和政策德尔菲法，构建了西部城市生态文明评价指标体系，并实证了西宁的城市生态文明水平目前整体达到良好等级。

2.3.2 生态系统响应研究

流域生态系统响应方面：李鸣骥（2007）重点探讨了黑河流域社会经济生态复合系统对城镇化格局和过程的响应关系，他认为，城镇化对区域生态环境具有一定程度的干扰与影响，区域生态环境应对这种干扰存在着双向响应性。苏世亮（2013）以浙江省钱塘江流域为例，借助地理权重回归方法，分析了流域生态系统对城市化的响应机制，认为经济发展较快或人口较多的地区，其生态质量往往较低。曹洪华（2017）根据洱海流域相关调查研究，运用双重差分法，实证分析了农业生产活动对生态文明建设政策的响应机制。水生态系统响应方面：葛怀凤（2013）基于生态水文响应机制，综合资源、环境与社会约束，提出了“三维一体一评”的大坝下游生态保护适应性管理模式框架。付保荣（2017）对城镇化指标和水生态环境指标进行选取，并构建两者响应的评价指标体系，得出本溪市的水生态状况呈“U”型曲线，城镇化与水生态环境及其分量的响应关系亦呈现两个阶段不同的响应函数。区域生态响应方面：王钦涛（2011）进行了山区高速公路建设区域生态响应机制和生态功能分区、生态影响域和生态恢复策略研究，由此建立了高速公路建设下的路域生态系统响应机制。彭文君（2018）选取能代表喀斯特山区特点的贵州省晴隆县作为研究区，探索土地生态环境对人类活动的响应机制，分析出晴隆县人类活动与土地生态环境关系经历了从协调良好到一般，再到高协调的过程，认为土地生态环境与人类活动之间不是单方向的响应关系。

2.3.3 农户响应研究

对生态污染的响应：杨俊（2016）研究得出耕地流转比例和农产品商品化率的提高有利于提高农户参与治理耕地污染的积极性，农户主要农业劳动力受教育程度越高，改变受污染耕地上的生产模式的意愿越强烈。华春林（2016）将农户的行为响应分为对农业面源污染教育培训项目的认知、参与意愿及最终参与行为响应三个阶段，他认为，农业面源污染的治理机制应侧重于教育培训手段。对生态补偿的响应：苏芳（2014）构建农户生计资本评估模型，通过设置三种不同的方案分析，揭示出生态补偿决策的影响机理，认为资金支持的补偿方式对于农户生活的提升最为有效，技术支持的补偿方式对促进农户生计资本的合理分布更为有效。周颖（2016）选择典型农田固废综合利用技术为研究对象，明确生产信息来源、废弃物处理政策、作物灌溉成本及种植业纯收入四个因子，是影响农田固废综合利用技术应用意愿的关键动力因子。对生态保护的响应：张董敏（2015）构建了基于 TPB 的农户两型农业行为响应研究模型，验证了农户两型农业认知即行为态度、主观规范和控制认知对行为响应具有经济意义上的显著影响。刘洪彬（2018）深入分析了耕地质量保护中农户的认知及其行为决策响应程度，揭示了两者之间的影响机制发现，大城市郊区农户的认知程度较高，农户已经开始在耕地质量保护方面采取了积极措施。

2.4　文献述评

通过以上文献回顾我们可以看出，国内外尤其是国内对生态文明和生态移民研究非常热烈，其研究具有如下特点：（1）从研究层次看，宏观、思辨性的研究居多，微观、计量层次的较少；（2）从研究领域看，从哲学、心理学、环境学研究生态文明建设的成果多，从经济学、社会学、民族学等研究生态移民的成果较多，将二者联系起来的成果较少；（3）从研究方法看，定性研究居多，采用统计调查与实地研究相结合的研究较少；（4）从研究内容看，生态意识、生态行为、生态制度建设、生态移民政策、搬迁方式、移民必要性、绩效评价、安置方式、满意度等内容均有涉及，然而，将生态文明作为一个驱动目标，研究生态移民生态意识培育、生态行为养成、制度建设内部构成及其三者之间的相互关系，构建生态文明建设响应机制的研究还非常少，这正是本书拟解决的主要问题。

第 3 章

理论基础与框架

3.1 理论基础

本书主要参考、借鉴以下四个理论，为研究移民生态文明建设研究提供理论支撑。

3.1.1 NEP 量表

本书选用修订后的 NEP2000 年版量表、测量移民的环境关心（环境关注）。NEP 量表（new environmental paradigm scale）是在传统方法基础上发展的、替代过去单一要素测量环境关心的方法。NEP 量表更多强调限制增长、保持经济与自然平衡增长的必要性。自提出后，被学者广泛研究与讨论，如斯考特和威尔茨（Scott and Willits，1994）确定了 NEP 中的两个维度，即“人与自然”和“自然平衡（限制增长）”，这两个维度最早是邓拉普（Dunlap，1978）发现的。为了平衡“支持”和“反对”环境保护导向两个调查维度之间的关系（下文用正向维 NEP 和反向维 HEP 代表），邓拉普（Dunlap，2000）和他的同事们又对该指标体系进行了扩充，将 NEP 量表的测量指标从过去的 12 个指标扩大到了 15 个，且新修订的指标更重视自然平衡和人与自然之间的关系。

迄今为止，NEP 量表及其不同版本先后应用于全球 40 多个国家及地区的数百项研究中。从 2003 年开始，NEP 模式先后被洪大用、吴建平等（2014）学者引入中国综合社会的调查研究中。洪大用（2006）指出，由于中国社会背景的不同，NEP 中一些指标在中国的可信度比较低。洪大用等（2014）基于 2010 年 CGSS 数据，再一次检验了环境关心的中国版（CNET）量表。因此，将 NEP 量表发展为中国版量表有一定的理论依据和实践支撑。

尼斯贝特、泽伦斯基、墨菲（E K Nisbet，J M Zelenski，S A Murphy，2009）在亲环境行为的研究基础上，创建了三个尺度，衡量个人对自然的感觉，即自然关联性量表（Nature Relatedness Scale，NRP），包括自然相关性、自然连通性和自我包容性。NRP 量表是评估个体与自然联系的情感，认知和经验方面的重要手段，它通过要素分析和经验取样检测，将个体和自然的连接与环境关注和行为联系起来，着重强调人应该有作为自然界的一份子的自觉。

NRP 测量内容包括三部分：NR - Self（如我与地球及其他生物联系紧密）、NR - Perspective（如不需要保护环境，因为环境足够强壮可以自己修复）和 NR - Experience（如即使天气不好时，我也喜欢在户外待着），这三部分较为全面地测量了人与自然和环境的联结关系。与此同时，NRP 量表的测量结果表明，环境关注和知识并不是预测亲环境行为的必要途径，NRP 可以很好地预测特定类型的环境活动和行为，可以给人们提供一种保护环境的激励手段，提高人们的 NR 分值会缩小他们的环境态度和行为之间的差距，尽管还有待验证。考虑到 NEP 量表的应用范围更广、实践性更强，本书将 NEP 量表作为衡量生态意识的一个维度，将 NRP 量表的部分指标引入生态意识其他维度的测量分析之中。

3.1.2 计划行为理论

计划行为理论是阿耶兹（Ajzen）于 1991 年正式提出的，是阿耶兹（Ajzen）以他和费希宾（Fishbein，1975，1980）共同提出的理性行为理论（theory of reasoned action，TRA）为基础发展起来的继承理论。他们通过研究发现，人的行为是在一定控制下产生的，并非完全自愿而产生。因此，他将 TRA 进行扩充，增加了一项测试内容——人能感觉到的行为控制（perceived behavior control），即“知觉行为控制”，成为新的行为理论研究模式，即计划行为理论（theory of planned behavior，TPB），见图 3 - 1。

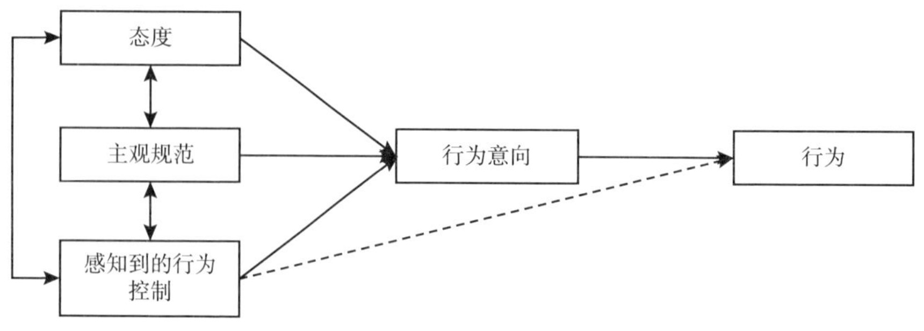

图 3-1 计划行为理论图示

TPB 的研究也是在“态度—具体行为”的基础上进行的。该理论认为，对某项特定行为来说，个人的态度越积极、受到外部规范的压力越大、感知的控制越多，个人采取该行为的意向就会越强。态度（attitude）是指个人对该项行为的正面或负面的感受，也指个人对此特定行为进行概念化评价后所形成的态度，主观规范（subjective norm）是指可以影响个人是否采取该项行为决策个人或团体所发挥影响力的大小。知觉行为控制（perceived behavioral control）是指个人认为自己掌握的资源，可以利用的机会越多、预期的阻碍越少时，对该行为的知觉行为控制就越强。

本章研究意识和行为之间的关系。考虑到调查问卷的可行性，将行为态度、主观规范和知觉行为控制综合在生态意识和组织保障里一起测量。因此，该理论结构中“态度—意向（意愿）—行为”的作用路径作为本章的主要研究路径。

3.1.3 ABC 理论

以瓜格纳诺（Guagnano）为代表的学者提出了 ABC 理论，用于研究环境行为的预测。该理论认为环境行为（behaviors，B）是环境态度变量（attitudes，A）和外部条件（conditions，C）相互作用的结果。这个关系可以表述为：若外部条件的影响处于中间状态或者几乎无影响时，环境行为和环境态度的关系最强；若外部条件处于极端状况，即极为有利或者极为不利时，会极大促进或阻碍环境行为的发生，从而使得环境态度对环境行为的影响力显著变弱。该理论的重要贡献是通过实证研究检验了外部条件对环境态度和环境行为之间的调节关系。

ABC 理论的概念如图 3-2 所示，横轴代表态度的积极程度，纵轴代表外部条件的影响，交点代表“无态度无影响”，斜线是生态行为发生和不发生的分界线。纵轴左边代表态度消极，右边代表态度积极，且随箭头方向的态度越来越积极。横轴上边是外部条件的有利影响，下半部分是不利影响，随箭头方向的影响越来越有利。因此，趋势越往第一象限走，实际生态行为践行度越高，越往第三象限的方向走，就会极大阻碍生态行为的发生。

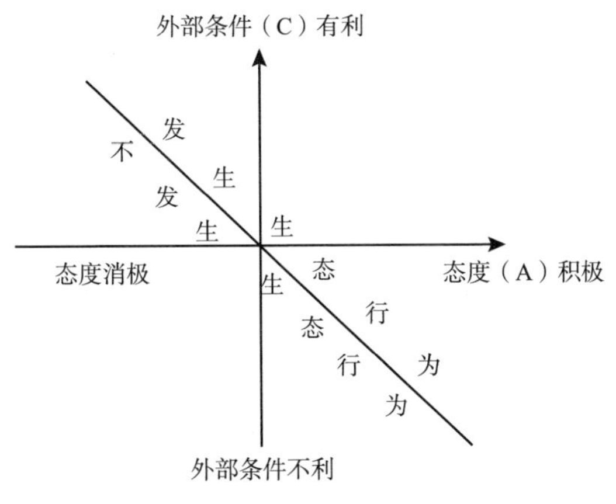

图3－2　ABC理论模型

这种方法的支持者是斯提芬（Steven A，2008）和他的同事。他们认为，态度支持行为，如果行动涉及很少的时间、金钱或舒适的成本，如节约能源最有可能被转化成行动，在他们的ABC模型里明确提出，环境关注与行为之间的假设关系是一个反“U”函数：在温和的行为成本的情况下，环境关注对行为的影响可能是强烈的，而在成本低和高成本的情况下，这种效果预计将弱。基于ABC理论，研究组织保障对生态意识与生态行为的关系是否存在中介作用。

3.1.4　负责任的环境行为理论

生态行为最初是通过负责任的环境行为或是绿色环保行为来衡量的。负责任的环境行为模型是由海恩斯（Hines，1986）等学者应用元分析（a meta-analysis）提出的，该模型认为，负责任的环境行为受个人因素（如态度、控制观、责任感）和能力因素（如环境知识、行动技能、行动战略知识）的共同影响；个人因素、行动技能、行动战略知识和环境知识四个变量通过行为意愿间接影响环境行为，环境态度间接对负责的环境行为产生正向影响。本书借鉴该理论，验证生态知识在生态意识和生态行为关系中所起的作用，再次验证将行为意愿引入研究的必要。

3.2 理论框架

生态系统是一个动态系统，其演化的规律依靠系统与环境、系统内部各子系统之间以及各要素之间的相互耦合关系，这种关系通过能量、物质和信息的流动在一个相当长的时间内保持系统的平衡。生态文明是人们在对传统工业文明进行反思的基础上，探索建立一种可持续发展的理论及其实践成果，是继原始文明、农业文明和工业文明之后的人类文明的一种新形态。生态文明涵盖了社会生活的各个方面，不仅要求人与自然的和谐，还要求人与人、人与社会的和谐，具有伦理性、可持续性和和谐性等基本特征（刘静，2011）。因此，生态文明建设研究应包含生态意识、生态行为和制度保障三个部分内容。

机制是指系统内各子系统（要素）之间相互作用、相互联系、相互制约的形式和运动原理及其内在的、本质的工作方式。响应机制概念来自“压力—状态—响应（PSR）”模型，该模型的逻辑关系是“原因—效应—响应”。本书借鉴了这一概念的逻辑关系，即生态文明作为一种外部“压力”，必然驱动生态移民从意识、行为到制度发生“状态”改变，才能“响应”生态文明建设目标的要求。据此，可以定义生态文明建设响应机制，是指在一定区域或环境下，人类为实现生态文明建设目标，在生态保护和资源可持续等方面，所做出的意识和行为上的反应与调整，以及相关政策制度的完善与实施这一系列系统的、动态的响应关系。生态移民对生态文明建设响应机制应包含两个层面：从微观上看，生态文明要求移民具有生态意识、生态行为；宏观上应有完善的制度保障。它们之间的关系应该是：生态意识和生态行为是生态文明目标实现的内在驱动力，是生态文明目标实现的内因；制度保障是生态文明目标实现的外在驱动力，是外因；内因是根本，外因通过内因起作用，可加速或延缓生态文明目标实现的进程，见图3-3。

社会环境
自然环境
文化环境
生态移民对生态文明响应机制
内在动力：生态意识
制度保障
生态意识
生态行为
生态文明
内在约束力：生态行为
外在驱动力：制度保障
法律法规
经济方面
其他方面

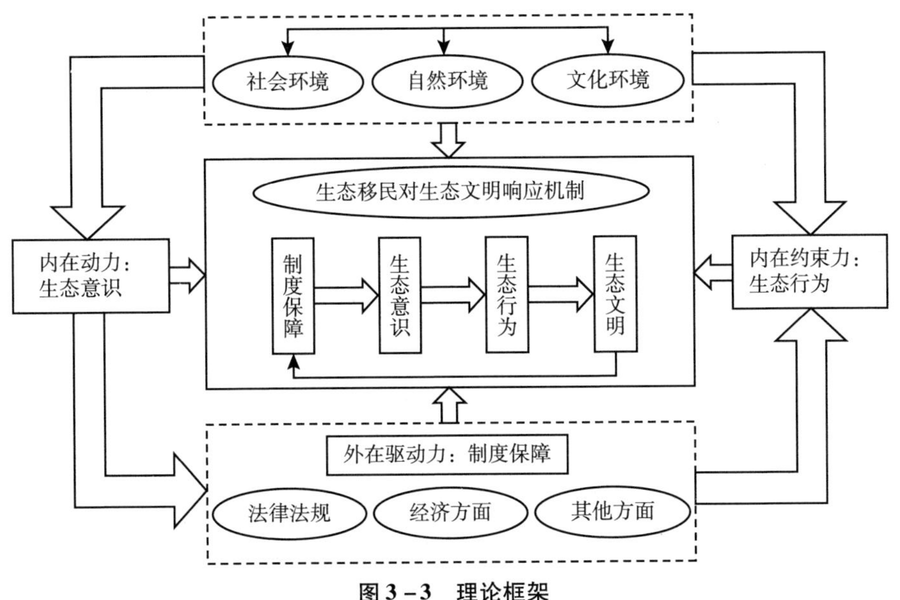

图3-3 理论框架

第 4 章

宁夏生态文明建设概况

4.1 宁夏生态移民概况

从1983年“三西”扶贫实践开始，宁夏经历了政府组织的、异地搬迁的全部过程，先后有吊庄移民（1983～1997年）、扬黄灌溉工程移民（1998～2000年）和生态移民（2001～2020年）三种搬迁模式（其中，生态移民又有易地扶贫搬迁生态移民（2001～2006年）、中部干旱带县内生态移民（2007～2010年）、中部干旱带生态移民（2011～2020年）三个阶段）（杨炯炯，2013）。

吊庄移民（1983～1997年）。吊庄移民搬迁是宁夏政府最早实施的、移民自愿搬迁、“两头有家、来去自由”、迁出地政府负责管理的异地搬迁模式。始于1983年，截止于1997年，历时14年。宁夏建有吊庄移民基地23处，安置移民30.3万人（李宁，2003）。

扬黄灌溉工程移民（1998～2000年）。这是宁夏配合国家八七扶贫攻坚计划实施的异地搬迁项目，1995年列入国家九五计划，目的是为了迎合新的灌溉工程，而迁入了部分居住在缺水地区的贫困人口。工程原计划实施两期，最终只完成了一期。截至2000年底，共安置移民39.45万人，含就地旱改水原住户9.35万人（丁生忠，2015）。

生态移民（2001～2020年）。生态移民是宁夏耗时最长的异地搬迁模式。生态移民自2000年开始，将持续到2020年。2001年国家计委决定实施易地搬迁扶贫工程，宁夏将易地扶贫移民与生态重建合二为一称作“生态移民”。到2018年底，宁夏累计安置生态移民65.08万人（李文庆，2018）。

4.2 宁夏生态文明建设概况

宁夏生态文明建设经历了四个发展阶段：第一，从20世纪50年代开始，宁夏开始实施防沙治沙工程，通过麦草方格治沙技术，在裸露的移动沙丘上大面积固沙造林，建立起了“五带一体”治沙防护体系，有效遏制了沙进人退现象；第二，从2000年开始，宁夏实施退耕还林工程，通过实施退耕林工程，宁夏森林覆盖率由2000年的8.4%提高到2016年的13.3%；第三，从2003年开始，宁夏实行全境“禁牧封育”工程，禁牧后，宁夏草原沙化由禁牧前的1376.51万亩减少到1166.51万亩，草原多样性指数、物种丰富度、均匀度分别比禁牧前提高了15%、22%、45%；第四，从2000年起，实施生态移民工程，生态移民有效地改善了迁出区的生态环境，也有效提高了贫困人口的生活水平，是生态脆弱地区贫困人口摆脱贫困的有效手段之一。从这四个发展阶段与内容看，宁夏生态文明建设与生态环境建设相似（王林伶，2013）。

4.3 宁夏生态移民区生态文明建设概况

4.3.1 政府层面

4.3.1.1 地方政府对生态文明建设的理解过于片面

地方政府对生态文明建设简单地理解为生态环境保护，或植树造林。由于各县并没有设置环保局，因此，各县生态文明建设工作基本是由林业局和城建局管理。由于县林业局的职能主要是贯彻执行党和国家关于林业发展和生态环境建设的方针、政策、法律、法规和规章等，由于林业局的职能所限，他们在生态文明建设中能做的主要工作就是植树造林、种草种树等。城建局主要负责城乡建设及运行，具体如垃圾清理、村庄布局、美丽乡村建设等。由于各部门的职能不同，造成对生态文明建设工作的理解比较片面。

4.3.1.2 生态文明建设存在着多头管理现象

除当地林业局外，管理农村生态文明的有农牧局、城（住）建局、环保局等。农业局主要针对农牧上农药化肥使用，林业局是种草种树，（住）城建局的工作主要是美丽乡村建设等。由于各部门各司其职，没有一个统一的部门对这些职能进行整合，造成部门之间工作衔接不畅。由于生态文明建设是一个系统而长期的工程，需要各职能部门统筹协作才能完成。因此，迫切需要建立一个职能协调委员会或协调小组。

4.3.1.3 生态文明建设法律法规普及程度较低

国家为生态文明建设制定了许多的法律法规制度，但在现实中却缺乏对移民的传递机制，除个别法律法规，如《土地法》《农药限制使用管理规定》等外，移民对大多数的法律法规没有概念。个别政府强力执行的规定除外（如不随意焚烧秸秆规定）。

4.3.1.4 生态文明建设的组织保障不足

生态文明建设是一个系统工程，需要很多部门的配合才能完成。调查发现，移民普遍觉得政府投入环境保护的资金力度不够，监督检查工作不到位，实际的生态保护补贴较少，政府在提升公民生态意识方面的工作不到位，村上也很少进行环保方面法律法规方面的宣传等。

4.3.2 移民层面

4.3.2.1 移民们普遍缺乏生态知识

生产方面：移民们不仅对一些专业性的生态知识不了解，如测土配方、生态农业、温室效应、循环经济、生态文明等，对一些常识性的生态知识也很不熟悉，例如，如何进行养殖场选址、农田废弃农膜的处置等。生活方面：移民们对可回收垃圾分类知识普遍缺乏，绝大多数移民没有接受过相关知识的培训，年龄越大这种情况越明显；除配置垃圾回收点/箱的村庄外，那些没有垃圾统一收集的村庄，村民的生活垃圾通过焚烧、丢弃在田头渠边的方式处置；绝大多数的移民村没有专门的污水收集处置设施，生活污水随意倾倒在马路上或院子里。

4.3.2.2　移民们具备初步的生态意识，但离生态文明的建设要求还相差甚远

调查发现，生态意识与移民的搬迁时间和知识储备密切相关。搬迁时间越长的移民，生态意识越强，搬迁时间越短的移民，生态意识越弱；文化程度越高的移民，生态意识越强；文化程度越低的移民，生态意识越弱。

（1）移民具有简单的生态价值观。大多数移民具有简单的生态价值观。据本项目调查，86.31%的农民认为，林地、草地、河流对维持生态平衡很重要，节能环保材料和农资可以保护环境等。但对经济发展和保护环境哪一个更重要的问题上，不同发展阶段的移民态度不一样：处于刚刚搬迁、迫切希望发展的移民而言，经济发展更重要；对于那些搬迁时间很长，经济发展到一定程度的移民而言，他们认为经济发展和保护环境同等重要。

（2）多数移民具有一定的生态责任感。绝大多数移民具有一定的生态责任感。据本项目调查，95.84%的移民认为，保护环境应该从自我做起，应该为保护环境出力；94.04%的移民认为应该指责或制止那些破坏环境的行为；58.42%的人认为人类应该有限度地开发自然等。

（3）对公共资源保护意识差。调查发现，多数移民对公共资源保护意识比较淡薄。例如，在询问如果本村要设立一个工厂，这个工厂对本村的环境没有破坏，但会损害邻村环境时，41%的移民同意建厂。据本项目调查，在询问是否会在集体草地上偷牧或开荒时，86%的人表示会偷牧，63%的移民表示会开荒。

（4）移民的生态敏感度低。据本项目调查，45.63%的移民担心自己在市场上买到的粮食蔬菜有重金属、农药残留超标问题；30.36%的移民会担心后代人的生态环境会越来越差；72.67%的移民担心工业“三废”会影响本村的生态环境。

4.3.2.3　移民的生态意识未能转化为实际的生态行为

调查发现，多数移民表现出一定的生态意识，但在实际的生产生活中，这种生态意识并没有转化为生态行为。原因可能是以下几个方面。

（1）现实条件制约所致。据本项目调查，72.62%的移民们回答愿意购买低污染较环保的农药化肥，但在实际购买中，却由于购买较随机或者不会识别导致并没有实施这一行为。

（2）成本约束所致。据本项目调查，65%的移民们愿意使用喷灌、滴灌等节水设施，实际却由于购置成本太高感觉不合算而没有使用。

（3）生活习惯使然。据本项目调查，57%的移民赞成对废弃的药瓶、农膜进行回收，但实际上，或由于个人习惯，或由于觉得使用量少不值得集中收集等因素，并没有进行回收。

（4）公共服务的缺失所致。移民对生活垃圾和生活污水处理的需求非常迫切。在一些没有进行生活垃圾集中收集的村落，移民对生活垃圾集中收集处理需求迫切，并且愿意支付一定金额的垃圾处理费；多数村庄没有生活污水处理设施，因此，移民具有一定的环境保护意识，但实际中生活污水随意倾倒的现象还是非常普遍。

以上调查发现，宁夏移民安置区生态文明建设存在的主要问题是：第一，地方政府尚没有充分认识到生态文明建设的难度和重要性；第二，由于生态文明建设法律法规的缺位，现有的制度难以对移民起到约束和激励作用；第三，移民普遍缺乏生态知识；第四，生态知识的缺乏导致移民生态意识的淡薄；第五，生态意识的淡薄影响了移民生态行为的实施；第六，收入以及其他现实因素的约束，生态移民的生态意识难以落实到其生态行为上；第七，生活垃圾、生活污水是目前农村生态环境破坏的主要来源；第八，从农业文明进化到生态文明需要一个非常长的时期，文明的进化不能跨越式发展。

4.4 国内外生态文明建设案例集锦

4.4.1 国内案例

20 世纪 80 年代，我国就有专家提出生态文明的概念，我国生态文明建设也经历了从忽视到初步认识，再到提升为社会价值目标的发展过程。

1995 年以来，全国先后建立了 154 个省、地、县级规模的生态示范区建设试点，并表彰了在生态建设中工作突出的单位与个人；党的十八大以后，国家发展改革委等部门确定了我国生态文明先行示范区建设第一批名单，包括生态省、生态市、生态县（市、区）、生态乡镇、生态村和生态工业园区，57个生态文明先行示范区建设区域分布在全国各个省份区域，各地建设基础存在不均衡性与差异性。生态文明先行示范区建设体现了人与自然、人与人、人与社会的高度协调统一关系，即要树立统筹兼顾的发展理念，制定生态文明长期发展战略，加强政府责任建设，培育生态文化，加强生态系统与环境保护，优化产业结构，推动低碳与循环经济产业发展，建设人居环境优美、和谐、智慧的美丽社区。

生态城市符合低碳环保、构建节约型社会的要求，成为生态文明建设的主要形式之一；生态村作为生态文明建设的细胞工程，也融入了可持续发展的概念。良好的生态环境本身就是一种资源，社会发展应考虑充分发挥生态资源的优势，而不是肆意利用自然资源、破坏环境，再耗时耗力去修复，得不偿失。本书列举了生态良好地区和生态破坏地区生态文明建设的8个国内外案例，他们有的地处沿海、水资源丰富，有的位于内陆、煤炭资源丰富，因此生态建设类型不尽相同，或为生态修复型、资源依托型，或以绿色可持续理念建城等类型。

【案例4－1】海南①：海上明珠，南国宝岛

蓝色海水、绿色雨林、白色沙滩，海南岛拥有约200万平方公里的海域面积，矿产资源丰富，是中国最大的“热带宝地”。其资源的独特性、唯一性是不可替代的，优良的生态环境是海南可持续发展的最大资本，良好的生态环境长期吸引着中外游客前来观光。海南省通过保住生态优势建设生态文明，或许是生态良好地区的一条值得借鉴的道路。

得天独厚的自然资源，成为海南经济发展的引擎。1999年，海南成为全国第一个开展生态省建设的省份，坚持生态立省、环境优先，并将其作为一项长期战略。积极发展清洁能源，按照“不污染环境、不破坏资源、不搞低水平重复建设”的三不原则，严把环境准入关，形成“西部工业区、中东南部热带高效农业区、东南部旅游度假区”的产业布局。

独具海南特色的文明生态村，成为海南乃至全国具有高度影响力的生态文化品牌。海南省积极建设城乡生态人居环境，引导农民大力发展绿色农业、热带高效农业，生产无公害农副产品；大力发展庭院经济，引导农

---

① 张玉军．生态文明建设案例及经验总结［A］．https：//max，book118．com/html/2017/0813/127753840．shtm．

民种植热带果木；鼓励农民发展养猪业，通过沼气池建设形成农村生产、生活良性循环的生态链，在改变村容村貌的同时，发展了生态经济。

教育与文化交流助推生态文明建设。在海南，学校开设生态环保课程、组织生态体验与生态公益活动，生态教育成为学生素质教育的一项重要内容；创建绿色学校、绿色社区、文明生态企业、文明生态家庭等活动，积极推动社会公众与青年学生成为生态省建设的重要力量；还定期举办生态省建设暨生态文化论坛，这已成为重要的理论与实践文化品牌，也是国内绿色对话与生态文化交流的重要平台。

继创造经济特区的辉煌成就之后，海南又成为自贸试验区，引领国家改革开放新潮流，而建设国家生态文明试验区，发挥生态资源的优势，是海南自贸试验区建设的战略定位之一。

【案例4-2】深圳①：生态建设排头兵

深圳市是全国第一批生态文明六个试点城市之一和首个国家低碳生态示范市，为深入推进生态文明建设，先后制定和颁布了《深圳生态文明建设行动纲领（2008-2010）》等一系列法律法规，环境质量持续改善，空气质量指数在全国名列前茅。深圳市推行低冲击开发模式、实施绿道网络建设及严格的考核制度等具体做法值得全国其他省市学习和借鉴。

第一，低冲击开发模式有效减少污染。低冲击开发模式是深圳市生态文明建设中的亮点，它是指从径流源头着手，在城市绿化带和景观构建时，结合实际采取雨洪管理手段，达到减少外排雨水流量、削减面源污染的目的。例如，深圳万科中心的场地基本都使用渗透地面；设计和开发低势绿地进行雨水蓄积，增加绿地区域的雨水下渗量；充分利用植被缓冲带、低势绿地、植被浅沟、弃流装置等将雨水中的污染物进行截留，从而控制源头污染；将截污挂篮置于生物滞留设施、浅沟、道路雨水口的溢流口，从而减少污染物的排放量。

第二，绿道网络建设展现深圳特色。深圳出台了《深圳市基本生态控制线管理规定》，划定974平方公里的土地为基本生态控制线并加以严格保护，使得绿道网络的开发和建设有了充足的空间，随后编制并发布了一系列有关绿道网络建设的规划。同时，深圳拥有大批公园和自然保护区，堪称“公园之城”，并将55处历史建筑、历史街区和文物保护单位划定为

① 深圳市环保实绩考核工作领导小组办公室．深圳完善实绩考核机制推进城市科学发展[J]．环境保护，2009（16）：31.

“紫线”区域，将其与绿道网络进行串联和结合，形成了“四横八环”绿道网络体系，深圳的客家风情和岭南特色也得到更充分的展现。

第三，严格的考核制度为生态文明建设提供保障。早在 2007 年，深圳市就开始了环保工作绩效考核，并将考核结果纳入领导干部政绩体系和作为升迁任用的重要依据，在全国颇具创新性和开拓性，该考核指标得到逐步完善，不仅涵盖环保领域，更加注重生态文明建设领域的水环境质量、空气质量、绿色建筑发展、节能减排、排涝工程建设、生态文明制度体系建设、公众满意度等方面，由最初的 8 个指标增加到了现今的 20 个指标，并按照市直部门、各区和重点企业三个类型设置差别化的指标体系。

【案例 4－3】浙江安吉[①]：中国美丽乡村

安吉县地处浙江省湖州市西部山区，境内西苕溪是太湖的重要水源区。“七山一水二分田”本应是当地发展优势，而 20 世纪 80 年代起，安吉县为了摘掉贫困县的帽子，大兴工业，致黑烟滚滚、污水横流、西苕溪“臭”名昭著，被列为太湖水污染重点治理区域。

安吉县痛定思痛，走上了生态立县的道路。安吉县放弃了一批污染较重、易对生态环境造成负面影响的项目，提前两年完成太湖源水污染防治“十五”计划，各乡镇成立了护水队，分时段、分片区对村内的水体进行检测监督，保障水质。

在重现审视了自身的优点与不足后，决定发挥先天优势，在不破坏环境的前提下，挖掘山区资源潜力，实施“一产接二连三”的产业互动战略，发展特色农业。

安吉县是“全国十大竹乡”之首，且有“中国白茶之乡”的美誉。以往由于环境不好，竹子和茶叶没有得到良好发展，如今，安吉县的毛竹成了宝贝，竹制品加工实现了从根到叶全面开发，从传统竹编产品到高新技术产品，形成了竹根雕、竹凉席、活性竹炭等系列产品，这里的一切都和竹子有关。安吉县有漫山遍坡的白茶园，头戴草帽的采茶女散落其间，村里建立了茶叶合作社，形成了规模产业，打开了销路，打响了牌子。

万顷竹海万般景，不卖山水卖风光。竹海和茶园成了安吉县的风景区，也为安吉人发展休闲农业与乡村旅游提供了良好的生态资源。白茶和

① 浙江安吉：在绿色发展中崛起［EB/OL］. http：//www. xinhuanet. com/2017－08/16/c_1121494707. htm，2017－08－16.

竹海相映成趣，打造了一个世外桃源，吸引了各地游客争相前往。数以百亿元计的茶业、椅业、竹业是安吉县“绿色”产业的三张名片。农民人均纯收入中，约70%来自绿色产业。

在安吉县绿水青山中，生态文明建设渗透到了一产、二产和三产中，美丽环境转变成了实实在在的美丽经济。在天荒坪镇余村的村口水塘边立着一块巨石，正面镌刻10个红色大字：绿水青山就是金山银山。余村人自豪地说，这里是“两山论”的诞生地。

4.4.2 国外案例

我国生态建设仍然处于初级阶段，在做好城乡总体规划、发挥地区生态特色、有效防止生态污染及引导公众参与等方面，国外绿色城市建设、产业布局的合理规划以及环境法治建设等方面的实践探索和特色经验可为我们提供有益的参考和启示。

【案例4-4】伦敦[①]：新氧大都市

作为首都的伦敦在英国的两次工业革命中承担着重要角色，工厂众多、高楼林立，称其为“雾都”似乎更形象。1952年12月4日，伦敦发生了一次极其严重的“烟雾”事件，工厂和住户排出的烟尘和气体在低空大量聚积，整个城市被浓雾所笼罩，短短5天内4700人丧生，十万多人被迫患上呼吸道疾病。

那场震惊世界的“雾都劫难”让伦敦人彻底觉醒，开始重视环境问题，英国政府也以此为契机，走上了生态建城之路，先后通过了一系列法案有效治理雾霾、整治环境：1954年，伦敦市政府首先颁布了《伦敦市法》，要求工厂加高烟囱，居民改造家用炉灶；1956年，英国政府颁布了《清洁空气法案》，第一次以立法形式，控制家庭和工厂排放的废气，大规模改造城市居民的传统炉灶，减少煤炭用量，发电厂和重工业也随之被迁到郊区；1968年以后，英国又出台了一系列的空气污染防控法案，这些法案针对各种废气排放进行了严格约束；1974年，英国政府出台了《污染控制法案》，对机动车燃料成分和石油燃料含硫量作出规定。

英国政府出台的这一系列法案取得明显成效：1975年，伦敦有雾的日

① 姚忆江，郭丽萍．伦敦是怎样摘掉“雾都”帽子的［EB/OL］．http://www.infzm.com/content/10188，2008-05-01.

子减少至15天，1980年，只有5天有雾。20世纪80年代后，交通污染又取代工业污染成为伦敦空气质量的首要威胁，政府为此出台了一系列包括优先发展公共交通网络、抑制私车发展在内等措施来限制汽车尾气，提倡地铁和自行车出行。

经过50多年的治理，伦敦不仅摘掉了“雾都”的帽子，城市上空重现蓝天白云，而且在经过多年的城市景观规划和改造后，如今的伦敦到处都是公园，放眼望去一片绿色，空气沁人心脾，让人倍感清新爽朗，宜居背后也显示了伦敦人对自然的尊重。很难想象，伦敦这样一个现代化大都市，竟然是全欧洲敞篷车卖得最好的地方。

【案例4-5】温哥华①：北美花都

温哥华被誉为“北美花都”，《经济学人》杂志曾连续八次将它评为全球最宜居城市。温哥华的人均碳排放量为4.6吨每人每年，在北美地区大城市中属于人均碳排放最少的城市。温哥华坚持可持续街区的城市设计原则，遵循了低碳可持续发展理念，通过控制街区和街道尺度，构建公共交通系统和一体化道路系统，形成了直线均匀分布的棋盘式城市格局。同时，完善的自行车网络和一体化的公交系统减少了汽车数量，降低了碳排放。

温哥华始终将生态文明建设摆在首要位置，大力推行“零废物”管理，开展“最绿城市”行动。

首先，大力推行“零废物”管理并加以落实，实行污染付费原则，废物减量成效显著。温哥华先后制定并出台了《零废物挑战：目标、战略和行动》、《综合废物和资源管理规划》和《零废物挑战战略从想法到行动》。实现了在人口增加54万人左右、形成70万吨废物增量的同时，处置量反而降低了18万吨的成绩，极大地减少了废物处置造成的环境污染。

其次，为进一步提高废物分类率，温哥华共实施了堆肥和食物回收计划等七项具体措施，规定了塑料、木材、纸张和有机物废物的减量化使用和再循环利用，重点突破拆除、建筑、土地清理业、工商业和公寓区域的废物回收利用；收集来的废物分类后进行循环再利用。此外，温哥华实行废物收费制度、生态费制度和押金返还制度，并以规章的形式详细列出禁止和管制投放到市政垃圾回收体系的材料清单。

---

① 李宇军．“零废物”管理：温哥华的实践及其对中国的启示［J］．内蒙古大学学报（哲学社会科学版），2011，43（4）：25-30.

最后，温哥华在2009年建立了“最绿城市行动小组”，实施低碳政策，出台了《最绿城市快速启动指南》，规划设计绿色建筑，构建绿色交通，发展绿色经济，消除城市发展对化石燃料的依赖，实现城市天蓝、水清、空气清新；同时，针对气候变化，温哥华从1990年开始连续推出了针对能源、企业、建筑、交通等多个方面的38项政策，分阶段逐步落实。

【案例4-6】新加坡①：小岛上的“花园城市”

新加坡是举世公认的生态城、“花园城市”，其城市建设与发展在全球范围内都可被视为海洋生态文明建设的成功范例，主要经验如下。

第一，清晰明确的城市定位。作为一个岛国，新加坡在建国之初，资源匮乏，发展根基十分脆弱，政府因而高度重视城市规划，通过联合国聘请了世界一流专家，历经4年时间，高起点、高质量地编制了城市概念性发展规划，设定了概念清晰的长期发展导向和目标，即“花园城市”，并以此为总纲，陆续编制了城市总体规划、城市分区规划和控制性详细规划，经法定程序批准后不得随意修改，以确保各项规划稳定、有效地实施，概念性规划期限为40~50年，每10年调整一次，城市总体规划期限为10~15年，每5年调整一次。

第二，重视“绿色”与“蓝色”建设。新加坡位于滨海地区，科学规划“绿色”与“蓝色”建设，“绿色”建设主要有绿地系统、绿色景观及一系列环境友好的项目，在城市规划初期，专门划分“绿色”与“蓝色”部分，将“绿色”建设的重点落在绿化街道和公园的建设，随后逐渐强化道路的绿化，要求在露天停车场、过街天桥、挡土墙等进行绿化，并大力推动园艺教学的发展；在发展中期，推出了绿色总体规划新蓝图，明确到2030年，至少要有80%的现有建筑物要达到合格的绿色标志评级。“蓝色”建设是指水环境建设等，新加坡政府成功治理了新加坡河，新建滨海堤坝以提升城市的集水能力，斥巨资建设深隧道排污系统，推行“维持可持续性的水供”新策略，实施雨水收集、新生水、海水淡化等措施。

第三，广泛的群众参与。新加坡政府极力向全民灌输“花园城市”的理念，使其成为全社会的共识；政府部门各部长深入民间，召开交流会议，并充分采纳合理建议；成立由国会议员和普通居民共同组成的市镇理事会，使居民以管理者的身份参与商讨城市管理中的具体问题；开展各种

① 李岚，刘伟国，李耀初，刘勇．国外典型案例对横琴新区海洋生态文明示范区建设的启示［J］．科技创新与应用，2014（7）：296-297.

形式的城市管理宣传教育、评比活动，培养公众的主人翁意识和社会责任感，主动参与“花园城市”建设，从根本上大大减少了城市环境破坏行为。

【案例4－7】埃斯俄文村①（Earthaven）：生态经济村的典范

美国埃斯俄文生态村建于1994年，地处北卡洛莱纳州，现有居民约50人。村内建有网关农场（gateway farm）等大农场和鱼塘，致力于发展循环可持续经济，实现经济与自然的和谐发展，积极践行绿色发展理念，是生态经济型村的典型代表。

埃斯俄文村通过建立良性的农业生态系统，大力推动有机农业的循环发展。一方面，发展种植业内部生态循环系统，通过多样性作物种植、轮作模式来平衡养分保持土地肥力，将农业生产产生废弃物制作成基质料，回归使用于育秧。另一方面，实现种植业与畜牧业、养殖业水平联动，利用秸秆等处理后所得饲料与有机肥，进行牲畜饲养与林地、农地灌溉。按照“资源—农产品—农业废弃物—再生资源”的生产流程，充分利用资源，将种植业、畜牧业、养殖业有机结合，建立产业间水平联动机制，实现一产的效益最大化。

在农业永续生产的基础上，埃斯俄文生态村建立“农业—工业—服务业”生态综合体。一方面，以一产产物为原料进行二产产品生产，如利用谷物以及富含碳水化合物的作物制作酒精，利用村内饲养的冰岛羊羊毛制作珍贵的冰岛羊毛毡、织品等。另一方面，依托一产、二产发展生态三产，村内组织森林花园学习中心，对种植、畜牧等方面进行永续发展、物种多样性知识传授，发展教育以及旅游产业，实现一、二、三产的垂直联动。

埃斯俄文生态村按照“整体、协调、循环、再生”的要求，通过强化“一产基础、一二共促、三产联动”，有效整合生态产业链，达到生产的经济效益和生态效益的高度统一，为生态村提供了永续发展的动力。

---

① 范凌云，刘雅洁，雷诚．生态村建设的国际经验及启示［J］．国际城市规划，2015（6）：100－107.

【案例4-8】水晶河村：袋鼠的温柔乡

澳大利亚水晶河村建于1985年，地处布里斯班州，现有居民210余人，占地259hm^2。以往的居民乱砍滥伐、肆意掠杀动物，导致大多数山脊寸草不生，物种多样性受到严重威胁。历时20多年的生态修复，澳大利亚水晶河村通过全面的生态规划设计与实施，改变了原有的荒芜面貌，区域生态潜力和自然生态环境显著提升，成为乡村生态修复的典型案例。

水晶河村以生态适宜为原则，进行土地养育、物种保护，采取了涵盖土地、森林的一系列措施进行自然系统生态修复：树叶与干草覆盖土地、堆建高坡、建造篱笆等土地生态修复措施提高了土壤肥力，以恢复土地生态能力；禁止在森林狩猎，生态村内及附近生物物种数量持续上升，记录在册的有袋鼠、针鼹鼠等多种哺乳动物，160多种鸟类，以及多种濒危物种（如亮光黑美冠鹦鹉），有效维护了生物多样性。

同时，该村考量了村庄的地形、植被种类和土壤特点，充分考虑分区、排水和主导风向等基本特征，规划了生产功能区、生活功能区以及生态功能区的土地范围，划定生态用地保护空间，进行生态空间与村庄建设用地的详细布局，确定20%为私有地块，其中14%规划为居民住宅，6%规划为社区中心地块（包括商业用地、教育用地、接待旅游参观者用地），剩余80%作为生态维育用地，且平坦部分用于农业生产，陡峭部分用于森林建设、生物繁殖栖息；结合地形“簇状”分布规划道路，在地块和道路间适宜布置服务设施及管线。

在可持续建筑设计方面，为减少环境污染与破坏，村庄主要使用麦秆压块、泥土压块、竹子等当地天然材料建造房屋，应用本土化的建筑节能技术建造房屋，且大部分家庭安装有积肥厕所、光电池供电设备等，减少能源消耗，提高了建筑生态性。

4.5 本章小结

本章简要概括了宁夏生态移民、生态文明发展阶段，并从政府层面和移民层面分别对宁夏生态文明建设过程中存在的问题做了详细的分析，发现宁夏移民安置区生态文明建设存在的主要问题是：第一，地方政府尚没有充分认识到生态文明建设的难度和重要性；第二，由于生态文明建设法律法规的缺位，现有的制度难以对移民起到约束和激励作用；第三，移民普遍缺乏生态知识；第四，生态知识的缺乏导致移民生态意识的淡薄。第五，生态意识的淡薄影响了移民生态行为的实施；第六，收入以及其他现实因素的约束，生态移民的生态意识难以落实到其生态行为上；第七，生活垃圾、生活污水是目前农村生态环境破坏的主要来源；第八，从农业文明进化到生态文明需要一个非常长的时期，文明的进化不能跨越式发展。最后精选了几个国内外生态文明建设的成功案例。

第 5 章

生态文明建设指标构建

5.1 样本与数据

5.1.1 样本分布

选点：本研究选择从宁夏生态环境极其恶劣的西海固地区迁至银川和吴忠两市的移民家庭进行调查。调查时间从 2017 年 3 月初开始至 4 月底结束，涉及银川市和吴忠市 4 区 2 县 13 个村，样本具体分布情况如表 5 - 1 所示。

表 5 - 1　样本分布

移民迁出区	移民迁入区	样本选点	样本数（个）	比例（%）
固原市泾源县、彭阳县	银川市西夏区	兴泾镇兴盛村	48	9.88
		兴泾镇泾河村	50	10.29
		镇北堡镇团结村	48	9.88
		镇北堡镇华西村	46	9.47
固原市原州区、西吉县	银川市贺兰县	洪广镇欣荣村	43	8.85
		洪广镇广荣村	41	8.44

续表

移民迁出区	移民迁入区	样本选点	样本数（个）	比例（%）
固原市原州区、隆德县	银川市永宁县	闽宁镇原隆村	51	10.49
固原市彭阳县	银川市金凤区	良田镇和顺新村	10	2.06
固原市彭阳县	银川市兴庆区	月牙湖乡滨河三村	50	10.29
固原市原州区、吴忠市同心县	吴忠市红寺堡区	红寺堡镇大河村	53	10.91
		红寺堡镇中圈塘村	46	9.47
样本总数			486	100.00

抽样：宁夏按照迁入县和迁出县对应接收的方式进行生态移民搬迁，即银川市兴庆区——彭阳县、银川市金凤区——彭阳县、银川市西夏区——泾源县和彭阳县、永宁县——原州区和隆德县、贺兰县——原州区和西吉县、红寺堡——同心县和原州区。为了使调查样本覆盖到尽可能多的移民点，我们为每个迁出县在迁入县寻找 2 个安置点。

由于目前生态移民安置点规模较大，每个安置村三五千人非常普遍，无法直接抽取样本，因此调查采用多阶段随机抽样方法，其实施过程为：先从总体中抽取范围较大的单元，称为一级抽样单元，再从每个抽得的一级单元中抽取范围更小的二级单元，依此类推，最后抽取其中范围更小的单元作为调查单位，即依次抽取样本县、样本村和样本农户，每户抽取 1 人为调查对象，且每个安置点选取农户数量基本相同；与此同时，根据每个样本村农户年收入的平均值，按照低、中、高三个收入等级选取数量比为 3∶4∶3 的农户数量。本书原本计划在每个行政村抽取 50 个样本，受交通情况、调查员数量等条件限制，个别样本村的样本量不足 50 个，但样本数在各样本点之间基本属于平均分布，因此样本整体具有代表性。调查总样本 505 户，最终有效问卷 486 份，具体如表 5－2 所示。

表 5－2　样本基本情况

变量名	分类	人数	百分比（%）	累计百分比（%）
家庭年总收入（INC）	低收入	121	24.90	24.90
	中等收入	209	43.00	67.90
	高收入	156	32.10	100.00

续表

变量名	分类	人数	百分比（%）	累计百分比（%）
性别（GEN）	男	274	56.38	56.38
	女	212	43.62	100.00
年龄（AGE）	18岁~28岁	84	17.28	17.28
	29岁~39岁	113	23.25	40.53
	40岁~49岁	158	32.51	73.04
	50岁以上	131	26.96	100.00
受教育程度（EDU）	文盲	122	25.10	25.10
	小学及初中	284	58.44	83.54
	高中及以上	80	16.46	100.00
婚否（MAR）	单身	51	10.49	10.49
	已婚	435	89.51	100.00
总样本	486			

注：表中变量名括号字母内为其英文简写（取前三个字母）。

从表5-2数据可以看出：移民受教育程度普遍较低，58.44%的移民仅有小学及初中文化程度，高中及以上文化程度的移民比例只占16.46%；农户年总收入平均为37404元，67.90%的农户年总收入在35000元以下；农户家庭常住人口平均为4人（4.299），人均收入8540元，这个数据与国家统计局的2017年公布的人均收入——全国居民人均可支配收入25974元相比，不到1/3；与农村居民人均可支配收入12363元相比，还有一定差距。

与此同时，根据表5-3中移民家庭劳动力人数进行计算，发现平均每个移民家庭劳动力数不足3（2.89）人，这意味着平均不到3个人的收入就要负担至少4个人的生活；且样本农户家庭中共有学龄儿童385人，慢性病及伤残人数300人，除了生活必需支出外，农户需要负担学费甚至巨额医药费。

表5-3 家庭劳动力人数

家庭劳动力人数	家庭数量（家）	百分比（%）	累计百分比（%）	家庭劳动力人数	家庭数量（家）	百分比（%）	累计百分比（%）
0	9	1.85	1.85	5	38	7.82	95.27
1	48	9.88	11.73	6	16	3.29	98.56
2	183	37.65	49.38	7	5	1.03	99.59
3	86	17.70	67.08	8	2	0.41	100.00
4	99	20.37	87.45				

5.1.2 数据检验

实证研究前，必须先对数据的信度和效度进行检验，确保问卷量表的可信度与有效性。由于本书拟采用结构方程模型，因此也要对数据进行偏度和峰度检验，以验证数据是否符合正态分布。

信度即可靠性，是指调查问卷的一种可信程度。通俗来讲就是用相同问卷对同一个被调查者进行重复调查时，调查结果呈现的一致性程度。信度系数的测量方法主要有以下四种：重测信度法、分半信度法、复本信度法和alpha信度系数法。本书采用大多数学者常用的alpha信度系数法，即克朗巴哈系数（Cronbach's alpha）来测量信度。通常，信度系数的取值范围为0~1之间，如果信度系数达到0.90以上，说明量表的信度很好，如果在0.7~0.9之间，说明量表的信度较好，信度检验的结果Cronbach's alpha值为0.820，说明本研究所用量表信度较好。

效度即有效性检验，是指调查问卷或量表是否能够准确测量出所需测量的事物的程度。效度一般有三种类型，内容效度、准则效度和结构效度。效度检验一般采用KMO与Bartlett值来测量。本书也使用这种方法来测量量表的效度。效度方面，一般来说，KMO的值也在0~1之间，如果此值高于0.8，则说明非常适合进行因子分析，且越接近1表示越适合做因子分析。Bartlett的球型检验，对应的P值小于0.05也说明适合因子分析。效度检验结果显示，数据的KMO值为0.813，表示非常适合做因子分析。同时Bartlett的球型检验对应的P值为0.000小于0.05，也说明适合因子分析。

上述信度和效度检验结果看，量表可信度与有效性较高，可以进行后续实证研究。

5.2 生态文明建设指标构成

5.2.1 指标构建原则

5.2.1.1 科学性原则

首先，科学性原则是指选取的指标应当科学合理，确保最终评价结果的有效性；其次，评价指标相关数据获取途径，即收集和处理过程也需要保证其科学性。此外，构建指标体系遵循科学性原则可以避免由于主观性太强，导致评价结果偏离客观实际，提高结果的可信赖水平。

5.2.1.2 全面性原则

构建评价指标体系要遵循全面性原则，指标体系的内容要涉及各个方面的指标考核，兼顾移民个人特征、生态意识、生态行为和制度保障等各方面，全面考察评价生态文明建设的各个方向的响应情况。同时，全面性原则也表示在构建生态文明建设响应评价指标体时，应当全面考虑各个区域的特征，从而抓住整体的共性予以评价，使得评价指标具有共同通用性。此外，全面性原则还包括指标体系的构造过程中应当兼顾指标类型，即定量指标与定性指标相贯穿。

5.2.1.3 可操作性原则

指标体系的构建必须是可操作的。评价指标必须可获得且易获得，如果评价指标不易获得，相关资料不易收集和整理，那么这个指标设置得再好也无法实现科学研究。同时，评价指标要可量化，就是指标所涵盖的意义可以用具体数据来描述，并可以运用科学的计算方法继续数据分析。最后，指标体系中的指标还应被广泛地认可与肯定，从而减少由于指标选取的偏僻而耽误评价工作的开展。因此，为了使评价顺利开展下去在指标体系构建时应权衡指标的可操作性。

5.2.1.4 动态性原则

动态性原则是指标体系在建立时，需要能够反映移民对响应生态文明建设的当前状况和未来的变化。由于生态文明建设是一个随着时间逐步累积的过程，因此生态文明建设响应评价需要具备动态前瞻性，需要依照实际进行调整，以适应不断进步和发展的建设进程，从而保障和提升评价结果的同步更新与前沿性。

5.2.2 指标构成

本书选取了四个不同时间段进行生态搬迁、不同发展阶段的生态移民为调查对象，以 1983 年、1995 年、2000 年和 2010 年为时间节点。调查方式以农户为单位，入户面访，调查对象为 18 ~ 69 岁的成年人，每户抽取 1 人作为调查对象。生态文明建设指标包括“生态知识”“生态意识”“生态行为”与“生态制度建设与保障”四个部分。

5.3 生态文明建设指标统计描述

5.3.1 生态知识

借鉴王甲旬（2016）对生态知识的划分，结合移民特征，本书将生态知识分为三个部分：环境污染知识（environmental pollution knowledge，EPK）主要是指大气污染、环境标准、污染源等知识；农业生产知识（agricultural production knowledge，APK）主要是指农业生产中有关环保耕作、无公害化肥、农药等知识；经济与产业知识（economic industry knowledge，EIK）主要是指经济产业发展与生态文明建设的关系、生态经济、生态产业等知识。

5.3.1.1 环境污染知识

环境污染知识（EPK）其中包含四个测量指标，通过“你知道白色污染吗?”“你知道工业‘三废’是什么吗?”“你知道温室效应吗?”以及

“你知道 PM2.5 吗?” 这四个问题来表示被访者对环境污染源、环境标准、大气污染等知识的了解程度。表 5－4 为环境污染知识测量指标及描述性统计。

表 5－4 环境污染知识测量指标及描述性统计

指标描述	代码	变量描述	最小值	最大值	均值	标准差
你知道白色污染吗?	EPK1	0 = 不知道，1 = 知道	0	1	0.43	0.49
你知道工业“三废”是什么吗?	EPK2	0 = 不知道，1 = 知道	0	1	0.22	0.41
你知道温室效应吗?	EPK3	0 = 不知道，1 = 知道	0	1	0.24	0.43
你知道 PM2.5 吗?	EPK4	0 = 不知道，1 = 知道	0	1	0.27	0.44

由表 5－4 可知，移民环境污染方面的知识普遍较差，其中均值最高的“你知道白色污染吗?”一项也只有 0.43，但是当向移民解释“白色污染”就是常见的塑料垃圾等污染物时，他们又表示知道，但“白色污染”这个名词从没有听过。其余的三项均值都在 0.3 以下，同样将这三项也用通俗的语言表达出来时，部分移民表示知道一点。可见，移民对于环境污染方面的知识知之甚少，尤其是涉及一些专业名词时。

5.3.1.2 农业生产知识

农业生产知识（APK）其中包含四个测量指标，通过是否知道“测土配方”“土地抛荒的影响”“大量施用化肥的影响”以及是否知道“无公害、绿色、有机产品”四个问题来表示被访者对农业生产中有关环保耕作、无公害化肥、农药等知识的了解程度。表 5－5 给出了农业生产知识测量指标及描述性统计。

表 5－5 农业生产知识测量指标及描述性统计

指标描述	代码	变量描述	最小值	最大值	均值	标准差
你知道农业上的“测土配方”吗?	APK1	0 = 不知道，1 = 知道	0	1	0.18	0.39
你知道抛荒对土地的影响吗?	APK2	0 = 不知道，1 = 知道	0	1	0.39	0.49
你知道大量施用化肥对土地造成的影响吗?	APK3	0 = 不知道，1 = 知道	0	1	0.48	0.50
你知道无公害产品、绿色产品、有机产品吗?	APK4	0 = 不知道，1 = 知道	0	1	0.70	0.46

由表5-5可知，移民在农业生产方面的知识要强于环境污染方面的知识，其中“你知道农业上的‘测土配方’吗?”一项均值最低为0.18，当向移民解释“测土配方”是一种施肥技术，作物缺少什么营养就补充什么营养时，大部分人表示明白了其中意思但之前没有听说过。对上述问题的答案进行统计后发现，被访者中不知道“测土配方”的人数占总人数的79.84%，不知道土地抛荒和大量施用化肥对土地造成何种影响的人数占比分别为61.52%和50.62%。由此可见，本身作为农民的移民群体对农业生产中的生态知识了解甚少，如何科学环保地种田是当下农民要学习的重点。在“你知道无公害产品、绿色产品、有机产品吗?”这个问题后附加了一个问题“你知道上述三种产品哪一种的要求最严格?”。被访者中69.96%回答知道上述三种产品，但是仅有42人知道有机产品的要求最为严格，占比仅为8.6%，可见移民虽然有了绿色农产品的意识，但是对于其中的分类并不了解。

5.3.1.3 经济与产业知识

经济与产业知识（EIK）包含三个测量指标，通过“你知道‘生态农业’吗?”“你知道‘循环经济’吗?”“你知道‘生态文明’吗?”三个问题来表示被调查者对生态经济、经济发展与生态文明建设的了解程度。表5-6为经济与产业知识测量指标及描述性统计。

表5-6 经济与产业知识测量指标及描述性统计

指标描述	代码	变量描述	最小值	最大值	均值	标准差
你知道“生态农业”吗?	EIK1	0=不知道，1=知道	0	1	0.37	0.48
你知道“循环经济”吗?	EIK2	0=不知道，1=知道	0	1	0.26	0.44
你知道“生态文明”吗?	EIK3	0=不知道，1=知道	0	1	0.44	0.50

由表5-6可知，从均值来看，移民在经济与产业方面的知识要强于环境污染方面的知识，但低于农业生产方面的知识，其中“你知道‘生态文明’吗?”一项均值最高为0.44，最低的一项是“你知道‘循环经济’吗?”均值为0.26。对上述问题答案进行统计发现，被访者中不知道“生态农业”的人数占62.76%，不知道“循环经济”和“生态文明”的人数占比分别为74.49%和55.97%。由此可见移民对经济与产业知识了解较少。

5.3.2 生态意识

借鉴国内外学者研究成果，本书通过生态认知意识、生态价值意识、生态忧患意识、生态责任意识和环境污染认知五个维度衡量生态移民的生态意识。

根据邓拉普和范利埃（Dunlap and VanLiere）的观点，NEP 的根本出发点是限制增长和经济与自然平衡增长的必要性，这是维持自然平衡和人类和谐的需要，可以代表人对自然的认知，因此用来衡量生态移民的生态认知意识；本书采用已被吴建平等（2012）和洪大用等（2014）验证的、两个维度 NEP 指标来测量移民的环境关注，即正向维新生态范式（nep1 等奇数项指标）和反向维人类例外范式（nep2 等偶数项指标），分别用 NEP 和 HEP 表示。将量表中奇数项的正向问题的答案按照非常同意、同意、不确定、不同意、非常不同意的回答依次赋值为 5、4、3、2、1，分值越高，代表生态意识越强；偶数项的负向问题的答案选项按照从非常同意到非常不同意的顺序依次赋值 1、2、3、4、5，分值越低，生态意识越强。

首先，需要指出的是，NEP 量表的部分测量指标较为抽象的问题，语句稍显晦涩。因此，在实地调查时，我们通过预调研的形式，综合受访者与调查员的多次信息反馈情况，反复对问卷进行修改，确保准确传递问卷所表达的信息，将书面语句转化为通俗易懂的口语。如“生态灾难”可进行举例，比如，空气污染、森林毁灭、土地沙化、泥石流、海啸等；再如，将“改造自然”解释为“人为了一定的目的，通过劳动等具体行为改变环境等，或者为了开采自然资源而改变环境”；将“自然界可以消化工业产生的污染”解释为“工厂排放的废水、废气、废渣等不必进行控制，这些污染排放之后都会被大自然消化吸收，不会对环境造成影响”。其次，生态价值意识用生态价值观（ecological value，EV）测量；再其次，生态忧患意识用生态敏感度（ecological sensitivity，ES）来测量，生态责任意识用生态责任感（ecological responsibility，ER）来测量；最后，将环境污染认知（perception of environmental pollution，PEP）纳入描述性统计分析的过程，作为移民生态意识的最后一个测量维度。

5.3.2.1 环境关心

NEP 量表即测量环境关心的新生态范式，NEP 最根本的出发点就是限制增长和经济与自然平衡增长的必要性，这是维持自然平衡和人类和谐的需要。因此，NEP 和 HEP 用来衡量移民在经济和环境中如何取舍的意识。表5-7和表5-8分别为 NEP 和 HEP 各测量指标的详细描述。

根据表5-7的统计结果发现，8个指标的最低平均分3.63，最高平均得分4.11，即移民对动物应该与人有一样的生存权利这一观点高度赞同，且移民在 nep3 和 nep13 这两个问题的得分情况几乎一致，初步判断有相当程度的相关性，应将此相关性在后面的计量模型中予以考虑。

表5-7　　移民正向维度新生态范式描述性统计

指标	代码	变量描述	最小值	最大值	平均分	总平均分	标准差
应该把人口数量限制在地球可承受范围内	nep1	1 = 非常不同意 2 = 不同意 3 = 一般 4 = 同意 5 = 非常同意	1	5	3.80	3.846	0.808
人类对于自然的破坏常常导致灾难性后果	nep3				3.77		0.783
人们应该与自然和谐共处	nep5				4.11		0.660
动植物与人类有着一样的生存权利	nep7				3.94		0.705
人类应该顺应自然规律	nep9				3.73		0.787
地球上空间和资源是有限的	nep11				3.84		0.854
自然环境很容易被破坏	nep13				3.63		0.879
假如环境继续恶化，我们将很快遭受生态灾难	nep15				3.95		0.821

根据表5-8，HEP 中7个指标的总平均分为2.813，最高平均得分3.130，即移民普遍认为人类最终会统治自然界，但移民对地球上的资源是有限的这一观点较为赞同，从该反向维的其他测量问题也看得出，移民对正确、合理地改造自然认识不足。

表 5-8　　移民反向维度新生态范式描述性统计

<table>
<tr><th>指标</th><th>代码</th><th>变量描述</th><th>最小值</th><th>最大值</th><th>平均分</th><th>总平均分</th><th>标准差</th></tr>
<tr><td>人类有权为满足自己的需要改造自然</td><td>nep2</td><td rowspan="7">1 = 非常同意
2 = 同意
3 = 一般
4 = 不同意
5 = 非常不同意</td><td rowspan="7">1</td><td rowspan="7">5</td><td>2.86</td><td rowspan="7">2.813</td><td>1.025</td></tr>
<tr><td>人类的才能可以确保我们在地球上可以一直居住</td><td>nep4</td><td>2.60</td><td>0.918</td></tr>
<tr><td>如果我们合理利用，地球上的自然资源是足够的</td><td>nep6</td><td>2.43</td><td>0.896</td></tr>
<tr><td>自然界可以消化工业产生的污染</td><td>nep8</td><td>3.11</td><td>1.005</td></tr>
<tr><td>人类面对的生态危机被夸大了</td><td>nep10</td><td>2.92</td><td>0.968</td></tr>
<tr><td>人类最终会统治自然界</td><td>nep12</td><td>3.13</td><td>1.027</td></tr>
<tr><td>人类正在学习如何掌控自然</td><td>nep14</td><td>2.64</td><td>0.831</td></tr>
</table>

因此，由表 5-7 和表 5-8 可知，移民正向维新生态范式（NEP）的总平均分为 3.846，而 HEP 的总平均分只有 2.813，因 NEP（正向维新生态范式）的得分越高，越靠近 5，代表移民环境关注的生态意识越强；而 HEP（反向维人类范式）的得分越低，越靠近 1，生态意识越高。相比之下，移民 HEP 对移民生态意识的测量结果并不如 NEP 理想，但仍能表明移民具有中等以上程度的环境关心，并不是一味地资源掠夺以追求经济条件的改善。

5.3.2.2　生态价值观

生态价值观测量移民在改造生态环境时，是否有正确的判断和认知。如表 5-9 所示，在生态价值观的 4 个测量指标里，选项都为有序变量，值的大小代表对正确的生态价值观的认同程度，值越大，认同程度越高。不同于一般的名义变量，其平均值和标准差并非没有意义，只是相比 NEP 量表的分值来说意义不大。在此不讨论其均值代表的意义。

表 5 – 9　　移民生态价值观指标及其描述性统计

指标	代码	变量描述	最小值	最大值	平均值	标准差
节约资源、使用低污染、低残留的农药化肥可以增收	EV1	0 = 不知道，1 = 不影响，2 = 可以	0	2	1.06	0.841
节约资源、使用绿色农资可以保护环境吗	EV2	0 = 没用，1 = 可以	0	1	0.75	0.432
你觉得经济发展和保护环境哪个重要	EV3	0 = 经济发展重要，1 = 环境保护重要，2 = 都重要	0	2	1.42	0.768
你觉得林地、草地、河流对维持生态平衡重要吗	EV4	0 = 不知道，1 = 不重要，2 = 重要	0	2	1.65	0.715

因此，本书分析了移民生态价值观各选项的频数，如表 5 – 10 所示，61.52% 的移民不知道使用无污染的、低残留的农药化肥是否可以增加收入；75.31% 的移民清楚地知道在生产时使用绿色农资可以保护环境；只有 17.28% 的移民认为经济发展重要，这代表农民也开始重视生存环境的质量，经济发展不如环境保护紧迫；79.42% 的移民认为河流湖泊等自然资源对维持生态平衡很重要。以上调查结果均显示移民已普遍具有正确的生态价值观。

表 5 – 10　　移民生态价值观各态度分布

指标	态度	频数	百分比（%）	累计百分比（%）	指标	态度	频数	百分比（%）	累计百分比（%）
EV1	0	158	32.51	32.51	EV2	0	120	24.69	24.69
	1	141	29.01	61.52		1	366	75.31	100.00
	2	187	38.48	100.00					
EV3	0	84	17.28	17.28	EV4	0	69	14.20	14.20
	1	114	23.46	40.74		1	31	6.38	20.58
	2	288	59.26	100.00		2	386	79.42	100.00

5.3.2.3 生态敏感度

生态敏感度用来测量移民与环境直接接触时或受到外界干扰时，是否对环境污染有正确的认识和态度。表5-11为本书选取的四个测量指标，均为有序变量。值的大小代表对正向敏感度的认同程度，值越大，对环境污染越敏感，生态意识越强。

表5-11 移民生态敏感度指标及其描述性统计

指标	代码	变量描述	最小值	最大值	平均值	标准差
你觉得随意焚烧秸秆地膜是否会破坏环境	ES1	0=无所谓，1=没想过，2=不会，3=会	0	3	2.53	0.801
你觉得随意抛弃禽畜粪便是否会破坏环境	ES2	0=无所谓，1=没想过，2=不会，3=会	0	3	2.64	0.735
你觉得随意抛弃塑料地膜是否会破坏环境	ES3	0=无所谓，1=没想过，2=不会，3=会	0	3	2.62	0.816
你是否担心自己从市场上买到的粮食和蔬菜有重金属、农药残留超标问题	ES4	0=不担心，1=一般，2=比较担心，3=非常担心	0	3	2.11	1.008

表5-12所示为移民生态敏感的态度频数分布：70.58%的移民认为随意焚烧秸秆会污染环境、77.57%的移民认为随意抛弃秦楚粉笔会污染环境、80.45%的移民知道随意丢弃废弃地膜会破坏环境，相比之下，仍有23.25%的移民对农产品上是否存在重金属超标、农药残留等问题漠不关心。

表5-12 移民生态敏感度各态度频数发布

指标	态度	频数	百分比（%）	累计百分比（%）	指标	态度	频数	百分比（%）	累计百分比（%）
ES1	0	8	1.65	1.65	ES2	0	8	1.65	1.65
	1	71	14.61	16.26		1	51	10.49	12.14
	2	64	13.17	29.42		2	50	10.29	22.43
	3	343	70.58	100.00		3	377	77.57	100.00

续表

指标	态度	频数	百分比（%）	累计百分比（%）	指标	态度	频数	百分比（%）	累计百分比（%）
ES3	0	14	2.88	2.88	ES4	0	55	11.32	11.32
	1	62	12.76	15.64		1	58	11.93	23.25
	2	19	3.91	19.55		2	152	31.28	54.53
	3	391	80.45	100.00		3	221	45.47	100.00

5.3.2.4 生态责任感

生态责任感用以测量作为农村生态环境的改造者，移民保护生态环境的责任感和主人翁意识。表5-13为本书选取的4个测量指标，4个测量指标均为有序变量。数值大小代表移民生态保护环境责任感的程度，值越大，移民保护生态环境责任感越强。

表5-13　移民生态责任感指标及其描述性统计

指标	代码	变量描述	最小值	最大值	平均值	标准差
你觉得个人应该为保护环境和治理污染出资出力	ER1	0 = 不应该，1 = 应该	0	1	0.96	0.204
你觉得是否应该制止破坏环境的行为	ER2				0.92	0.278
你觉得个人的生态保护意识对整个社会影响是否重要	ER3	0 = 无所谓，1 = 不重要，2 = 重要	0	2	1.52	0.672
你认为人与自然的关系是什么	ER4	0 = 没关系，1 = 自然为了人类存在 2 = 人应有限开发自然	0	1	1.58	0.643

表5-14数据发现：移民普遍具有主人翁意识：95.68%的移民同意个人为环境保护和污染防治出资出力，91.56%的移民认为应该制止破坏环境的行为，这两个指标的态度分布比例几乎一致，在后面的实证研究中会根据其相关程度进行取舍。同时，62.14%的移民赞成个人的生态保护

意识对整个社会影响的确重要，66.46%的移民在面对人与自然的关系做出选择时，认可人应该合理有限地开发自然，而不是掠夺式地索取自然资源，因此，60%以上的移民对人与自然、人与社会的关系有很正确的认知。以上数据均表明大多数移民具有很强的生态责任感。

表5-14　　移民生态责任感各态度频数分布

指标	态度	频数	百分比（%）	累计百分比（%）	指标	态度	频数	百分比（%）	累计百分比（%）
ER1	0	21	4.32	4.32	ER2	0	41	8.44	8.44
	1	465	95.68	100.00		1	445	91.56	100.00
ER3	0	49	10.08	10.08	ER4	0	41	8.44	8.44
	1	135	27.78	37.86		1	122	25.10	33.54
	2	302	62.14	100.00		2	323	66.46	100.00

5.3.2.5　环境污染感知

环境污染认知用来测量移民对当地环境污染的感知情况和评价，表5-15为本书选取的7个测量指标，均为类别变量，但值的大小不代表任何意义，只是简单地区分各类态度。可以看到，7个测量指标的样本数不一致，所以该部分内容不进入后面的模型部分，只进行描述分析。

表5-15　　移民环境污染感知指标及其描述性统计

指标	变量描述	样本数	最小值	最大值	平均值	标准差
PEP1 你什么时候开始注意到“雾霾”	0=没注意，1=随社会发觉，2=早已发觉	486	0	2	0.74	0.628
PEP2 你觉得你家饮用水干净吗	0=干净，1=不干净，有杂质	486	0	1	0.51	0.500
PEP3 灌溉用水有没有被污染	0=不知道，1=没有，2=有	427	0	2	0.82	0.785
PEP4 你认为本地的环境变化趋势	0=越来越好，1=越来越差，2=一直都不好	482	0	2	0.44	0.677

续表

指标	变量描述	样本数	最小值	最大值	平均值	标准差
PEP5 你觉得你们村空气质量如何	1 = 污染非常严重，2 = 污染比较严重，3 = 一般，4 = 空气比较好，5 = 空气非常好	486	1	5	3. 42	0. 890
PEP6 你认为你所居住的区域哪些方面需要改进	空气，饮用水，绿化，污水，垃圾处理，噪声	306				
PEP7 村 50 公里内有没有垃圾填埋场	0 = 不清楚，1 = 有，2 = 没有	486	0	2	1. 25	0. 693

通过对移民进行 NEP 量表（环境关注）、生态价值观、生态敏感度和生态责任感的描述性统计分析，发现移民有较强的环境关心，普遍开始注重生存环境的质量，不再一味追求改善经济条件，且绝大多数移民具有很强的生态保护意识。然而，对环境污染的感知能力较差，对一些可能的污染敏感度不够，究其原因主要是，尽管移民对于如空气、饮用水等这些公共品的污染和破坏有一定的感知能力，有一定的从众心理，村里其他人能生活下去，自己也就可以；另外，移民觉得空气污染、水污染的程度等目前并不严重影响生活，生态危机似乎不可能发生，如表 5 – 16 所示。

表 5 – 16　　移民环境污染感知情况分布

指标	感知情况	频数	百分比（%）	累计百分比（%）	指标	感知情况	频数	百分比（%）	累计百分比（%）
PEP1	0	175	36. 01	36. 01	PEP5	1	18	3. 70	3. 70
	1	262	53. 91	89. 92		2	61	12. 55	16. 26
	2	49	10. 08	100. 00		3	124	25. 51	41. 77
PEP2	0	238	48. 97	48. 97		4	265	54. 53	96. 30
	1	248	51. 03	100. 00		5	18	3. 70	100. 00
PEP3	0	176	41. 22	41. 22	PEP7	0	71	14. 61	14. 61
	1	151	35. 36	76. 58		1	223	45. 88	60. 49
	2	100	23. 42	100. 00		2	192	39. 51	100. 00
PEP4	0	319	66. 18	66. 18					
	1	118	24. 48	90. 66					
	2	45	9. 34	100. 00					

5.3.3 生态行为

为了更全面地了解移民生态行为及动机，本书先分析移民的行为意愿（behavior intention，BI，下同），再结合意愿分析实际生态行为，生态行为从移民生产行为（behavior of production，BHP，下同）和生活行为（behavior of life，BHL，下同）两方面着手分析。其中，生产中的生态行为包括移民在施肥和使用农药、灌溉、地膜的处理中等具体行为；生活行为不仅包括个人领域的随意扔垃圾、垃圾的分类处理、使用节能家电等行为，还包括公共领域的参加环保活动、对环境污染提意见等行为。

5.3.3.1 生产行为意愿和实际行为

经统计，因486户移民家庭中，从事农业生产的只有264户，移民生产行为这部分内容与其他指标的样本数差数太多，无法通过一般的数据处理技术进行补充，所以本书对264份移民生产行为（如表5－17所示）的数据只进行描述性统计分析。

表5－17　　　　移民生产中生态行为指标及其描述性统计

指标	代码	变量描述	样本数	最小值	最大值	平均值	标准差
你是否愿意购买低污染的农药和化肥	BI1	0＝否，1＝是	264	0	1	0.73	0.446
你是否愿意购买可降解的农膜	BI2		264	0	1	0.61	0.488
你是否愿意使用喷灌、滴管等节水灌溉技术	BI3		264	0	1	0.65	0.477
你是否愿意对农业废弃物（如药瓶、农膜等）进行回收	BI4		264	0	1	0.57	0.496
你是否赞成“不能偷牧”的规定	BI5		264	0	1	0.91	0.288
你是否同意不能随意焚烧秸秆	BI6		264	0	1	0.85	0.356

续表

<table>
<tr><th>指标</th><th>代码</th><th>变量描述</th><th>样本数</th><th>最小值</th><th>最大值</th><th>平均值</th><th>标准差</th></tr>
<tr><td>你是否购买了这种低污染的农药化肥</td><td>BHP1</td><td>0 = 从不，1 = 不会识别，2 = 有时候，3 = 经常</td><td>192</td><td>0</td><td>3</td><td>1. 61</td><td>1. 115</td></tr>
<tr><td>你是否一直购买这种可降解的农膜</td><td>BHP2</td><td rowspan="6">BHP2 - BHP4：0 = 从不，1 = 有时候，2 = 经常
BHP5 - BHP6：0 = 经常，1 = 有时候，2 = 从不</td><td>162</td><td>0</td><td>2</td><td>0. 44</td><td>0. 739</td></tr>
<tr><td>你是否一直在使用喷灌、滴管等节水技术</td><td>BHP3</td><td>172</td><td>0</td><td>2</td><td>0. 28</td><td>0. 680</td></tr>
<tr><td>你是否一直对农业废弃物进行回收</td><td>BHP4</td><td>151</td><td>0</td><td>2</td><td>0. 87</td><td>0. 943</td></tr>
<tr><td>你是否有偷偷放牧的情况</td><td>BHP5</td><td>240</td><td>0</td><td>2</td><td>1. 94</td><td>0. 259</td></tr>
<tr><td>你是否焚烧过秸秆</td><td>BHP6</td><td>225</td><td>0</td><td>2</td><td>1. 64</td><td>0. 648</td></tr>
<tr><td>你是否关注农产品质量安全</td><td>BHP7</td><td>264</td><td>0</td><td>1</td><td>0. 62</td><td>0. 487</td></tr>
</table>

表 5 - 17 包括本研究选取的 6 个行为意愿的测量指标和 7 个实际行为的测量指标。移民的行为意愿只有愿意或是不愿意，用“是”或“否”来回答，分别赋值 1 和 0；实际行为的测量指标均为有序变量，表示移民对践行生态行为的程度，赋值从 0 ~ 3 不等，0（从不）代表没有发生该行为，1（有时候）代表该行为发生过，但次数较少，2（经常）代表该行为不止发生过，还很频繁，分值越高，生态行为越频繁，践行度越高。

如表 5 - 17 所示，本书选取六种生产行为，除农产品质量安全外，将六种生态行为的意愿和实际行为做了对比，即只对有生态行为实施意愿的移民进行实际行为的分析。比如，BI1 指移民购买低污染农药和化肥的意愿，BHP1 就分析这些有购买意愿的移民在实际中是否履行了购买意愿，具体指标描述情况如表 5 - 18 所示。需要说明的是，表 5 - 17 和表 5 - 18 表中“百分比 1”是指实际中生态行为各选项的占比，“百分比 2”指有过该行为（不论有时候还是经常）的占比。

表 5－18　　移民生产中生态行为意愿与实际行为频数对比

指标	意愿	频数	百分比（%）	指标	行为频率	频数	百分比 1（%）	百分比 2（%）	累计百分比（%）
BI1	0	72	27.27	BHP1	0	38	19.79	51.04	19.79
					1	56	29.17		48.96
	1	192	72.73		2	40	20.83		69.79
					3	58	30.21		100.00
BI2	0	102	38.64	BHP2	0	115	70.99	29.01	70.99
	1	162	61.36		1	23	14.20		85.19
					2	24	14.81		100.00
BI3	0	92	34.85	BHP3	0	145	84.30	15.70	84.30
	1	172	65.15		1	5	2.91		87.21
					2	22	12.79		100.00
BI4	0	113	42.80	BHP4	0	78	51.66	48.34	51.66
	1	151	57.20		1	15	9.93		61.59
					2	58	38.41		100.00
BI5	0	24	9.09	BHP5	0	1	0.42		0.42
	1	240	90.91		1	13	5.42		5.83
					2	226	94.17		100.00
BI6	0	39	14.77	BHP6	0	21	9.33		9.33
	1	225	85.23		1	40	17.78		27.11
					2	164	72.89		100.00
				BHP7	0	101	38.26		38.26
					1	163	61.74		100.00

表 5－18 将六种生态行为的意愿与实际行为进行了频数对比分析，不难发现，行为意愿中，愿意回收农业废弃物的移民占比最低；在实际行为中，从没有偷牧行为的移民占比最高。

（1）尽管 72.73% 的移民同意购买无污染的化肥农药，这其中有 29.17% 的移民并不能分辨农药化肥是否无污染，对此常识一无所知，实际中只有 51.04% 人数有购买行为，即在 264 名移民中，购买过污染农药化肥的移民占比 37.12%。

（2）61.36% 的移民同意购买可降解农膜，而实际中只有 29.01% 有过购买行为。但这与当地很多移民不需要用到地膜有关。

（3）在六种生产行为的实践中，使用节水灌溉技术的移民占比最低，只有 15.70%，主要因为宁夏干旱缺水，大部分移民认为这种节水灌溉相比起漫灌浇灌来说费时且收效不大。

（4）只有 57.20% 的移民愿意对农药瓶、废弃地膜等进行回收，除了 152 人表示自己不种地或不用地膜，在这些愿意回收的移民中，实际中进行农业废弃物回收的移民人数不到一半，也就是说在总样本中，只有 27.65% 的移民有过回收行为；在不愿意进行回收的移民中，99 人（20.4%）表示自己用完的地膜就地烧毁，其他移民或是觉得回收没用直接将地膜埋在地里，或是因为没有回收渠道而选择随地丢弃，以上这些情况都或多或少造成了土地污染和空气污染，也说明了移民对操作起来麻烦而没有实际价值的生态行为并不感兴趣，不愿意费时费力做“无用功”。

（5）移民同意“不能偷牧”的规定的意愿最高，占总人数的 90.91%，实际中从没有偷牧行为的移民占比高达 94.17%，占总人数的 85.61%。这与当地进行畜牧业生产的规模化以及喂养牲畜的农户较少有极大关系，实行规模化生产的农户有固定的饲料来源，原始的放牧方式低效且不易操作。再加上宁夏土地沙漠化严重，可耕种土地逐年减少，移民担心偷牧会造成更大的土地损失。

（6）对于不能随意焚烧秸秆这一观点，85.23% 的移民表示同意，认同该观点的移民中有 72.89% 的移民从不随意焚烧秸秆，这主要是因为他们选择将秸秆喂养牲畜或是冬天烧炕。

（7）只有 61.74% 的移民关注农产品质量安全，其中大部分移民关注的只有农药残留超标的问题，对肉品中兽药残留超标和视频添加剂等问题完全没有概念。

综上，移民在生产中的所有行为意愿很高，每个行为至少有 57.20% 的移民表示有实践生态行为的意愿，但在这些意愿实践生态行为的移民中，他们的实际行为并不如他们意愿那样强烈：除了从不随意焚烧秸秆和从没有偷牧行为的占比很高，其他生态行为发生的频数都很少，生态行为践行度最高的是购买过低污染的农药化肥，占总样本数的 37.12%。这些结论都说明移民对操作起来麻烦而没有实际收益的生态行为并不感兴趣，不愿意费时费力做“无用功”，但是移民很珍惜土地，不愿意化肥农药等对土地造成的污染或是放牧影响土壤质量，实际中也做得很好。

5.3.3.2 生活行为意愿和实际行为

与生产行为的分析一致，对生活中某些行为的意愿和实际行为做了对比。表5-19包括本研究选取的移民生活中5个生活行为意愿的测量指标和12个实际行为的测量指标。移民的行为意愿和实际行为的赋值意义与生产行为一致，移民生活中生态行为意愿用0（否）或1（是）来回答，生态行为的践行程度均为有序变量，用频率来衡量，从0（从不）到2（经常）。如表5-19中所示，只有BHL1-BHL4和BHL9有相应的行为意愿测量，因此，表5-20对比5个行为意愿和实际行为的践行程度，同时分析了其他其中移民行为的实践频率，结论如下。

（1）在所有行为意愿中，移民购买节能设备的意愿占比最高，有88.07%；而愿意使用无磷洗衣粉的移民占比最低，只有47.53%，主要因为移民分不清什么是无磷洗衣粉。与此对应的是，在实际行为中：移民购买节能设备的占比也最大，占比90.33%，也就是说愿意购买节能家庭设备的移民占总样本数的79.55%，因为节能设备可以节省用电量，大家都乐意这么去做；而生态行为践行度最低的行为是对生活垃圾进行分类处理，这类移民占比最低，只有47.33%。

（2）虽然有79.84%的移民表示愿意对生活垃圾进行分类，但在实际行为中履行意愿的却只有47.33%，占总样本数的37.79%。经常进行垃圾分类的移民只占22.63%，占总样本数的18.07%，这表明近乎2/3的移民从没有过生活垃圾分类。在这些偶尔或从没进行过生活垃圾分类的移民中，30人表示不懂怎么分类，31人表示只有在卖报纸或废铁等有收益的垃圾时才会专门分类，90人认为没有必要分类或者没有垃圾分类的意识，77人表示村里没有专门的垃圾回收箱，剩下的人表示会烧掉垃圾。因此，移民缺乏垃圾分类的专业知识和配备的分类回收垃圾箱，才是移民日常生活中不进行垃圾分类的症结所在。

（3）尽管移民不能正确辨别无磷洗衣粉，但市面上的洗衣粉基本都是无磷的，选择太少，所以该行为的践行度高。同意减少垃圾袋使用的占比83.54%，实际中循环使用垃圾袋和塑料容器的移民占比75.10%，占总样本数的62.74%，实际上垃圾袋和塑料容器的循环利用率很高。

（4）愿意对保护环境和治理污染进行捐款的移民占比73.66%，但实际中只有11.11%的移民表示曾经捐过款。调查对象中，177人表示没有人组织过捐款，30 人表示经济收入不好，没有条件捐款，其他人或是觉得没有必要，或是觉得相关部门治理不力，想自己解决问题。

因此，移民选择进行垃圾分类、塑料容器循环利用和购买节能设备等生态行为更多的是倾向于考虑其可用性和经济价值，而缺乏相关知识，缺乏相应的设施配备，才是导致行为意愿高、践行程度低的重要原因。

表 5－19　　移民生活中生态行为指标及其描述性统计

指标	代码	变量描述	最小值	最大值	平均值	标准差
你是否同意对生活垃圾分类处理	BI1	0 = 否，1 = 不知道，2 = 是	0	2	1.75	0.531
你是否会对生活垃圾分类处理	BHL1	0 = 从不，1 = 有时候，2 = 经常	0	2	0.70	0.815
你是否愿意购买无磷洗衣粉	BI2	0 = 否，1 = 是	0	1	0.48	0.500
你是否使用无磷洗衣粉	BHL2	同 BHL1	0	2	1.23	0.748
你是否同意减少塑料袋的使用	BI3	0 = 否，1 = 是	0	1	0.84	0.371
你家里的塑料袋或塑料玻璃容器会循环使用	BHL3	同 BHL1	0	2	1.24	0.826
你是否愿意购买节能家庭设备，如节能灯、节能冰箱、洗衣机	BI4	0 = 否，1 = 是	0	1	0.88	0.325
你是否购买了节能家庭设备，如节能灯、冰箱、洗衣机等	BHL4	同 BHL1	0	2	1.63	0.655
你是否关注环境问题和媒体信息	BHL5	同 BHL1	0	2	1.23	0.772
你是否有在公路上或村里乱扔垃圾的现象	BHL6	2 = 从不，1 = 有时候，0 = 经常	0	2	1.36	0.737

续表

指标	代码	变量描述	最小值	最大值	平均值	标准差
你是否积极参与环境政府或村里组织的环境活动	BHL7	0 = 从不，1 = 有时候，2 = 经常	0	2	0. 64	0. 829
你是否积极参与民间组织的环境活动	BHL8		0	2	0. 34	0. 691
你是否愿意为保护环境和治理环境污染捐出一天的工资，如 100 元	BI5	0 = 否，1 = 是	0	1	0. 74	0. 441
你是否为环保和治理污染捐过款	BHL9	0 = 没有，1 = 有	0	1	0. 11	0. 315
你是否积极参加呼吁、表达对环境问题的担忧的活动	BHL10	0 = 从不，1 = 有时候，2 = 经常	0	2	0. 50	0. 799
你对没有经过无害化处理就排放的禽畜粪便、养殖污水提出过意见	BHL11	0 = 否，1 = 是	0	1	0. 12	0. 320
你对保护周边植被与耕地发表过你的意见	BHL12		0	1	0. 12	0. 320

与此同时，如表 5 - 20、表 5 - 21 中所示，在其他 7 种生态行为中，移民关注环境问题和媒体信息这一行为占比高达 79. 22%，而参加过民间组织的环境活动这一行为占比最低，占总样本数的 21. 60%。事实上，仔细对比 BHL8、BHL10、BHL11 和 BHL12 的数据，就会发现移民中参加保护环境的公共活动或者关于环境保护向有关部门提建议的行为占比很低，最高的只有 30. 66%，即他们会表达对环境问题的担忧，但很少参加类似活动，很大程度上是由于村里很少组织环保活动，或是移民并不知道有这样的活动，况且移民几乎没有机会与渠道参与到民间组织的环保活动中去。

表 5－20　　移民生活中生态行为意愿与实际行为频数对比

指标	意愿	频数	百分比（%）	指标	行为频率	频数	百分比 1（%）	百分比 2（%）	累计百分比（%）
BI1	0	23	4.73	BHL1	0	256	52.67	47.33	52.67
	1	75	15.43		1	120	24.69		77.37
	2	388	79.84		2	110	22.63		100.00
BI2	0	255	52.47	BHL2	0	93	19.14	80.86	19.14
	1	231	47.53		1	190	39.09		58.23
					2	203	41.77		100.00
BI3	0	80	16.46	BHL3	0	121	24.90	75.10	24.90
	1	406	83.54		1	127	26.13		51.03
					2	238	48.97		100.00
BI4	0	58	11.93	BHL4	0	47	9.67	90.33	9.67
	1	428	88.07		1	88	18.11		27.78
					2	351	72.22		100.00
BI5	0	128	26.34	BHL9	0	432	88.89		88.89
	1	358	73.66		1	54	11.11		100.00

表 5－21　　移民生活中其他行为频数分布

指标	行为频率	频数	百分比 1（%）	百分比 2（%）	累计百分比（%）	指标	行为频率	频数	百分比 1（%）	百分比 2（%）	累计百分比（%）
BHL5	0	101	20.78	79.22	20.78	BHL8	0	381	78.40	21.60	78.40
	1	170	34.98		55.76		1	44	9.05		87.45
	2	215	44.24		100.00		2	61	12.55		100.00
BHL6	0	76	15.64	51.44	15.64	BHL10	0	337	69.34	30.66	69.34
	1	160	32.92		48.56		1	55	11.32		80.66
	2	250	51.44		100.00		2	94	19.34		100.00
BHL7	0	284	58.44	41.56	58.44	BHL11	0	430	88.48		88.48
	1	91	18.72		77.16		1	56	11.52		100.00
	2	111	22.84		100.00						
						BHL12	0	430	88.48		88.48
							1	56	11.52		100.00

因 BHL1 – BHL6 测量移民在个人领域的实际行为，BHL7 – BHL12 则是移民在公共领域行为的测量指标，通过对比，发现移民在个人领域对生态行为践行程度优于其在公共领域的生态行为践行程度。因此，政府相关部门的宣传和组织对移民生态行为的践行程度至关重要。

综上所述，不难发现移民生态行为的特点：行为意愿较为强烈，但实际行为并非如此：移民对操作起来麻烦而没有实际收益的生态行为并不感兴趣，不愿意费时费力做“无用功”，倾向于考虑其可用性和经济价值，但是移民很珍惜土地，不愿意化肥农药等对土地造成的污染或是放牧影响土壤质量，实际中也做得很好，缺乏相关知识和相应的设施配备使移民的正向行为得不到支持。与此同时，移民在个人领域对生态行为践行程度优于其在公共领域的生态行为践行程度，而政府部门组织的环保活动较少，移民对环境保护和治理污染的情况知之甚少，更何谈参与。

5.3.4 生态制度建设与保障

5.3.4.1 制度建设

生态制度是生态行为的外部因素，在本书中主要指制度建设和制度保障两部分。制度建设是国家和自治区关于生态制度的建设和实施情况，本书通过移民视角来衡量。这里需要说明的是：通过移民视角来衡量制度具有一定的主观性，但却更为实际。因为制度建设的目的是让公民知道并遵守，而不是成为一纸空文。如果移民对目前生态法规体系越了解，那么就说明制度建设和实施的情况越好，对其约束力就越强。本书所涉及的生态制度建设包括 29 项法律和法规（具体如表 5 – 22 所示），其变量解释为：0 = 不知道、1 = 知道。通过分析得出，目前生态制度在移民区的实施和建设情况是：从整体情况来看，部分制度建设和保障取得了显著的成绩，但仍有一些制度不被农户知晓。

表 5 – 22　生态制度建设体系

类别	具体制度
环境立法基础	《宪法》
环境保护基本法	《环境保护法》

续表

类别	具体制度
生态环境资源保护单行法	《土地管理法》《渔业法》《水法》《水土保持法》《森林法》《草原法》《野生动物保护法》《水污染防治法》《大气污染防治法》《固体废物污染环境防治法》
农业资源保护行政法规	《基本农田保护条例》《土地管理法实施条例》《秸秆焚烧和综合利用管理办法》
农业环境保护部门规章	《全国农业环境监测工作条例（试行）》《农业环境监测报告制度》《农药登记管理办法》《农业部“绿色食品”产品管理暂行办法》《农药限制使用管理规定》
地方性农业环境法规和地方政府规章	《宁夏回族自治区农业环境保护条例》
农业环境标准	《农田灌溉水质标准》《渔业水质标准》《土壤环境质量标准》《农药安全使用标准》《保护农作物的大气污染物最高允许浓度》《地表水环境质量标准》《城镇垃圾农用控制标准》

为了分析方便，本书将 29 部法律、法规分为七个类别进行分析，分别为环境立法基础、环境保护基本法、生态环境资源保护单行法、农业资源保护行政法规、农业环境保护部门规章、地方性农业环境法规和地方政府规章以及农业环境标准（如表 5 - 23 所示）。移民对环境保护基本法的实施情况最好，75% 的移民都对其了解；农业环境标准实施情况最差，可能是法律法条较为专业且晦涩难懂，离农户实际生活较远。其余实施情况较好的是环境立法基础和生态环境资源保护单行法。

表 5 - 23　　生态法律实施情况统计描述

变量名称	变量解释	均值	标准差	最小值	最大值
环境立法基础	《宪法》	0.60	0.49	0	1
环境保护基本法	《环境保护法》	0.75	0.44	0	1
生态环境资源保护单行法	包括《土地管理法》等 10 部法律	4.37	3.52	0	10
农业资源保护行政法规	包括《基本农田保护条例》等 3 部	1.32	1.21	0	3

续表

变量名称	变量解释	均值	标准差	最小值	最大值
农业环境保护部门规章	包括《全国农业环境监测工作条例（试行）》等5部	1.41	1.68	0	5
地方性农业环境法规和地方政府规章	《宁夏回族自治区农业环境保护条例》	0.39	0.49	0	1
农业环境标准	包括《农田灌溉水质标准》等8部	1.73	2.42	0	8
观测值	486				

5.3.4.2 制度保障

制度建设的另一个层面为制度保障，包括政府监督、基层宣传、生态补贴等情况。本部分变量解释均为三级量表，均值越大，表明生态制度保障越完善。从统计结果看（如表5-24所示），只有农技推广高于均值2，其余均小于2。除了补贴政策外，其余均值都大于1.5，说明高于平均水平。对于政府的生态补贴政策实施较差的原因可能有以下几个方面：并非所有农户都享受生态补贴；生态补贴政策不透明、部分农户主观上认为补贴政策不公平。综合以上分析，制度保障水平较高，但仍有待完善。

表5-24　　生态制度保障措施

变量名称	变量解释	均值	标准差	最小值	最大值
村上是否经常进行技术培训和推广活动	1=从不；2=偶尔3=经常	2.02	0.79	1	3
你觉得政府投入环境保护资金力度如何	1=非常少；2=一般；3=非常大	1.98	0.38	1	3
政府监督和检查工作是否到位	1=没监督；2=一般；3=监督到位	1.85	0.71	1	3
政府实施各种生态保护补贴政策怎么样	1=没补贴；2=一般；3=补贴多	1.35	0.57	1	3
您觉得政府在宣传生态文明建设方面力度怎么样	1=不好；2=一般；3做得好	1.78	0.69	1	3

续表

变量名称	变量解释	均值	标准差	最小值	最大值
您觉得政府在宣传提升公民生态意识方面的工作怎么样	1 = 不好；2 = 一般；3 做得好	1.80	0.71	1	3
村干部是否经常组织宣传环保知识	1 = 从不；2 = 偶尔 3 = 经常	1.65	0.77	1	3
您觉得当地政府在环境方面的执法力度如何	1 = 没有力度；2 = 一般；3 = 力度大	1.79	0.66	1	3
村干部是否经常进行法规方面的宣传	1 = 从没有；2 = 经常；3 = 经常	1.54	0.71	1	3

5.4　本章小结

本章首先介绍了实地调查的过程与步骤，包括样本点选择、抽样方法、样本量确定，以及实际调查的样本地区的情况，并对样本进行简单的描述性统计。其次，介绍了生态文明建设指标的构建原则以及指标构成。最后，从生态知识、生态意识、生态行为、制度建设与保障四个部分介绍了生态文明建设指标的构成，并对每部分指标进行了详细的介绍与描述性统计，为后面的实证研究奠定基础。

第 6 章

生态知识与生态意识关系研究

6.1 研究思路

本章试图解决两个问题：一是如何将生态知识与生态意识这两个抽象的概念具体化、指标化；二是如何在数据分析中验证两者之间的内在关系。图 6 – 1 给出了本章的研究思路。

6.2 生态知识测量

6.2.1 生态知识一阶验证性因素分析

为了验证生态知识的理论测量模型与实际数据是否适配，将上述三个部分：环境污染知识（EPK）、农业生产知识（APK）、经济与产业知识（EIK）及其测量指标进行一阶验证性因素分析。由于初始模型指标部分因素负荷量远小于 0.5，此外模型的整体适配度也不佳，根据模型修正指数进行指标修正、剔除部分指标后，模型路径上的因素负荷量达到标准且达到统计学意义上的显著，各项支配度指标也达到了标准。由于处理过程中的图表非常多，因此在此只贴出进行修正后的测量模型。图 6 – 2 给出了生态知识一阶验证性因素分析模型图。

理论基础
研究意义及背景
国内外研究进展
理论框架构建
测量指标构建
模型构建
人口社会学变量
调节
环境污染知识
农业生产知识
经济产业知识
生态知识
生态意识
生态价值观
生态敏感度
生态责任感
环境污染感知度
环境关心
基于结构方程模型的实证分析
测量模型检验
通过检验
否
模型修正
是
结构模型检验
通过检验
否
模型修正
是
假设检验
结果及总结
政策建议

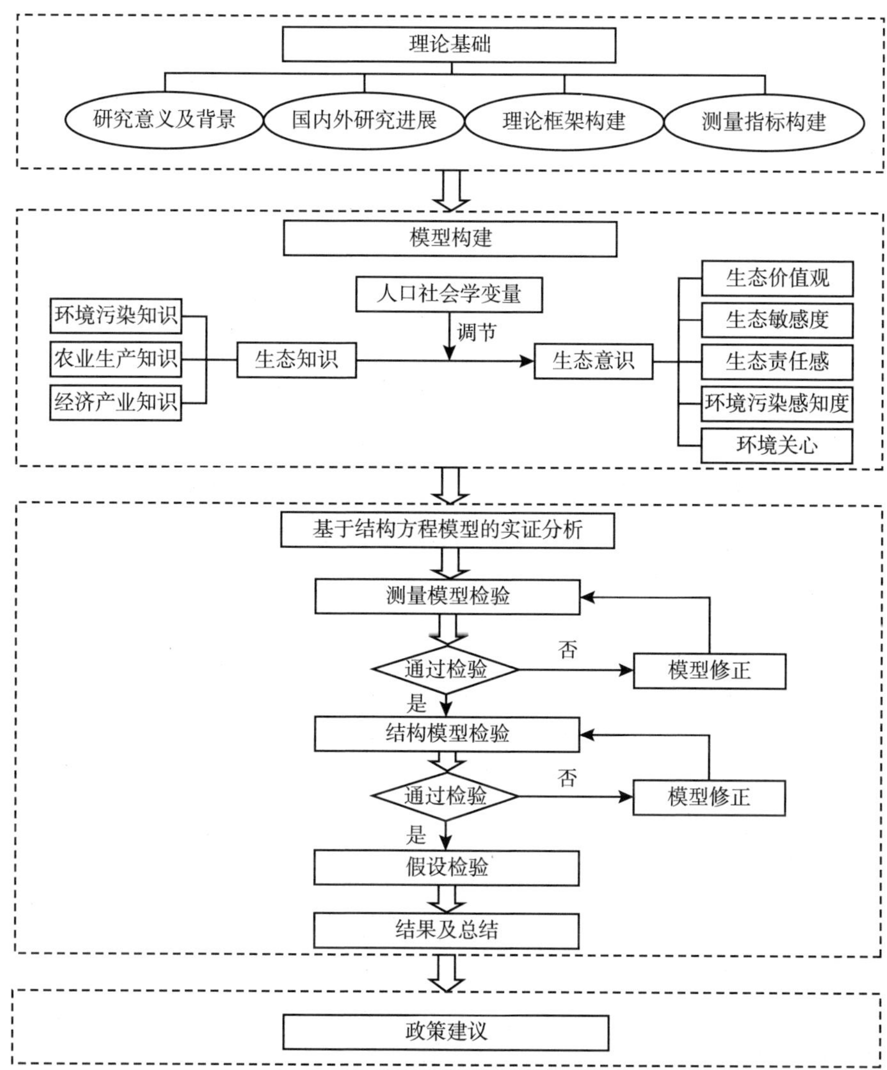

图6-1 技术路线

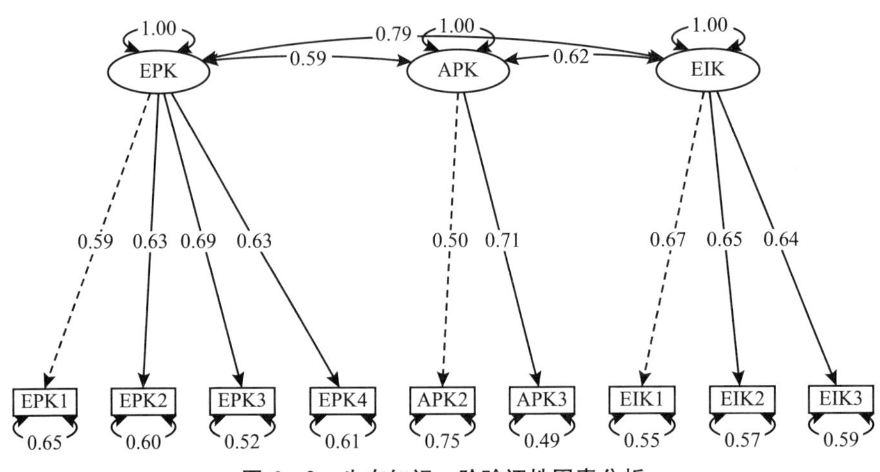

图 6－2　生态知识一阶验证性因素分析

表 6－1 为生态知识验证性因素分析的参数估计结果。表 6－1 中各因素构面的第一个路径的未标准化回归系数设为固定参数，固定参数的数值为 1，所以这些参数不需要进行路径系数显著性检验，其标准误（S. E.）、Z 值（Z－value）、显著性 P 值均空白。在验证性因子分析中，因素负荷量也就是标准化的路径系数代表的是共同因素对测量变量的影响。一般认为，因素负荷量介于 0. 50～0. 95 之间比较好，表示模型的基本适配度较好，因素负荷量越大，越能表示指标变量被潜变量解释的变异越大，但是也有学者将可接受的因素负荷量数值放宽至 0. 3 以上（洪大用，2006）、0. 4 以上（卢春天，2012）。由表 6－1 标准化的因素负荷量可知，3 个潜变量对应 9 条路径的因素负荷量均在 0. 5 以上。模型结果没有负的误差变异量，可知此模型的基本适配度良好，指标变量能有效反映其要测得的构念特质。由图 6－2 可知在测量模型中没有发生观察变量横跨两个因素构念的情形，模型建构的不同测量变量均落在预期的潜变量上，表示测量模型有良好的区别效度。模型的内在结构拟合优度在表 6－1 中的各参数估计结果均达到了较好的显著性水平，因此判定此模型的内在结构拟合度良好。

表 6-1 生态知识一阶验证性因素分析参数估计结果

路径	非标准化因素负荷量	标准误 S. E.	z-value	P-Value	标准化因素负荷量
EPK-EPK1	1.000				0.590
EPK-EPK2	0.887	0.094	9.433	***	0.629
EPK-EPK3	1.013	0.106	9.524	***	0.694
EPK-EPK4	0.945	0.097	9.764	***	0.625
APK-APK2	1.000				0.501
APK-APK3	1.454	0.231	6.296	***	0.711
EIK-EIK1	1.000				0.673
EIK-EIK2	0.877	0.080	10.898	***	0.655
EIK-EIK3	0.981	0.074	13.244	***	0.643

注：* 代表 P≤0.05，** 代表 P≤0.01，*** 代表 P≤0.001。

在整体模型适配度检验方面，由于研究所采用的样本数据较大，造成卡方值达到了显著性水平（$P<0.05$），考虑到卡方自由度比为 1.638 小于 3 表示模型适配度良好。再观察其余的适配度指标均达到了可接受的标准，可知模型整体适配度良好。表 6-2 给出了生态知识一阶验证性因素分析模型整体适配度检验表。

表 6-2 生态知识一阶验证性因素分析模型整体适配度检验表

指数名称	适配标准或临界值	拟合结果	模型适配判断
χ^2	P>0.05	39.315（P=0.025）	否
χ^2/DF	3~5 为可接受标准，1~3 表示拟合良好	1.638	是
RMSEA	<0.08 为拟合良好，<0.05 为拟合优良	0.036	是
RMR	<0.05 为拟合良好	0.007	是
CFI	>0.90 以上	0.980	是
IFI	>0.90 以上	0.977	是
GFI	>0.90 以上	0.979	是
TLI	>0.90 以上	0.970	是

综上可知，结合模型的基本适配度良好、内在结构拟合度良好以及模

型整体适配度良好三个方面的因素，可以判定生态意识的一阶验证性因素分析适配度良好，说明理论模型与实际观察数据的适配度良好。因此可以进行后续检验。

6.2.2 生态知识二阶验证性因素分析

二阶验证性因素分析模型是一阶验证性因素分析模型的特例，又称为高阶因素分析。之所以要进行二阶验证性因素分析是因为从理论上讲，生态知识由三个方面组成；从数据上讲，由上文生态知识一阶验证性因素分析的结果表明模型和样本数据可以适配，且生态知识的三个一阶潜变量之间有显著的共变关系。生态知识的二阶验证性因素分析假设模型如图6-3所示。在CFA模型示意图中，环境污染知识（EPK）、农业生产知识（APK）、经济与产业知识（EIK）皆为内因潜变量，生态知识（EK）为外因潜变量。各路径上的数值为已标准化的因素负荷量。表6-3给出了生态知识二阶验证性因素分析模型的参数估计结果。

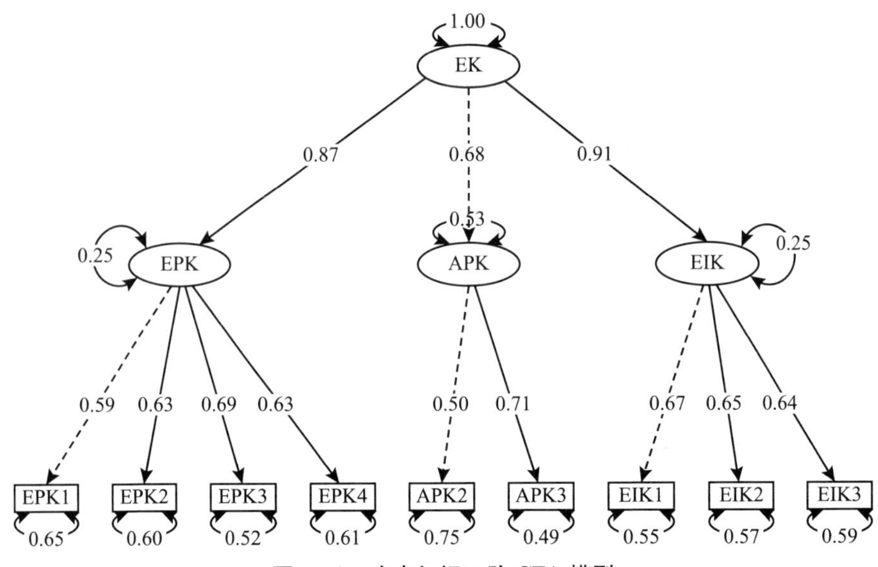

图6-3 生态知识二阶CFA模型

表6-3 生态知识二阶 CFA 模型参数估计结果

阶层	路径	非标准化因素负荷量	标准误 S. E.	z-value	P-Value	标准化因素负荷量
二阶	EK-APK	1.000				0.684
	EK-EIK	1.781	0.325	5.476	***	0.913
	EK-EPK	1.516	0.256	5.925	***	0.867
一阶	EPK-EPK1	1.000				0.590
	EPK-EPK2	0.887	0.094	9.433	***	0.629
	EPK-EPK3	1.013	0.106	9.524	***	0.694
	EPK-EPK4	0.945	0.097	9.764	***	0.625
	APK-APK2	1.000				0.501
	APK-APK3	1.454	0.231	6.296	***	0.711
	EIK-EIK1	1.000				0.673
	EIK-EIK2	0.877	0.080	10.898	***	0.655
	EIK-EIK3	0.981	0.074	13.244	***	0.643

验证性因素分析的模型评价标准上文已经给出，在此不再赘述。由表6-3可知，一阶部分的因素负载变化不大，可参考上文一阶模型的因素分析，此时重点来观察二阶部分的因素负荷量。生态知识引出的三条路径，其中EK-EIK与EK-EPK两条路径的因素负荷量分别为0.913和0.867，均明显高于0.7，达到了非常好的标准，剩余EK-APK路径上的因素负荷量为0.684，虽然没有达到0.7，但接近于0.7，因此也达到了标准，结合各个变量的方差显著为正，没有负的误差变异量，因此可以判定模型的基本适配度良好。由表6-3第7列可知，参数估计结果均达到了较好的显著性水平，因此判定二阶模型的内在结构拟合度良好。由图6-3可知，在测量模型中没有发生观察变量横跨两个因素构念的情形，模型建构的不同测量变量均落在预期的潜变量上，表示测量模型有良好的区别效度。

在模型整体适配度检验方面（如表6-4所示），二阶模型卡方值为39.315，P值为0.025小于0.05，因此就卡方的显著性来看，模型适配度不佳，但是卡方自由度比为1.638小于3表示模型适配度良好，此时需要再参考其他指标。再观察RMSEA、RMR、CFI、IFI、GFI、TLI等指标分别为0.036、0.007、0.980、0.977、0.979、0.970，均达到了较好的适配度标准，因此判定模型整体适配度良好。

表6-4 生态知识二阶CFA模型整体适配度检验表

指数名称	适配标准或临界值	拟合结果	模型适配判断
χ^2	P>0.05	39.315（P=0.025）	否
χ^2/DF	3~5为可接受标准，1~3表示拟合良好	1.638	是
RMSEA	<0.08为拟合良好，<0.05为拟合优良	0.036	是
RMR	<0.05为拟合良好	0.007	是
CFI	>0.90以上	0.980	是
IFI	>0.90以上	0.977	是
GFI	>0.90以上	0.979	是
TLI	>0.90以上	0.970	是

综上，结合模型的基本适配度指标达到检验标准、内在结构拟合度良好以及模型整体适配度良好三个方面的因素，可以判定生态知识的二阶验证性因素分析理论模型与实际观察数据的适配度良好。生态知识的测量模型到此检验完毕，通过验证可以进行后续结构模型中的因果关系分析。

6.3 生态意识测量

6.3.1 生态意识一阶验证性因素分析

为了验证生态意识的理论测量模型与实际数据是否适配，将生态意识分为四个部分：环境关心（NEP）、生态敏感度（ES）、生态价值观（EV）、生态责任感（ER），并对其测量指标进行一阶验证性因素分析。由于初始模型指标太多且个别路径因素负荷量远小于0.5，此外模型的整体适配度也不佳，根据模型修正指数进行指标修正、剔除部分指标后，模型指标达到统计学意义上的显著，在此只贴出进行删减部分测量指标后的测量模型。图6-4给出了生态意识一阶验证性因素分析模型图。

从图 6－4 可以看出，NEP 量表只剩 3 项，这是因为：从国内外学者对 NEP 量表的检验结果来看，NEP 量表在不同的国家、不同的地区应用时会表现出不同的信度和维度，由于文献综述部分对于 NEP 量表做了详细的介绍，在此不再举例。对 NEP 量表的文献详细研究发现，由于 NEP 量表在各地应用时效度并不是很好，所以学者们在选择最低可接受的因素负荷量时有不同的标准，国内对 NEP 研究比较早的是中国人民大学洪大用教授，他给出的最低可接受标准仅为 0.3，但是在结构方程模型中使用 0.3 的标准会有些低，因而本文的最低可接受标准采用 0.5 左右的标准，因此在模型修正时 NEP 量表损失了大部分的指标，其余的一阶变量也损失了个别的测量指标。

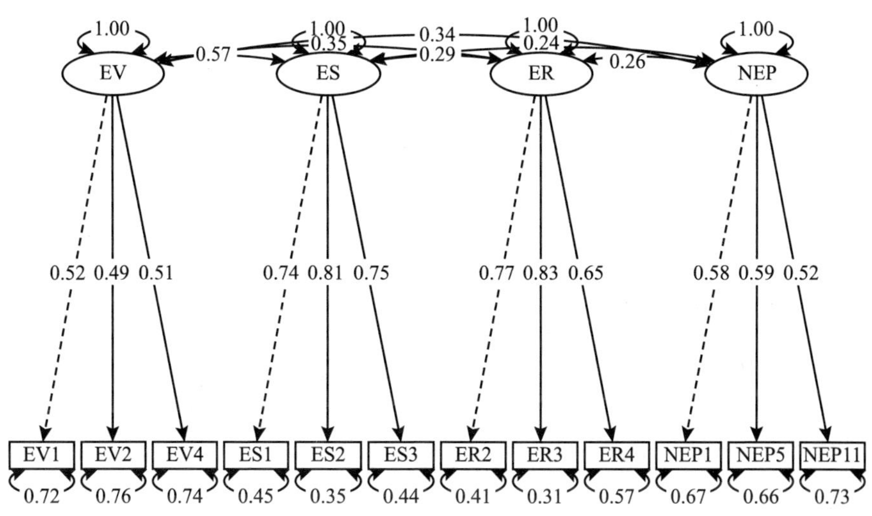

图 6－4　生态意识一阶验证性因素分析模型图

表 6－5 为生态意识一阶验证性因素分析的参数估计结果。由表 6－5 标准化的因素负荷量可知，4 个潜变量 12 条路径的因素负荷量基本都在 0.5 以上且达到了较好的显著性水平，除了 EV－EV2 路径为 0.495，由于非常接近 0.5，因此保留，结合各测量指标的方差显著为正，因此可以判定模型的基本适配度良好，指标变量能有效反映其要测得的构念特质，由图 6－4 可知在测量模型中没有发生观察变量横跨两个因素概念的情形，模型建构的不同测量变量均落在预期的潜变量上，表示测量模型有良好的区别效度。参数估计结果中没有负的误差变异量，且均达到了较好的显著

性水平，因此判定此模型的内在结构拟合度良好。

表 6－5　　生态意识一阶验证性因素分析参数估计结果

路径	非标准化因素负荷量	标准误 S. E.	z-value	P－Value	标准化因素负荷量
EV－EV1	1.000				0.525
EV－EV2	0.488	0.078	6.293	***	0.495
EV－EV4	0.756	0.148	5.099	***	0.508
ES－ES1	1.000				0.741
ES－ES2	0.983	0.070	14.009	***	0.809
ES－ES3	1.023	0.068	15.071	***	0.749
ER－ER2	1.000				0.771
ER－ER3	2.191	0.264	8.294	***	0.831
ER－ER4	1.847	0.152	12.191	***	0.652
NEP－NEP1	1.000				0.577
NEP－NEP5	0.842	0.161	5.234	***	0.586
NEP－NEP11	0.969	0.182	5.334	***	0.520

注：* 代表 P≤0.05，** 代表 P≤0.01，*** 代表 P≤0.001。

在模型整体适配度检验方面，因此就卡方的显著性来看，P 值小于 0.05，但是卡方自由度比为 2.351 小于 3 表示模型适配度良好。此时再观察 RMSEA、RMR、CFI、IFI、TLI 等其余的适配度指标也均达到了 0.9 以上的标准，因此判定模型整体适配度良好。表 6－6 给出了生态意识一阶验证性因素分析模型整体适配度检验表。

表 6－6　　生态意识一阶 CFA 模型整体适配度检验表

指数名称	适配标准或临界值	拟合结果	模型适配判断
χ^2	P>0.05	112.870（P=0.000）	否
χ^2/DF	3～5 为可接受标准，1～3 表示拟合良好	2.351	是
RMSEA	<0.08 为拟合良好，<0.05 为拟合优良	0.053	是
RMR	<0.05 为拟合良好	0.015	是
CFI	>0.90 以上	0.952	是

续表

指数名称	适配标准或临界值	拟合结果	模型适配判断
IFI	>0.90以上	0.952	是
GFI	>0.90以上	0.965	是
TLI	>0.90以上	0.934	是

综上可知，结合模型的基本适配度指标达到检验标准，模型内在结构拟合度良好以及模型整体适配度良好三方面的因素，可以判定生态意识的一阶验证性因素分析理论模型与实际观察数据的适配度良好。

6.3.2　生态意识二阶验证性因素分析

在一阶验证性因子分析的结果较好的基础上，生态意识的二阶验证性因子分析假设模型如图6－5所示。在CFA模型示意图中，生态价值观（EV）、生态敏感度（ES）、生态责任感（ER）、环境关心（NEP）皆为内因潜变量，生态意识（EA）为外因潜变量。各路径上的数值为已标准化的因素负荷量。

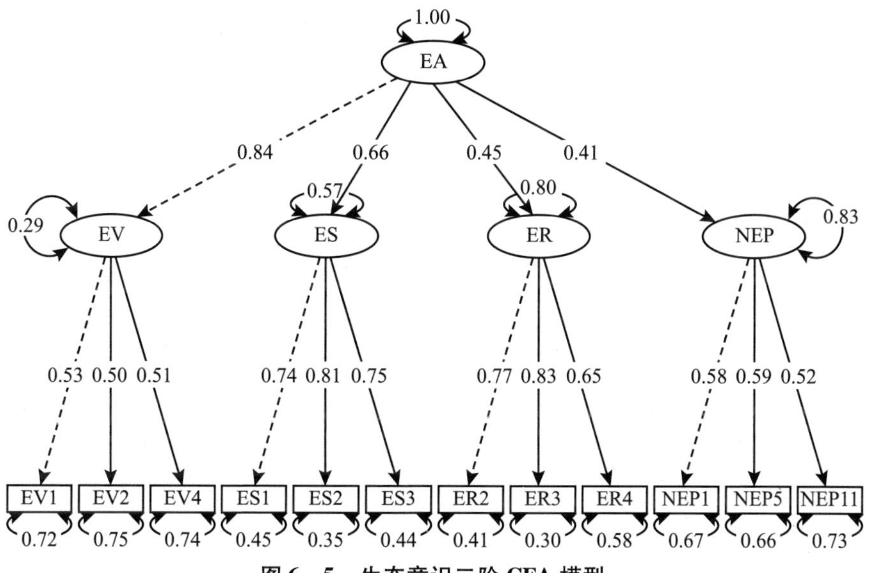

图6－5　生态意识二阶CFA模型

与生态知识二阶 CFA 模型的分析方法一样，一阶潜变量与各指标的因素负荷量基本都大于0.5的标准，在此不再赘述，因此主要来关注二阶部分的因素负荷量。生态意识引出的四条路径，其中两条路径的因素负荷量在0.5以上达到了检验的标准，EA－ER 路径为0.453，接近0.5的标准，EA－NEP 为0.413 稍小于0.5的标准，NEP 在此模型中表现不佳的原因，可能是由于 NEP 指标是五级量表，而其余指标是二级或三级量表，因此在求总的协方差时影响较大，但由于这是一阶潜变量和二阶潜变量的因素负载，且大于0.3，因此暂时保留这一路径，综上可以判定模型的基本适配度良好。参数估计结果中没有负的误差变异量且均达到了较好的显著性水平，各因素负荷量达到了较好的显著性水平，因此判定此模型的内在结构拟合度良好。由图6－5可知，在测量模型中没有发生观察变量横跨两个因素构念的情形，模型建构的不同测量变量均落在预期的潜变量上，表示测量模型有良好的区别效度。表6－7给出了生态知识二阶验证性因素分析模型的参数估计结果。

表6－7　　生态意识二阶 CFA 模型参数估计结果

路径	非标准化因素负荷量	标准误 S. E.	z-value	P－Value	标准化因素负荷量
EA－EV	1.000				0.841
EA－ES	1.058	0.222	4.761	***	0.659
EA－ER	0.257	0.066	3.883	***	0.453
EA－NEP	0.509	0.127	4.003	***	0.413
EV－EV1	1.000				0.526
EV－EV2	0.488	0.078	6.279	***	0.495
EV－EV4	0.752	0.147	5.122	***	0.506
ES－ES1	1.000				0.742
ES－ES2	0.980	0.070	13.925	***	0.808
ES－ES3	1.020	0.068	15.038	***	0.748
ER－ER2	1.000				0.768
ER－ER3	2.210	0.271	8.161	***	0.835
ER－ER4	1.852	0.151	12.286	***	0.651

续表

路径	非标准化因素负荷量	标准误 S. E.	z-value	P - Value	标准化因素负荷量
NEP - NEP1	1.000				0.578
NEP - NEP5	0.839	0.162	5.189	***	0.585
NEP - NEP11	0.968	0.183	5.293	***	0.520

在模型整体适配度检验方面，表 6 - 8 给出了生态意识二阶验证性因素分析模型适配度检验表，就卡方的显著性来看，P 值小于 0.05，但是卡方自由度比为 2.308 小于 3 表示模型适配度良好。再观察 RMSEA、RMR、GFI、CFI、IFI 等其余的适配度指标也均达到了可接受的标准，因此判定模型整体适配度良好。

表 6 - 8　　　　生态意识二阶 CFA 模型整体适配度检验表

指数名称	适配标准或临界值	拟合结果	模型适配判断
χ^2	P > 0.05	115.377 (P = 0.000)	否
χ^2/DF	3 ~ 5 为可接受标准，1 ~ 3 表示拟合良好	2.308	是
RMSEA	<0.08 为拟合良好，<0.05 为拟合优良	0.052	是
RMR	<0.05 为拟合良好	0.016	是
CFI	>0.90 以上	0.951	是
IFI	>0.90 以上	0.952	是
GFI	>0.90 以上	0.964	是
TLI	>0.90 以上	0.936	是

综上，结合模型的基本适配度指标达到检验标准、模型的内在结构拟合度良好以及模型整体适配度良好三方面的因素，可以判定生态意识的二阶验证性因素分析理论模型与实际观察数据的适配度良好，即模型外在质量佳，模型的收敛效度佳，此测量模型可以用于后续的因果关系的分析检验。

6.4 生态知识与生态意识关系分析

生态知识与生态意识的一阶、二阶验证性因子分析结果表明，两者的测量模型通过检验，可以进行因果关系分析。因此，下面将对生态知识与生态意识的关系进行实证研究，并在此基础上，将个人特征变量作为中介变量检验个人特征变量对生态知识与生态意识之间的关系的调节作用。

6.4.1 研究假设

生态知识与生态意识有一定程度的耦合关系，即生态知识对生态意识具有促进或抑制作用，两者之间相关关系假设如下：

1：移民的生态知识对生态意识有正向影响。

2：个人特征对生态知识与生态意识之间的关系无显著调节作用。

2.1 性别对生态知识与生态意识的关系没有显著调节作用；

2.2 年龄对生态知识与生态意识的关系没有显著调节作用；

2.3 民族对生态知识与生态意识的关系没有显著调节作用；

2.4 收入对生态知识与生态意识的关系没有显著调节作用；

2.5 文化程度对生态知识与生态意识的关系没有显著调节作用。

6.4.2 变量设定

根据对生态知识与生态意识测量模型的检验结果，删除掉部分因子载荷较低的路径后，得到结构模型所需的变量。为了直观起见，在变量设定时，将变量分为三大类：

第一类：生态知识（EK）变量。生态知识是外生潜变量，由环境污染知识（EPK1、EPK2、EPK3、EPK4）、农业生产知识（APK2、APK3）、经济与产业知识（EIK1、EIK2、EIK3）三个维度内生潜变量构成。

第二类：生态意识（EA）变量。生态意识为外生潜变量，由生态价值观（EV1、EV2、EV4）、生态敏感度（ES1、ES2、ES3）、生态责任感（ER2、ER3、ER4）、环境关心（NEP1、NEP5、NEP11）四个维度内生潜变量构成。

第三类：个人特征变量（PI）。其中包括性别（GEN）、年龄（AGE）、民族（NA）、收入（INC）、教育程度（EDU）等。

本研究共设定了环境污染知识（EPK）、农业生产知识（APK）、经济与产业知识（EIK）、生态价值观（EV）、生态敏感度（ES）、生态责任感（ER）、环境关心（NEP）七个一维潜变量，生态知识（EK）、意识（EA）两个二维潜变量以及五个个人特征的调节变量。上述七个一维潜变量是内生潜变量，生态知识和生态意识是结构方程模型的外生潜变量，整个模型估计路径为生态知识影响生态意识。

6.4.3 生态知识与生态意识关系检验

基于上文对生态知识和生态意识的二阶验证性因素分析的结果，两者测量模型的适配度良好，根据研究假设1，因此构建生态知识—生态意识的路径检验模型。生态知识与生态意识的因果假设模型如图6－6所示。图中左上部分为生态知识（EK）的测量模型，EK为外因潜变量，APK、EIK、EPK为内因潜变量；右下部分为生态意识（EA）的测量模型，EA、EV、ES、ER、NEP皆为内因潜变量。生态知识指向生态意识，表示生态知识与生态意识之间有递归的因果关系。

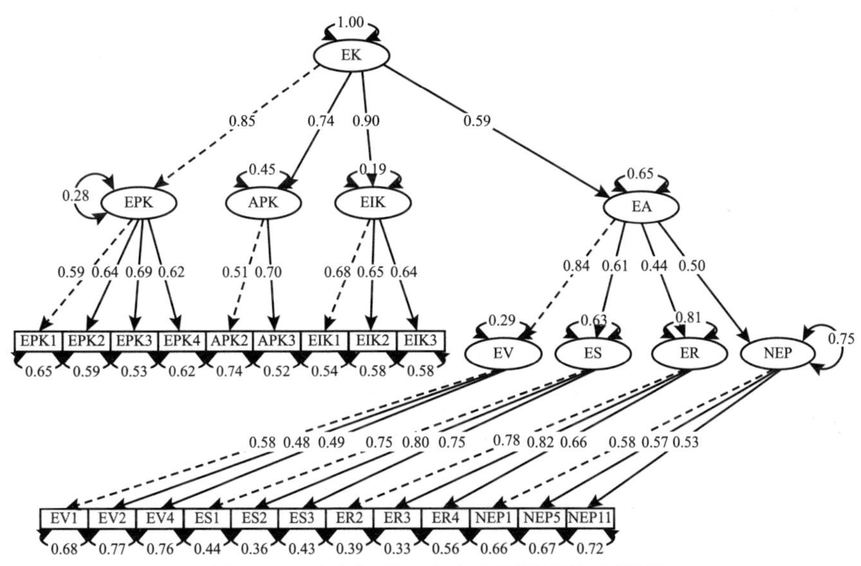

图6－6 生态知识—生态意识路径检验模型

表6－9给出了模型的参数估计结果。由表6－9可知，生态知识部分的一阶和二阶部分的路径负载均大于0.5的标准，再观察生态意识部分，结构方程模型的二阶潜变量与一阶潜变量的路径EA－ER的因素负荷量与生态意识的二阶CFA模型相比，由0.453下降为0.435，EA－NEP路径由0.413上升到0.498，一阶潜变量与测量指标EV－EV2路径的因素负荷量与生态意识的二阶CFA模型相比，由0.495下降为0.479，总的来说，上述因素负荷量均接近于0.5的标准，考虑到理论模型以及指标数量和模型的复杂性，因此在结构方程总模型中继续保留这些指标。除了上述已经讨论过的几项，其余各路径的因素负荷量都大于0.5的标准且没有负的误差变异量。因此判定模型的基本适配度良好。模型内在结构拟合优度由表6－9各参数估计结果均达到了较好的显著性水平，因此判定此模型的内在结构拟合度良好。测量模型中没有发生观察变量横跨两个因素构念的情形，模型建构的不同测量变量均落在预期的潜变量上，表示测量模型有良好的区别效度。

表6－9　　生态知识—生态意识结构方程模型参数估计结果

路径	非标准化因素负荷量	标准误S.E.	z-value	P－Value	标准化因素负荷量
EK－EPK	1.000				0.846
EK－APK	0.751	0.121	6.226	***	0.743
EK－EIK	1.198	0.140	8.579	***	0.899
EPK－EPK1	1.000				0.591
EPK－EPK2	0.899	0.094	9.571	***	0.639
EPK－EPK3	1.003	0.105	9.538	***	0.688
EPK－EPK4	0.937	0.096	9.711	***	0.620
APK－APK2	1.000				0.512
APK－APK3	1.390	0.189	7.356	***	0.695
EIK－EIK1	1.000				0.682
EIK－EIK2	0.855	0.077	11.147	***	0.646
EIK－EIK3	0.971	0.072	13.488	***	0.645
EA－EV	1.000				0.840
EA－ES	0.913	0.160	5.701	***	0.605

续表

路径	非标准化因素负荷量	标准误 S. E.	z-value	P - Value	标准化因素负荷量
EA - ER	0. 234	0. 054	4. 356	***	0. 435
EA - NEP	0. 578	0. 139	4. 174	***	0. 498
EV - EV1	1. 000				0. 563
EV - EV2	0. 440	0. 070	6. 262	***	0. 479
EV - EV4	0. 676	0. 132	5. 126	***	0. 487
ES - ES1	1. 000				0. 746
ES - ES2	0. 963	0. 068	14. 123	***	0. 799
ES - ES3	1. 021	0. 068	15. 041	***	0. 753
ER - ER2	1. 000				0. 778
ER - ER3	2. 144	0. 229	9. 360	***	0. 821
ER - ER4	1. 853	0. 153	12. 113	***	0. 660
NEP - NEP1	1. 000				0. 584
NEP - NEP5	0. 816	0. 145	5. 642	***	0. 574
NEP - NEP11	0. 968	0. 178	5. 446	***	0. 525
EA - EK	0. 954	0. 169	5. 634	***	0. 593

在模型整体适配度检验方面，表6-10给出了生态知识—生态意识结构方程模型适配度检验表。根据上文给出的判断标准，由于样本数据较大，模型卡方值达到了显著性水平，表示拒绝虚无假设，因此在判断时应继续检验其他统计量，卡方自由度比为2. 009小于3，RMSEA为0. 046，RMR为0. 018均小于0. 05，CFI为0. 927，IFI为0. 928，GFI为0. 932，TLI为0. 915均大于0. 90，这些适配度指标均达到了标准，因此判定模型整体适配度良好。

表6-10　生态知识—生态意识结构方程模型整体适配度检验表

指数名称	适配标准或临界值	拟合结果	模型适配判断
χ^2	P >0. 05	363. 574（P =0. 00）	否
χ^2/DF	3 ~5 为可接受标准，1 ~3 表示拟合良好	2. 009	是
RMSEA	<0. 08 为拟合良好，<0. 05 为拟合优良	0. 046	是

续表

指数名称	适配标准或临界值	拟合结果	模型适配判断
RMR	<0.05 为拟合良好	0.018	是
CFI	>0.90 以上	0.927	是
IFI	>0.90 以上	0.928	是
GFI	>0.90 以上	0.932	是
TLI	>0.90 以上	0.915	是

综上，结合模型的基本适配度良好、内在结构拟合度良好以及模型整体适配度良好三个方面的因素，可以判定理论模型与实际观察数据的适配度良好。在判断模型适配度良好的基础上，观察表 6－10，生态知识（EK）对生态意识（EA）的影响显著，且标准化因素负荷量为 0.593，因此假设 1 得到验证，即生态移民的生态知识对其生态意识有正向影响。

6.4.4 个人特征调节作用检验

如果变量 Y 与变量 X 之间的关系是变量 M 的函数，那么称 M 为调节变量（Baron and Kenny，1986；James and Brett，1984）。换句话说，就是两个变量之间的关系受到第三个变量的影响，即 Y 与 X 的关系受到了 M 的影响。这种调节变量的模型可以用图 6－7 示意。调节变量可以是定量的（如年龄、受教育年限、收入等），也可以是定性的（如性别、种族），它影响自变量和因变量之间关系的方向（正向或负向）和强弱（温忠麟，2012）。通常 Y 与 X 和 M 用如下关系式表示：

$$Y = \beta_0 + \beta_1 X + \beta_2 M + \beta_3 MX + e \quad (6-1)$$

对式（6－1）进行变形得到：

$$Y = (\beta_0 + \beta_2 M) + (\beta_1 + \beta_3 M) X + e \quad (6-2)$$

对于固定的 M，这是 Y 对 X 的直线回归。回归系数 $\beta_1 + \beta_3 M$ 决定了 Y 与 X 之间的关系，它是 M 的线性函数，如果 β_3 不等于零，则 M 就是调节变量，β_3 反映了调节效应的大小（温忠麟，2012）。

$$Y = f(X, M) + e \quad (6-3)$$

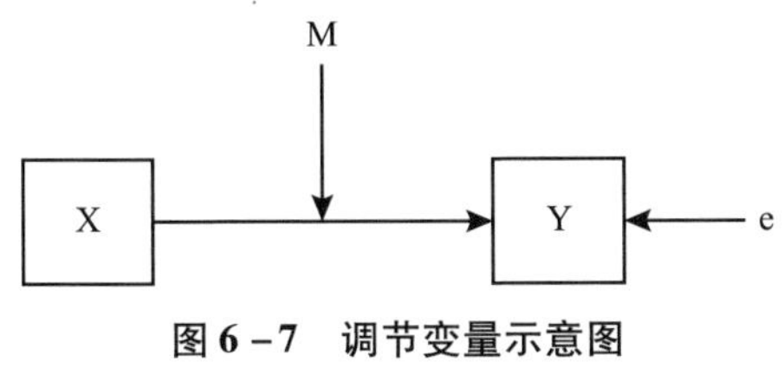

图6－7　调节变量示意图

基于以上的理论，在假设1得到验证的情况下，提出假设2，即个人特征对生态知识与生态意识之间的关系具有调节作用。由于本研究的基本方法是基于结构方程模型，生态知识是由多个指标测量的潜变量，而个人特征变量是类别变量（显变量），因此在验证假设2时，采用多组线性结构方程模型。具体的做法是将作为调节变量的个人特征分为若干组，然后利用R语言的分组命令（group），对样本按个人特征的某个变量（如性别、年龄等）进行分组估计。由于本研究采用的样本只有486份，如果分组过多（一般为2～4组）会造成每组的样本量非常少，会造成模型的有偏估计导致模型不可信，再加之我们的变量较多，甚至会出现无法估计出结果的情况，而且将样本分为两组不影响我们对调节变量作用的比较，因此我们对年龄、受教育年限、收入等求均值后，根据均值适当微调进行了重新分组，性别和民族分组与第三章数据描述一致，因此不再重复列出，具体分组情况如表6－11所示。

表6－11　人口社会学变量重新分组

个人特征	组别	分组依据	样本量
GEN	男（M）	—	274
	女（F）	—	212
AGE	青年（Y）	18岁～40岁	226
	中老年（O）	41岁～69岁	260
NA	汉族（HA）	—	300
	回族（HU）	—	186
EDU	较低（EL）	受教育年限小于等于7年	250
	较高（EH）	受教育年限大于7年	236
INC	较低（IL低）	收入小于等于25000元	220
	较高（IH高）	收入大于25000元	266

根据上述分组，首先对性别变量分成的两组（Male 组和 Female 组）分别进行参数自由的结构方程回归，记为模型 M_1，模型通过检验后，将得到的卡方值和自由度分别记为 $\chi^2_{M_1}$ 和 df_{M1}。然后将两组结构方程回归参数限制为相等（R 语言命令为 group. equal = c (" loadings") ），记为模型 M_2，得到的卡方值和自由度分别记为 $\chi^2_{M_2}$ 和 df_{M2}。最后用限定参数的卡方值减去自由参数的卡方值得到一个新的卡方值 $\Delta\chi^2 = \chi^2_{M_2} - \chi^2_{M_1}$，自由度就是相应的两个自由度之差 $\Delta df = df_{M2} - df_{M1}$，两组的情形时，$\Delta df = 1$，因此我们在后续的检验中不再列出。对 $\Delta\chi^2$ 进行卡方检验，如果结果是统计显著，则说明调节效应显著（温忠麟，2012）。

具体步骤及结果如下：首先按性别变量（GEN）分成的两组（M 组、F 组）进行参数自由的结构方程回归，由于检验假设 1 时，已经给出了详细的结构方程模型的检验步骤，因此在此只给出结果。M 组生态知识与生态意识的路径系数为 0. 577，卡方值为 299. 405；F 组生态知识与生态意识的路径系数为 0. 592，卡方值为 238. 033，对比两组的路径系数，发现女性组的生态知识对生态意识的影响系数要高于男性组。

完成性别作为分组变量时自由参数的结构方程模型检验后，继续按性别变量分成的两组进行参数固定的结构方程回归，结果如下：M 组生态知识与生态意识的路径系数为 0. 572，卡方值为 311. 496；F 组生态知识与生态意识的路径系数为 0. 598，卡方值为 253. 916，同样对比两组的路径系数，发现女性组的生态知识对生态意识的影响系数要高于男性组。

表 6 - 12 分别给出了性别作为分组变量时，在自由参数和固定参数情况下两组结构方程模型回归的 EK - EA 路径系数以及对应的卡方值，并且使用 SPSS 软件对 $\Delta\chi^2$ 的显著性做了检验，由最后一列的渐进显著性可得知，P 值不显著，虽然女性组的路径系数要略高于男性组，但是由于统计不显著，因此判定性别变量作为调节变量时对生态知识与生态意识关系的调节效果不显著。因此假设 2. 1 得到验证。由于对五组个人特征变量做多组线性结构方程模型回归的结果非常多，且其余变量的检验与性别变量的步骤和方法一致，限于篇幅原因不再一一列出，在此只列出需要用到的检验指标如表 6 - 12 所示。

表 6-12　多组 SEM 回归结果及调节作用检验表

调节变量	组别	自由参数		固定参数		$\Delta\chi^2$	P-value	显著性
		EK-EA 路径系数	$\chi^2_{M_1}$	EK-EA 路径系数	$\chi^2_{M_2}$			
GEN	M	0.577	299.405	0.572	311.496	12.091	0.045	0.832
	F	0.592	238.033	0.598	253.916	15.883		
AGE	Y	0.552	271.833	0.574	289.717	17.884	0.059	0.808
	O	0.596	279.432	0.563	289.466	10.034		
NA	HA	0.534	326.908	0.546	333.115	6.207	0.063	0.801
	HU	0.633	218.727	0.641	230.249	11.522		
EDU	EL	0.552	300.022	0.512	325.699	25.677	0.018	0.894
	EH	0.537	240.296	0.553	265.261	24.965		
INC	IL	0.631	239.438	0.649	246.555	7.117	0.009	0.924
	IH	0.535	322.143	0.515	329.119	6.976		

根据上述检验结果发现，年龄（AGE）作为分组变量时，虽然青年组（Y 组）的路径系数均高于中老年组（O），但是由于卡方检验的结果并不显著，因此判定年龄（AGE）作为调节变量时，对生态知识与生态意识关系的调节效果不显著。因此假设 2.2 得到验证。

民族（NA）作为分组变量时：在自由参数和固定参数情况下，HU 组（回族）的路径系数要高出 HA 组（汉族）0.1 左右，并且在卡方检验中 P 值为 0.063，显著性为 0.801，并未达到统计学意义上的显著，因此判定民族作为调节变量时，对移民生态知识与生态意识无显著的调节效果。因此假设 2.3 得到验证。

收入（INC）作为分组变量时：在自由参数下，IL 组（较低组）生态知识与生态意识的路径系数为 0.631，卡方值为 239.438；IH 组（较高组）生态知识与生态意识的路径系数为 0.535，卡方值为 322.143；在固定参数下，IL 组生态知识与生态意识的路径系数为 0.649，卡方值为 246.555；IH 组生态知识与生态意识的路径系数为 0.515，卡方值为 329.119。同样，由于卡方检验的结果并不显著，因此判定收入（INC）作为调节变量时，对生态知识与生态意识关系的调节效果不显著。因此假设 2.4 得到验证。

文化程度（EDU）作为分组变量时：在自由参数下，EL组（较低组）生态知识与生态意识的路径系数为0.552，卡方值为300.022；EH组（较高组）生态知识与生态意识的路径系数为0.537，卡方值为240.296；在固定参数下，EL组生态知识与生态意识的路径系数为0.512，卡方值为325.699；EH组生态知识与生态意识的路径系数为0.553，卡方值为265.261。卡方检验的结果并不显著，因此判定文化程度（EDU）作为调节变量时，对生态知识与生态意识关系的调节效果不显著。因此假设2.5得到验证。

综上，根据生态知识与生态意识的因果关系检验结果及调节效应的检验结果，对研究假设进行判定：假设1、假设2均成立。

6.5 研究结论

在验证性因子分析的基础上，通过实证研究，得出生态知识与生态意识的关系检验结果及调节效应的检验结果，结论如下：

（1）移民的生态知识对其生态意识有正向影响。生态知识对生态意识有显著的正向影响，即移民的生态知识的提高，会直接引起生态意识的显著提高，且模型路径标准化因素负荷量为0.593。

（2）个人特征作为调节变量时：

性别作为调节变量时，虽然女性组的路径系数要略高于男性组，但是性别变量对生态知识与生态意识关系的调节效果不显著。

年龄作为调节变量时，由于卡方检验的结果并不显著，因此年龄作为调节变量时，对生态知识与生态意识关系的调节效果不显著。

民族作为调节变量时，虽然HU组的路径系数要高出HA组0.1左右，但是由于在卡方检验时，并未达到显著，因此，民族作为调节变量时，对移民生态知识与生态意识无显著的调节效果。

文化程度作为调节变量时，由于卡方检验的结果并不显著，因此文化程度作为调节变量时，对生态知识与生态意识关系的调节效果不显著。

收入作为调节变量时，由于卡方检验的结果并不显著，因此收入作为调节变量时，对生态知识与生态意识关系的调节效果不显著。

综上所述，当性别、年龄、收入、文化程度作为调节变量时，对生态知识与生态意识关系的调节效果并不显著，只有当民族作为调节变量时，对生态知识与生态意识的关系有显著的调节效果。

6.6 本章小结

本章使用验证性因子分析法分别对生态知识、生态意识测量模型进行了检验；在此基础上运用结构方程模型，对生态知识与生态意识的关系进行了实证研究，将人口社会学变量作为调节变量，研究人口社会学变量对生态知识与生态意识关系的作用。研究发现，生态知识对生态意识有显著的正向影响，即移民的生态知识的提高，会直接引起生态意识的显著提高；人口社会学变量作为调节变量时，例如，性别、年龄、民族、收入、文化程度等，对生态知识与生态意识的关系无显著的调节作用。

第 7 章

生态意识与生态行为关系研究

7.1 研究思路

本章试图解决两个问题：一是如何将生态意识与生态行为这些抽象的集合概念指标化；二是如何在数据分析中验证两者之间的内在关系。本文采用结构方程模型，检验在不同因素作用下，移民生态意识对生态行为的影响，如图 7-1 所示。

7.2 模型选择

本书选择结构方程模型作为实证分析方法。结构方程模型（structural equation modeling，SEM）广泛应用于社会心理学等学科的研究，它建立在回归模型（regression models）的基础上，研究潜变量之间的关系，包含“因果关系”及“关联性关系”，测量变量间的直接效果和间接效果。结构方程通过“方差—协方差”矩阵来估计参数，参数估计更加准确，将测量误差排除在我们所关心的方程之外，而不是囊括在方程内部，具有渐进无偏、尺度不变和可以整体检验假设模型等多种优势（Bollen，1989）。

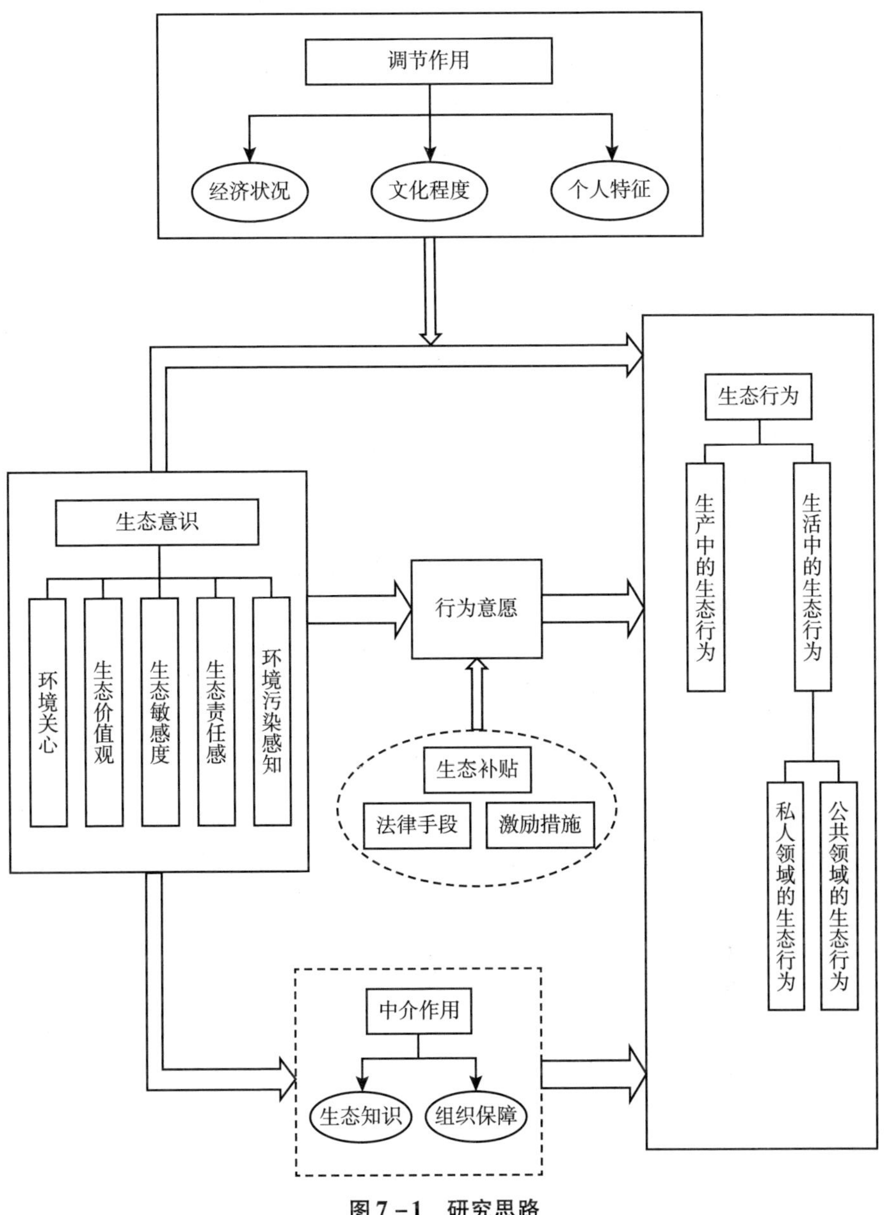

图 7－1　研究思路

7.2.1　模型估计

结构方程模型（SEM）由测量模型和结构模型组成，测量模型包括一个潜变量（无法直接进行观测）及数个观察变量（可以直接观察或测量的变量，即测量指标）。进行研究时，一个测量模型至少包括三个观察变量，五到七个为最佳（Bollen，1989）。结构模型包括三个及以上的测量模型（此时每个潜变量可以包括两个观察变量，但结构模型至少包括四个潜变量），是模型中内生及外生潜变量的组合，是整个研究假设的部分，它建立在验证式因素分析[①]的前提下，考察模型适配度。潜变量是观察变量的共同因素，主要通过一阶模型的验证式因素分析（confirmatory factor analysis，CFA）来考察测量模型的代表性和指标信度，因而在模型分析时需剔除解释程度极低，也就是因素负荷量极低的观察变量。

因为生态知识包含范围广，生态意识属于心理学范畴，很难准确测量，且生态知识和生态意识都不能用单一指标简单测量，研究中需同时进行多个路径分析；同时，由于生态知识与生态意识内涵的广泛性与复杂性，并没有文献显示两者之间的因果关系，我们不能将生态知识与生态意识的关系假设为简单的因果关系，只能试图研究两者的相关性，因此，一般的线性回归模型并不适用。考虑到研究限制条件与指标特性，本书选用SEM作为本研究的实证分析模型。SEM以极大似然估计为原理，分析包含因素分析（factor analysis）和路径分析（path analysis）。本研究选用Mplus7.0进行SEM模型拟合，估计模型中各参数，包括因素负荷量[②]和回归路径系数以及方差（残差）和协方差。

Mplus软件是一款功能强大的潜变量建模软件，通过输入命令语句（包括十个一级命令和多个子命令），处理探索性因素分析、验证性因素分析及结构方程模型分析等。该软件的最大优势在于提供ML（极大似然法，Mplus默认的参数估计法，适用于连续变量）、MLR（稳健极大似然估计，适用于非正态和非独立数据）和WLSMV（加权最小二乘法估计使用对角加权矩阵伴均值—方差校正卡方检验，适用于处理类别数据）等多种估计方法和处理复杂模型的能力（王孟成，2014），本书参数估计使用Mplus7.0的WLSMV进行。

---

① 社会科学研究通常会使用一些测量指标来反映研究构面（测量模型），SEM正可了解测量模型的这些测量指标是否具有代表性，其基于变量的协方差矩阵分析变量间关系，称为CFA，即验证性因素分析。

② 因素负荷量是指测量指标与潜变量之间的相关系数，其值越高，两者相关性越高，潜变量代表性越高。

7.2.2 变量设定

基于理论模型，进行变量设定。

首先，生态意识为外生潜变量，由五个维度测量：NEP（NEP指标奇数项）、HEP（NEP指标偶数项）、生态价值观（EV1－EV4）、生态敏感度（ES1－ES4）和生态责任感（ER1－ER4）五个内生潜变量，括号里变量均为其相应测量指标，且本书观察变量皆为内生变量。其次，考虑到数据类型和赋值意义，上文的环境污染感知指标不进入模型讨论。

移民的生产行为不进入模型讨论，生态行为是内生潜变量，模型只讨论生态意识对生活行为的影响。依据调查问卷的特性，参照斯特恩（Stern）和刘建国生态行为的分类，本研究从个人领域的生态行为（behavior1，简称BH1，下同）和公共领域的生态行为（behavior2，简称BH2，下同）两个维度进行分析和讨论。行为意向（BI）是内生潜变量，整个模型估计路径为生态意识影响行为意向，行为意向再影响实际生态行为。

综上，本书共包括NEP量表（NEP、HEP）、生态价值观（EV）、生态敏感度（ES）、生态责任感（ER）、行为意向（BI）、个人领域生态行为（BH1）、公共领域生态行为（BH2）、生态知识（EK）和组织保障（ZB）十个一维潜变量，一个二维潜变量——生态意识（EA）。生态意识作为本模型外生潜变量，行为意向和生态行为作为内生潜变量，性别、年龄等个人特征作为调节变量，生态知识和外部条件为中介变量。

7.3 模型验证

7.3.1 一阶模型验证式因素分析

根据变量设置情况，分别对生态意识、生态行为以及中介变量各潜变量的测量模型一一进行验证式因素分析。

7.3.1.1 生态意识

潜变量 NEP 验证式因素分析的结果如图 7－2 所示，指标 nep7、nep9 和 nep15 的标准化因素负荷量均小于 0.45，考虑剔除，且模型拟合度各指标：χ^2/DF＝9.365，RMSEA＝0.131，CFI＝0.857，TLI＝0.799，WRMR＝1.558，均不达标，根据模型修正指数进行指标修正、剔除后，模型拟合指标均达到统计学意义上的标准，因素负荷量均显著且标准化估计值标准化均大于 0.5，其标准化估计结果如图 7－2 所示（Mplus7.0 软件运行后，示意图中的字母会自动变成小写）。

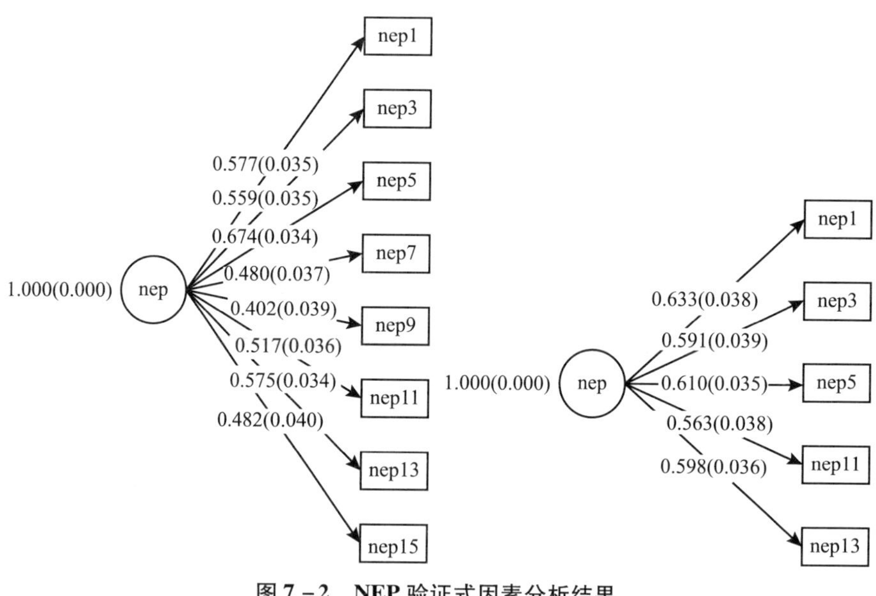

图 7－2　NEP 验证式因素分析结果

同理，潜变量 HEP、生态价值观、生态敏感度和生态责任感在进行相应的验证式因素分析，并根据标准化因素负荷量和 MI 值进行修正，分别剔除指标 nep2、nep6、nep8、nep14、EV3、ES4 和 ER1 后，各测量模型拟合良好，因素负荷量均显著且标准化估计值标准化均大于 0.5，其标准化估计结果如图 7－3 所示。

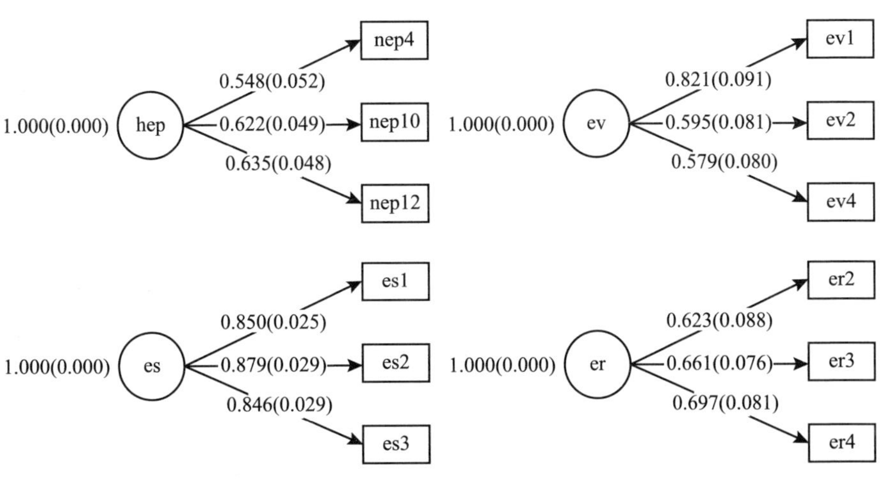

图7-3　生态意识各一阶潜变量CFA结果图

7.3.1.2　行为意向和生态行为

依照以上一阶验证式因素分析的步骤，同样对生态行为意向和实际行为各内生潜变量的测量模型进行CFA，在剔除了多个指标后，模型拟合指标各值均达标，标准化因素负荷量均大于0.5，其标准化估计结果如图7-4所示。

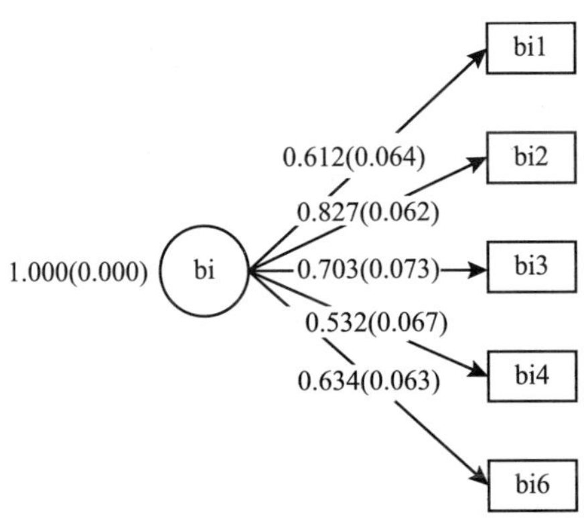

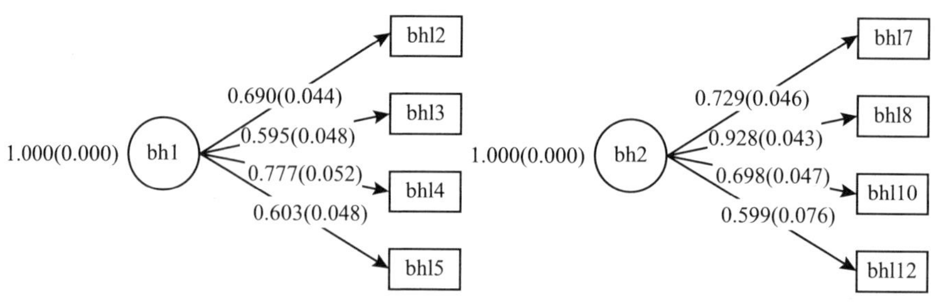

图7－4　行为意向和生态行为 CFA 结果

7.3.1.3　中介变量

最后，对本书的中介变量——生态知识和组织保障进行验证式因素分析，结合上文中描述性统计分析，剔除了不显著的指标后，其最终标准化估计结果如图7－5所示。组织保障 ZB1 和 ZB3，即政府投入环境保护资金力度和政府实施各种生态保护补贴政策不显著，可能是因为在调研过程中发现村民对这些政策根本不熟悉，没有明确的态度，导致问卷内容缺乏可信度。

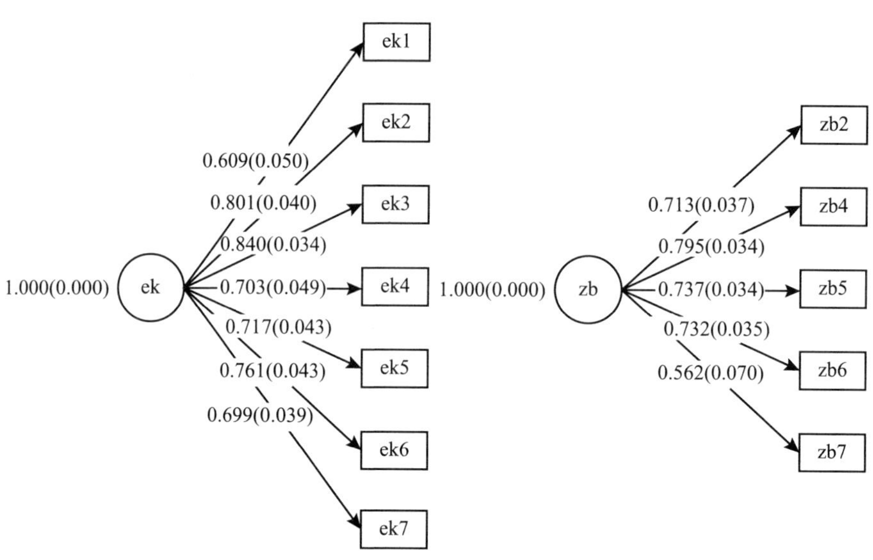

图7－5　中介变量 CFA 结果

7.3.2 二阶模型验证式因素分析

7.3.2.1 各模型拟合度

在一阶 CFA 结果良好的基础上，对外生潜变量生态意识进行二阶模型的验证式因素分析。首先，分析各模型拟合度，发现除行为意向的 WRMR 值稍大于标准值外，其他模型的拟合度均达到建议标准值，且生态意识二阶模型的拟合度理想。以上一阶测量模型及二阶结构模型的各模型拟合指标如表 7－1 所示。

表 7－1　　一阶模型适配度

潜变量	χ^2	DF	χ^2/DF	RMSEA	CFI	TLI	WRMR
NEP	98.160	5	0.720	0.196	0.871	0.743	1.507
生态敏感度	—	—	—	—	1.000	1.000	0.001
生态责任感	—	—	—	—	1.000	1.000	0.000
生态意识	140.328	73	1.922	0.044	0.967	0.959	0.968
二阶模型适配度判断	是		是	是	是	是	是
行为意向	23.650	5	4.73	0.072	0.929	0.958	1.026
个人领域生态行为	6.325	2	3.163	0.067	0.990	0.969	0.539
公共领域生态行为	10.098	2	5.049	0.079	0.978	0.934	0.731
生态知识	57.154	14	4.082	0.080	0.968	0.951	1.106
组织保障	5.791	5	1.158	0.018	0.999	0.998	0.387

7.3.2.2 生态意识二阶模型信度、效度检验

生态意识是一个包括五个测量模型的二阶结构模型，检查测量模型的相关系数，发现潜变量 HEP 与其他四个潜变量的相关系数过低，不显著，需删除。重新运行后，各测量模型相关系数均达到中等程度以上相关且相关系数显著，标准化估计结果如图 7－6 所示。

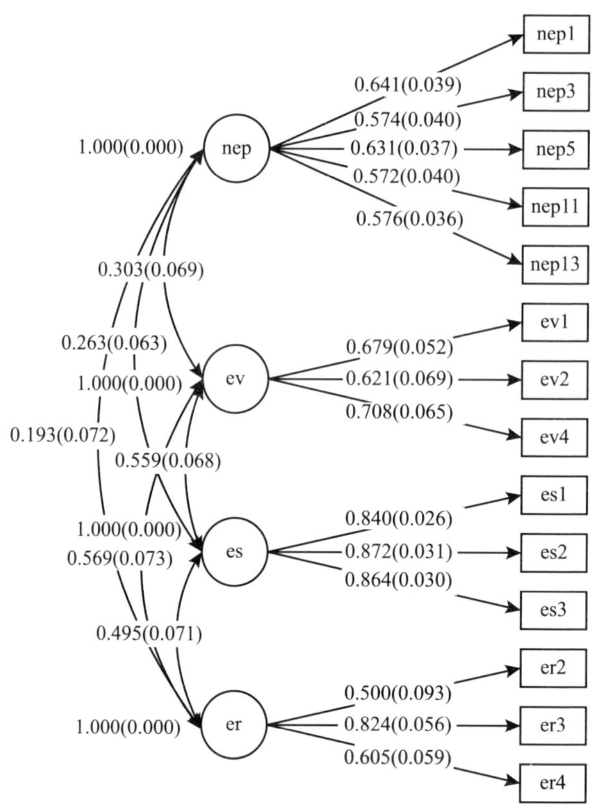

图7－6　生态意识各潜变量相关分析

表7－2为生态意识二阶模型的估计值与收敛效度，表中所示因素负荷量皆显著。第二个C. R. 值是所有测量指标信度的组合，表示构面指标的内部一致性，相当于cronbach's α，其值越高，代表构面内部一致性越高，0.6为最低标准；AVE为平均方差萃取量，计算潜变量对测量指标解释能力的平均值，其值越高，则表示测量模型（构面）有越高的收敛效度，福内尔和拉克（Fornell and larcker，1981）建议应该大于0.5，0.36～0.5也可接受。由表7－2中看出所有潜变量均符合此标准，具有一定程度的收敛效度与组成信度。

此外，从表7－2中看到，生态意识对环境关心（NEP指标）、生态价值观、生态敏感度和生态责任感解释程度的标准化参数估计值分别为0.352、0.812、0.709和0.683，可以看出生态意识对NEP的解释程度最低，因此NEP量表对农民的适用性还需重复测量与考证。

表 7－2　　生态意识二阶模型参数估计值与收敛效度、组成信度

潜变量	指标	模型参数估计值				收敛效度			
		非标准化因素负荷量	标准误 S. E.	C. R. (t－value)	P－Value	标准化因素负荷量	SMC	C. R. cronbach's α 组成信度	AVE 变异数萃取量
NEP	nep1	1. 000				0. 641	0. 411	0. 737	0. 360
	nep3	0. 894	0. 084	10. 664	***	0. 573	0. 328		
	nep5	0. 986	0. 086	11. 513	***	0. 632	0. 399		
	nep11	0. 895	0. 081	11. 018	***	0. 573	0. 328		
	nep13	0. 898	0. 074	12. 140	***	0. 575	0. 331		
生态价值观	EV1	1. 000				0. 679	0. 461	0. 709	0. 449
	EV2	0. 917	0. 130	7. 067	***	0. 622	0. 387		
	EV4	1. 041	0. 128	8. 111	***	0. 707	0. 500		
生态敏感度	ES1	1. 000				0. 839	0. 704	0. 894	0. 738
	ES2	1. 039	0. 049	21. 095	***	0. 872	0. 760		
	ES3	1. 030	0. 043	24. 183	***	0. 865	0. 748		
生态责任感	ER2	1. 000				0. 502	0. 252	0. 686	0. 432
	ER3	1. 642	0. 347	4. 733	***	0. 824	0. 679		
	ER4	1. 204	0. 256	4. 707	***	0. 604	0. 365		
	NEP	1. 000				0. 352			
生态意识	生态责任感	2. 444	0. 552	4. 427	***	0. 812			
	生态敏感度	2. 636	0. 567	4. 647	***	0. 709			
	生态价值观	1. 519	0. 436	3. 487	***	0. 683			

注：* 代表 $p<0.05$，** 代表 $p<0.01$，*** 代表 $p<0.001$。

因此，生态意识（EA）的二阶模型由 NEP、生态价值观、生态敏感度和生态责任感构成，对其进行二阶验证式因素分析，标准化估计结果如图 7－7 所示，其他具体参数估计值如表 7－2 所示。

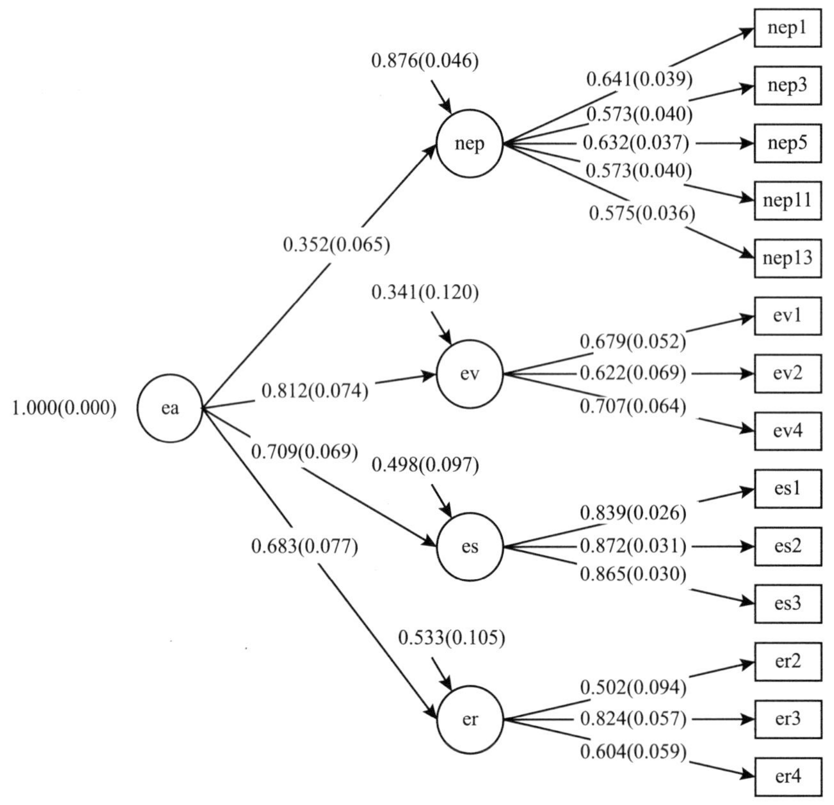

图 7－7　生态意识二阶 CFA 结果

表 7－3 为生态意识四个潜变量的区别效度。区别效度是指潜变量自身相关度（AVE 开根号值）要大于它与其他潜变量之间的相关度。由表 7－3 可知，各潜变量的自设相关度皆大于其与其他潜变量的相关系数，因此，生态意识各潜变量之间具有很好的区别效度。

表 7－3　生态意识四个潜变量区别效度

	AVE	NEP	生态价值观	生态敏感度	生态责任感
NEP	0. 352	0. 593			
生态价值观	0. 812	0. 286	0. 901		
生态敏感度	0. 709	0. 250	0. 575	0. 842	
生态责任感	0. 683	0. 240	0. 555	0. 484	0. 826

7.3.2.3 生态意识维度验证

在验证假设的结果上，通过对移民样本的研究，本书同时验证了生态意识测量的四个维度及其有效性：NEP 量表解决了增长与极限的疑问，测量了人类的自我认知人类（权利和义务）的危机意识以及人类认知自然（世界观的体现）、改造自然的态度，生态价值观、生态责任感和生态敏感度分别从个人价值观、道德约束、对污染的感知三方面来衡量公众的生态意识。尽管 NEP 量表的适用性还有待验证，但模型总体拟合度已经足够证明分析建模的合理性和有效性。

7.4 研究假设

根据理论模型和生态意识、生态行为潜变量以及各干扰变量和中介变量的验证性因素分析结果，构建生态意识如何影响生态行为的结构方程模型。A 类假设是总体效果假设，B 类假设是中介变量的间接效果存在的假设，C 类假设是调节变量的（调节）干扰效果存在的假设。由此，本研究假设分为以下三大类。

7.4.1 总效果假设

a1：生态意识直接正向影响行为意愿，行为意愿直接正向影响（个人、公共领域）生态行为；

a2：个人领域的生态行为和公共领域的生态行为存在显著正相关。

7.4.2 中介效果假设

b1：生态意识通过生态知识间接正向影响个人领域的生态行为；

b2：生态意识通过生态知识间接正向影响公共领域的生态行为；

b3：生态意识通过组织保障间接正向影响个人领域的生态行为；

b4：生态意识通过组织保障间接正向影响公共领域的生态行为。

7.4.3 调节效果假设

c1：性别对生态意识与个人领域的生态行为、公共领域的生态行为的关系没有显著干扰效果；

c2：年龄对生态意识与个人领域的生态行为、公共领域的生态行为的关系没有显著干扰效果；

c3：婚姻状况对生态意识与个人领域生态行为、公共领域生态行为的关系没有显著干扰效果；

c4：年总收入对生态意识与个人领域生态行为、公共领域生态行为的关系没有显著干扰效果；

c5：文化程度对生态意识与个人领域生态行为、公共领域生态行为的关系没有显著干扰效果。

需要指出的是，根据结构方程内部验证的原理，此处的 C 类假设是指虚无假设，而实际上拒绝这个假设、接受它不成立的结果才是本书的预期假设。

此外，间接效果（中介效果）和干扰效果要在总效果存在的前提下，才能验证是否存在，即只有假设 a1 成立，才能对中介效果和干扰效果进行验证。基于设定的观察变量、潜变量和路径假设，为了使初始模型的结构更简单易懂，运用 Amos20.0 画出初始模型的建构示意图，如图 7 - 8 所示。

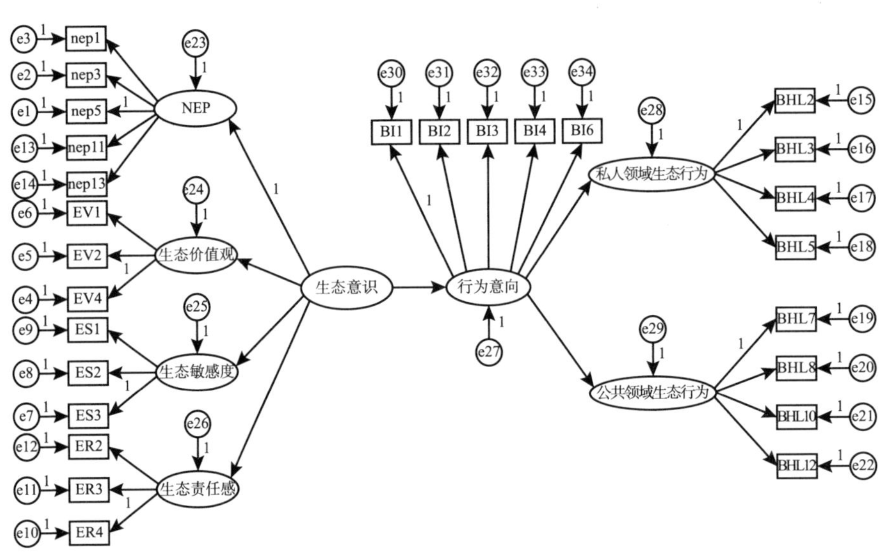

图 7 - 8　初始模型示意图

7.5 假设检验

7.5.1 总效果检验

7.5.1.1 “生态意识—行为意愿—生态行为”路径检验

基于设定的观察变量、潜变量和路径假设，将初始的结构路径进入Mplus7.0中实现，表7－4为初始模型的拟合度指数。

表7－4 模型初始拟合指数

指数名称	评价标准	拟合结果	模型适配判断
χ^2		522.678	
DF	越大越好	316	是
χ^2/DF	3～5为可接受标准，1～3表示拟合良好	1.654	
RMSEA	<0.08为可接受的模型	0.037	是
CFI	>0.95	0.952	是
TLI	>0.90为可接受标准，>0.95为拟合良好	0.935	是
WRMR	<1.0表示拟合尚可，<0.08表示好的拟合，值越小越好	1.117	否

然后，在模型拟合度符合统计检验意义上的建议标准的前提下，需要关注的是具体的参数估计值是否显著，是否达标与合理。初始模型拟合的标准化估计结果如图7－9所示。

标准化参数估计结果如图7－9所示，除BI4（0.492）外，各标准化因素负荷量均显著且大于0.5小于0.95，各方差均显著且为正，生态意识（EA）对行为意向（BI）的影响显著，标准化参数估计值为0.750，且生态意识通过行为意向对个人领域（BH1）和公共领域生态行为（BH2）的影响也是显著的，标准化参数估计值分别为0.827和0.478，由此可知，生态意识对个人领域生态行为的影响程度高于公共领域。

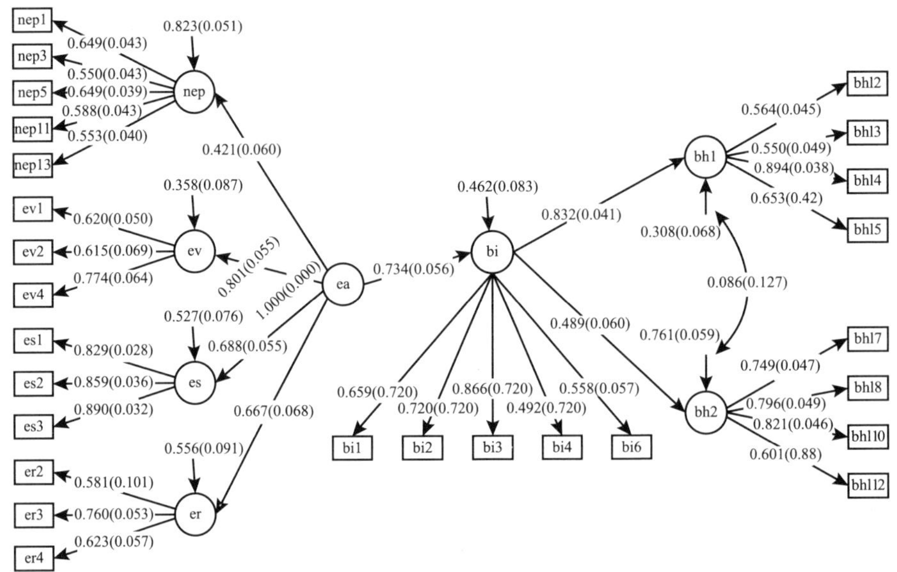

图 7－9　初始模型拟合结果

考虑到指标数量和模型复杂程度，因 BI4 的因素负荷量几乎接近 0.5，所以在下面的讨论中保留该指标。各参数估计值如表 7－5～表 7－7 所示，表中“BY”表示潜变量与测量指标之间的关系，“ON”表示潜变量与潜变量之间的因果关系，“WITH”表示潜变量的相关关系。从表 7－5 得知，生态意识对行为意向影响系数估计值为 0.734，可解释方差为 0.538，表明移民生态意识的提高，可以很大程度上提高其行为意向；行为意向对个人领域生态行为和公共领域生态行为影响的系数估计值分别为 0.832 和 0.489，可方差解释分别为 0.692 和 0.239，其对个人领域的影响高于公共领域的影响，这与上文描述性分析的结果一致，移民在个人领域的生态行为践行度略高于个人领域的结果。此外，个人领域生态行为和公共领域生态行为的相关系数（标准化）只有 0.086 且 P 值不显著，没有通过显著性统计检验，因此二者之间无显著相关，假设 a2 不成立。

表 7－5　　初始模型的参数估计结果

路径	非标准化估计值	S. E.	C. R.	P－Value	标准化估计值
NEP BY NEP1	1.000				0.649
NEP BY NEP3	0.854	0.087	9.806	***	0.550

续表

路径	非标准化估计值	S. E.	C. R.	P - Value	标准化估计值
NEP BY NEP5	0. 993	0. 094	10. 506	***	0. 649
NEP BY NEP11	0. 902	0. 091	9. 864	***	0. 588
NEP BY NEP13	0. 859	0. 077	11. 094	***	0. 553
EV BY EV1	1. 000				0. 620
EV BY EV2	0. 987	0. 137	7. 193	***	0. 615
EV BY EV4	1. 239	0. 142	8. 715	***	0. 774
ES BY ES1	1. 000				0. 829
ES BY ES2	1. 044	0. 059	17. 759	***	0. 859
ES BY ES3	1. 083	0. 051	21. 179	***	0. 890
ER BY ER2	1. 000				0. 581
ER BY ER3	1. 303	0. 257	5. 075	***	0. 760
ER BY ER4	1. 072	0. 216	4. 965	***	0. 623
EA BY NEP	1. 000				0. 421
EA BY EV	1. 862	0. 323	5. 764	***	0. 801
EA BY ES	2. 128	0. 377	5. 640	***	0. 688
EA BY ER	1. 424	0. 361	3. 943	***	0. 667
BI BY BI1	1. 000				0. 659
BI BY BI2	1. 005	0. 115	8. 766	***	0. 720
BI BY BI3	1. 297	0. 120	10. 794	***	0. 866
BI BY BI4					0. 492
BI BY BI6	0. 755	0. 105	7. 196	***	0. 558
BH1 BY BHL2	1. 000				0. 564
BH1 BY BHL3	0. 968	0. 116	8. 333	***	0. 550
BH1 BY BHL4	1. 612	0. 151	10. 668	***	0. 894
BH1 BY BHL5	1. 173	0. 118	9. 945	***	0. 653
BH2 BY BHL7	1. 000				0. 749
BH2 BY BHL8	1. 064	0. 102	10. 437	***	0. 796
BH2 BY BHL10	1. 090	0. 094	11. 634	***	0. 821
BH2 BY BHL12	0. 780	0. 129	6. 027	***	0. 601

续表

路径	非标准化估计值	S. E.	C. R.	P - Value	标准化估计值
BH2 WITH BH1	0. 023	0. 026	0. 876	0. 381	0. 086
BI ON EA	1. 863	0. 349	5. 339	***	0. 734
BH1 ON BI	0. 691	0. 088	7. 855	***	0. 832
BH2 ON BI	0. 537	0. 089	6. 048	***	0. 489

表7－6为测量指标，即观察变量的方差估计值，包括可解释方差（R^2）和残差（residual variance），由表可知，各测量指标的方差均显著，通过0.01的显著性水平检验。表7－7为潜变量的可解释方差（R^2）估计值，可以看出各潜变量的可解释方差均通过0.001的显著性水平检验。由此验证了各一阶模型和二阶模型的合理性和代表性，也支持了生态意识对生态行为正向影响的假设，假设a1成立。

表7－6　　测量指标可解释方差（R－SQUARE）估计结果

测量指标	R－SQUARE	S. E.	Est. / S. E.	P－Value	测量指标	R－SQUARE	S. E.	Est. / S. E.	P－Value
NEP1	0. 421	0. 056	7. 565	***	ER4	0. 388	0. 070	5. 505	***
NEP3	0. 303	0. 047	6. 383	***	BHL2	0. 318	0. 050	6. 305	***
NEP5	0. 421	0. 050	8. 343	***	BHL3	0. 302	0. 053	5. 646	***
NEP11	0. 346	0. 051	6. 830	***	BHL4	0. 799	0. 068	11. 718	***
NEP13	0. 306	0. 044	6. 967	***	BHL5	0. 427	0. 055	7. 717	***
EV1	0. 385	0. 062	6. 215	***	BHL7	0. 561	0. 070	7. 967	***
EV2	0. 379	0. 084	4. 488	***	BHL8	0. 633	0. 078	8. 138	***
EV4	0. 598	0. 098	6. 083	***	BHL10	0. 675	0. 075	8. 975	***
ES1	0. 687	0. 046	14. 774	***	BHL12	0. 361	0. 106	3. 397	**
ES2	0. 738	0. 062	11. 909	***	BI1	0. 435	0. 069	6. 282	***
ES3	0. 792	0. 057	13. 853	***	BI2	0. 519	0. 080	6. 475	***
ER2	0. 338	0. 117	2. 880	**	BI3	0. 749	0. 086	8. 738	***
ER3	0. 578	0. 081	7. 138	***	BI4	0. 242	0. 062	3. 922	***
					BI6	0. 312	0. 064	4. 887	***

表7-7 潜变量可解释方差（R-SQUARE）估计结果

潜变量	R-SQUARE	S. E.	Est. / S. E.	P-Value	潜变量	R-SQUARE	S. E.	Est. / S. E.	P-Value
NEP	0. 177	0. 051	3. 500	***	BH1	0. 692	0. 068	10. 134	***
EV	0. 642	0. 087	7. 349	***	BI	0. 538	0. 083	6. 500	***
ES	0. 473	0. 076	6. 262	***	BH2	0. 239	0. 059	4. 081	***
ER	0. 444	0. 091	4. 896	***					

7.5.1.2 “生态意识—生态行为”直接效果

由表7-8可知，移民生态意识与生态知识对生态行为的直接影响均显著，其中，生态意识对个人领域的生态行为的标准化估计结果为0.578，略高于公共领域的估计结果，因此，生态意识对个人领域的生态行为的方差解释程度只有33.41%；对公共领域生态行为的方差解释程度更低(17.64%)。这个结果表明移民生态意识和生态行为严重脱节，生态意识的提高并不能带来生态行为相同程度的提高。

然而，将此结果与初始模型的运行结果对比，发现将移民的行为意向纳入生态意识对生态行为的影响之中进行分析，模型效果更好，生态意识通过行为意向，对生态行为的解释程度更高。

表7-8 生态意识与生态知识对生态行为的直接影响

路径	Estimate	S. E.	Est. /S. E.	P-Value
BH1 ON EA	0. 578	0. 063	9. 171	***
BH2 ON EA	0. 420	0. 059	7. 123	***

7.5.2 模型修正及结果

模型修正应该遵从省俭原则和等同模式，即当两个模型拟合同样的数据并且拟合程度相差不多时，尽量选择简单的模型。修正指数（modification index）用于模型扩张，通过释放部分原限制的路径或添加新路径，使模型结构更加合理（易丹辉，2008）。具体来说，使用修正指数改进模型时，拟合的改进是用 χ^2 值的减少来测量，原则上每次只修改一个参数，从最大值开始估算，然后重新运行模型，修改新得到的结果中最大的 MI 值所对应的路径，以此类推。但是需要指出的是，每次的修改必须在理论上可行，使之具有实际意义，否则只能跳过当前修改步骤。

由于初始模型的拟合指数 WRMR 值仍略大于适配度标准，考虑对初始模型进行略微调整。表 7－9 为初始模型修正指数（MI 值大于 20）“WITH”表两变量间的相关关系。

表 7－9　　模型修正指数

路径	M. I.	E. P. C.	路径	M. I.	E. P. C.
NEP13 WITH NEP3	64. 317	0. 394	BI3 WITH BH1	22. 066	0. 201
			BI3 WITH BHL4	28. 32	0. 375

根据表 7－9 发现，MI 值最大的指标为路径“NEP13 WITH NEP3”——“人类对于自然的破坏常常导致灾难性后果”和“自然环境很容易被破坏”相关程度较高；其次为路径“BI3 WITH BHL4”和“BI3 WITH BH1”，这两个路径都与 BI3 有关，因此考虑最先删除 BI3，然后，尝试依次删除 MI 值最大的指标 NEP13、NEP3 和 BHL4 后，模型自由度下降了，χ^2 值（329. 478）相比起初始模型的 χ^2 值（522. 678）下降了 192. 200，WRMR 值也从 1. 117 下降到了 0. 991，符合模型适配度标准。其他模型拟合指标均到达标准，如表 7－10 所示。

表 7－10　　修正后模型拟合指数

指数名称	评价标准	拟合结果	模型适配判断
χ^2	一般情况下，越小越好	329. 478	是
DF	越大越好	222	
χ^2/DF	3～5 为可接受标准，1～3 表示拟合良好	1. 484	
RMSEA	<0. 08 为可接受的模型，越接近 0 越好	0. 032	是
CFI	>0. 95，越接近 1 越好	0. 962	是
TLI	>0. 90 为可接受标准，>0. 95 为拟合良好，越接近 1 越好	0. 957	是
WRMR	<1. 0 表示拟合尚可，<0. 08 表示好的拟合，值越小越好	0. 991	是

需要指出的是，指标间有相关很正常，尤其这种关于意识的测量指标间的相关程度稍高更不足为奇，都在正常范围内，而单纯为了提高模型拟合度而剔除太多指标，既损失了模型自由度，又影响了实际意义上的解释程度。该调整只是为了让模型拟合度更好，并非必要步骤。由于本书此前进行验证式因素分析时，已经对各测量模型和结构模型进行了相应的修正，使各模型均达到良好拟合，从而也使得初始模型拟合良好，初始模型便成为当前条件下的最优模型；同时，测量生态行为的指标较少，若为提高模型拟合度而进行剔除，难免会影响整个模型的代表性，综合以上两点考虑，该修正步骤仅供参考。

7.5.3　中介效果检验

中介变量（mediator）在总效果存在的基础上，即不考虑行为意愿的作用，只考虑生态意识和生态行为两个潜变量的直接影响时，本书选用生态知识（EK）和外部条件（组织保障）（ZB）作为中介变量进行中介（间接）效果的检验，具体示意如图7－10所示。尽管初始模型的拟合指数并非完全达标，但上文提到该误差在可接受的范围内，因而此处间接效果检验仍采用初始模型进行分析，也分别检验了两个变量的特定间接效果是否存在，并对特定间接效果进行了比较。一般选定5%的置信区间，若置信区间包含0，则中介效果不存在，若不包含0，则中介效果存在，即自变量通过中介变量间接影响因变量。

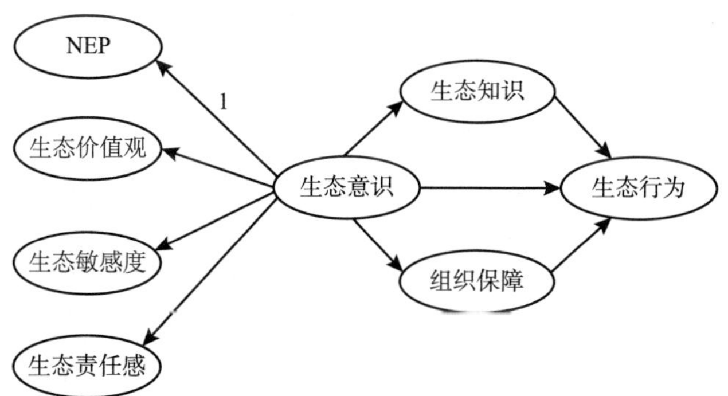

图7－10　中介效果示意图

为了方便理解调节效果，本书考虑最简单最常用的线性回归模型：

Y = cX + e1，考虑自变量 X 通过影响变量 M 来影响 Y，则 M 为调节变量。M = aX + e2，则 Y = c′X + bM + e。其中，c − c′ = ab，ab 即衡量了中介效应（mediating effect）的大小。

表 7 – 11 检验了中介效果是否存在：生态知识作为中介变量，其中介效果检验的置信区间包含 0，意味着其对生态意识影响个人领域的生态行为的中介效果不显著，但其对生态意识影响公共领域的生态行为的中介效果显著，代表生态意识通过生态知识，间接影响公共领域的生态行为。

表 7 – 11　　　　检验生态知识的中介效果

中介路径	Lower 2.5%	Estimate	Upper 2.5%
Specific indirect（Effects from EA to BH1 via EK）	−0.198	0.093	0.342
Specific indirect（Effects from EA to BH2 via EK）	0.118	0.367	0.661

表 7 – 12 为组织保障作为中介变量的非标准化检验结果。组织保障对生态意识去影响生态行为中介效果均显著，代表生态意识通过组织保障间接影响生态行为。

表 7 – 12　　　　检验组织保障的中介效果

中介路径	Lower 2.5%	Estimate	Upper 2.5%
Specific indirect（Effects from EA to BH1 via ZB）	0.013	0.072	0.218
Specific indirect（Effects from EA to BH2 via ZB）	0.198	0.354	0.795

同时，因为生态知识和组织保障作为中介变量，对生态意识去影响公共领域生态行为的中介效果均显著，本书对两个中介变量的特定间接效果进行比较，检验两者中介效果是否存在差异（DIFF），依然选定 5% 的置信区间，若包含 0，则中介效果没有差异，两中介变量的间接效果一样，若不包含 0，则有显著差异，代表两中介变量的间接效果有高低之分，非标准化的检查结果如表 7 – 13 所示，由表知置信区间包含 0，因此两个中介变量的中介效果无明显差异。

综上，除 b1 不成立，b2 – b4 均成立。

表7-13　生态知识和组织保障对公共领域生态行为中介效果差异检验

DIRECT EFFECTS	Lower 2.5%	Estimate	Upper 2.5%
TOTAL EFFECTS	0.387	0.908	1.691
DIFF	-0.446	0.062	0.683

7.5.4　干扰效果检验

调节变量（moderator）也称干扰变量、干扰效果，即调节效果，用于检验调节变量是否影响自变量和因变量之间的关系。同样，继续引用上文提到的线性回归模型，M为调节变量，XM为自变量X和调节变量M的交互项，调节变量方程式形如 $Y = aX + bM + cXM + e$，此式变换形式为 $Y = (a + cM)X + bM + e$，e为残差项，其中c衡量了调节效果（moderating effect）的大小，即检验在M的不同情况下，X对Y的直接效果（X对Y斜率的变化），如图7-11所示。

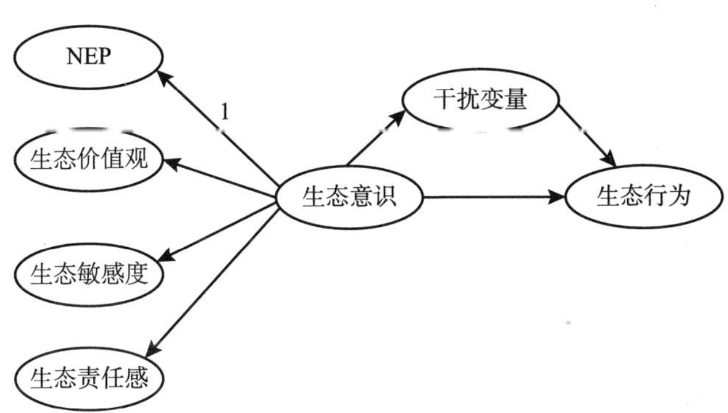

图7-11　干扰效果示意图

干扰效果的检验方法与中介效果一致，选定5%的置信区间，若置信区间包含0，则干扰效果不存在，若不包含0，则干扰效果存在，即加入干扰变量的影响后，生态意识和生态行为之间的关系。通过将干扰变量导入模型进行运算后，发现无论是性别、年龄、文化程度以及婚姻状况作为干扰变量，研究发现其干扰效果均不显著，表7-14为生态意识对个人领域生态行为的部分干扰效果对照表（年龄对照组栏目较多，此处省略）。其中，DIFF是Difference，指差异；ILL指illiterate，即文盲；PSE指Primary school education，此处指小学及初中文化程度；HSE 指 High school education，此处指高中及以上文化程度。如表 7－14 所示，尽管低收入和中等收入两种家庭的对照显著，但这并不代表收入对于调节生态意识影响生态行为的程度有明显干扰作用，即无论农户收入高低，其生态意识对生态行为的影响是一样的。因此，c1～c6 均成立。

表 7－14　模型估计结果的置信区间

Comparison	Lower 2.5%	Estimate	Upper 2.5%
DIFF of male & female	－1.137	0.220	2.370
DIFF of ILL & PSE	－1.19	0.496	2.484
DIFF of ILL & HSE	－3.889	－0.723	0.779
DIFF OF PSE & HSE	－4.061	－1.219	0.602
DIFF of Low-income & Med-income	0.304	1.105	2.256
DIFF of Low-income & High-income	－3.839	0.228	1.716
DIFF of Med-income & High-income	－5.716	－0.878	－0.082

综上，根据初始模型的拟合结果以及中介效果和调节效果的检验结果，可以对模型假设情况进行判断：假设 a1 成立，a2 不成立，B 类假设除 b1 外均成立，C 类均成立。

7.6 研究结论

通过实证研究，根据初始模型的拟合结果以及中介效果和调节效果的检验结果，结论如下：

（1）首先，与预期一致，移民生态意识正向影响行为意向，且通过行为意向正向影响生态行为，即移民生态意识的提高，直接引起行为意愿的显著提高，随之引起移民生态行为践行度的显著提高。同时，行为意愿对个人领域生态行为的影响大于公共领域的影响。主要是移民当前的认识还停留在家庭层面，更多地考虑个人，较少考虑集体利益和公共环境。

其次，在验证生态意识影响生态行为的过程中，发现移民在个人领域的生态行为和公共领域的生态行为之间无显著相关性。本书分析其原因主要是，移民在公共领域参加的相关活动较少或是几乎没有参加过，也从来没有意识向有关部门反映其对环境污染的意见和建议等，而在个人领域，尽管生态行为践行度也不高，但相比之下，频率和次数明显大于其在公共领域的生态行为实践程度，而且移民行为在两个领域几乎各自独立，无重叠之处。

最后，移民生态意识和生态行为存在脱节问题。即移民生态意识高，实际上受经济状况、生态知识了解不够等因素的影响，并不能带来移民生态行为相同程度的提高。

（2）与预期不一致，生态知识作为中介变量，对生态意识和个人领域生态行为的中介效果不显著，但生态意识对公共领域生态行为的中介效果显著，移民生态意识通过生态知识，间接影响了其公共领域生态行为。即提高移民生态知识，可以间接增强生态意识对生态行为的影响，有利于移民在公共领域生态行为的践行，但在个人领域无此效果。主要是由于移民在公共领域生态行为的实践程度较低，而个人领域的生态行为践行度相对有一个较高的起点，生态知识的提高，也就更容易影响移民在公共领域的生态行为。

（3）与预期一致，组织保障对生态意识和个人领域和公共领域生态行为的中介效果均显著，即做好生态文明、法律法规等相关的宣传工作、加大生态补贴等优惠政策以及环保投资力度，可以增强生态意识对生态行为的间接影响程度，有利于提高移民生态行为践行度。

（4）与预期不一致，性别、年龄等个人特征和家庭收入、文化程度对移民生态意识和生态行为的关系无显著调节作用，即这些个人因素并不影响生态意识与生态行为的关系。主要是由于移民生态行为的践行度与移民生态意识明显脱节，再加上移民经济状况普遍较差，文化程度不高等原因，综合影响了这些个人因素的调节作用。

7.7　本章小结

本章运用结构方程模型，采用“态度—意向—行为”的研究路径，将生态行为分为个人领域和公共领域两个空间范围，从生产行为、生活行为两方面研究移民的生态意识与其行为的关系。研究发现：生态意识正向影响行为意向，行为意向正向影响生态行为，且生态意识对行为意向的可解释方差为0.538，行为意向对个人领域生态行为的可解释方差为0.692，对公共领域生态行为的可解释方差为0.239；生态知识对生态意识和个人领域生态行为的关系无显著中介作用，对生态意识和公共领域生态行为的关系存在中介作用，间接效果显著；组织保障对所有生态行为均存在中介作用；性别、年龄等个人特征和家庭收入、文化程度对两者关系没有调节作用，即这些变量并不显著影响生态意识与生态行为的关系。

第 8 章

生态制度与生态行为关系研究

8.1 研究思路

生态行为的决策机制是复杂的。从不同视角观察，能够得到不同的影响因素。根据影响主体不同，影响农民生态行为的因素可以分为自身影响、家庭影响、社会影响；根据影响动机不同，影响农户生态行为的因素会表现为经济动机、社会动机以及生理动机等。生态环境破坏与人们的行为密切相关，甚至农户的不适当行为是农业生态污染的直接诱因。如果了解生态行为的决策机制并予以引导，农村会更适合宜居，农业生产会更绿色化。由于生态行为的复杂性以及国家和人民对生态环境更为重视，因此研究农户生态行为非常必要并且迫在眉睫。本章将按照图 8 - 1 所示的思路进行研究：首先，对生态行为进行理论研究，得到生态行为的理论框架；其次，从定性和定量总结生态移民生态行为的状况，并对生态行为的影响因素及其作用逻辑实证分析；最后，得到研究结论。

8.2 理论分析

农户行为分为生产行为和消费行为两大类，在理性人假设条件下，主要分为组织与生产学派、理性小农学派和历史学派等。理性小农学派是基于传统农业的特点研究小农行为，代表人物是舒尔茨。他认为，小农的生产目的和企业家一样，都是追求效用最大化，因此小农是理性的。本书遵循“理性人”假设开展移民生态行为决策研究，即移民在进行生态行为决策时必然从成本和收益两个角度考虑。

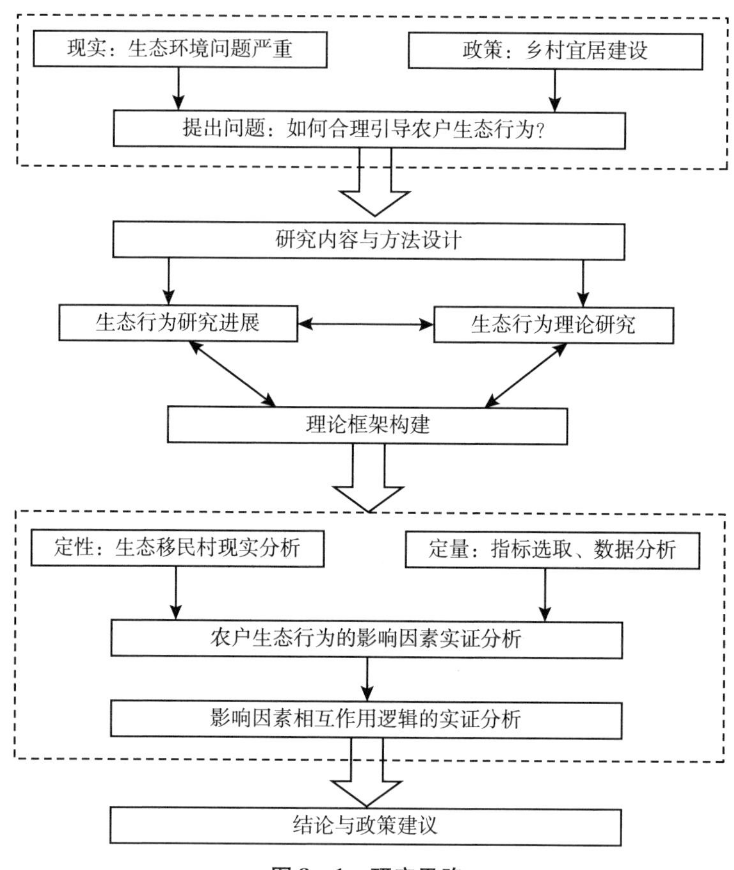

图 8－1 研究思路

8.2.1 基于收入视角的生态行为决策

首先，假设人们对生态环境有偏好，即对大部分人来说，人们更倾向于追求好的环境。得到好的环境有两种方式：一是自己亲力亲为；二是雇佣别人来做。如果农户选择自己亲力亲为，所获收益为雇佣别人的成本以及亲力亲为中所得收益，包括愉悦的心情、生态改善、减少去医院的费用与痛苦等。同时，必须付出成本，即劳动带来的负效用。在这里，假设人们是厌恶劳动的。

本书暂时只考虑个人领域生态行为，所以个人领域生态行为的纯收益函数为：

$$\pi = F(EB) - W \cdot EB F'(\cdot) > 0,\ F''(\cdot) < 0 \qquad (8-1)$$

π 表示个人保护环境所得纯收益；EB 表示付出的劳动，即生态行为；$F(\cdot)$ 表示生态行为收益函数；W 表示劳动价格。

同时，得出农户亲力亲为的效用函数为：

$$u = U(P) - V(EB) \quad U'(\cdot) > 0,\ U''(\cdot) < 0,\ V'(\cdot) > 0,\ V''(\cdot) > 0 \qquad (8-2)$$

$U(\cdot)$ 为农户收益的效用函数，$V(\cdot)$ 表示劳动的效用函数。农户追求收益的效用最大化、劳动的效用最小化，因此 $U(\cdot)$ 二阶导小于0，$V(\cdot)$ 二阶导大于0。为简化模型和计算方便，假设亲力亲为所获得收益主要为雇佣别人的成本，即 $P = W \cdot EB$，因为愉悦的心情等好处缺乏完善的市场，无法以价格的形式来表示。

为了得出农户收益最大化时的生态行为决策条件，需将上述目标函数（8－1）与约束条件（8－2）相结合，进一步求拉格朗日函数，得到决策模型为：

$$\mathcal{L} = [F(EB) - P] + \lambda(U(P) - V(EB)) \qquad (8-3)$$

求式（8－3）函数关于收益（P）和劳动的（EB）的一阶导数，同时得到：

$$U'(P) = \frac{1}{\lambda} \qquad (8-4)$$

$$F'(EB) = \lambda V'(EB) \qquad (8-5)$$

最后，将式（8－4）、式（8－5）结合，得到下面公式：

$$U'(P) = \frac{1}{\lambda} = \frac{V'(EB)}{F'(EB)} \qquad (8-6)$$

式（8－6）即为农户生态的最优决策条件。首先，从农户生态行为决策模型可得出：在农户收入水平在短期内不变时，农户实施生态行为所获收益（P）的边际效用为常数；其次，在当前所获收益下，农户的最优决策是实施生态行为的边际产出等于实施生态行为的负效用。

上述同时说明农户对生态行为的支付取决于自身收入水平，即 $P = P(I)$，这里假设 P 是关于 I 的单调递增函数。在此假设下，收入水平越高，农户实施生态行为所获收益越高，越能促使农户实施生态行为。

8.2.2 基于内部因素的生态行为决策

实施生态行为的收益，不仅取决于付诸生态行为，还取决于农户生态意识的强烈程度。因此，在不考虑其他因素的情况下，农户实施生态行为的产出为：

$$Y=F(e\cdot EB),\ F'(\cdot)>0,\ F''(\cdot)<0 \tag{8-7}$$

e 表示生态意识的强烈程度，EB 表示生态行为。

在式（8-1）基础上，考虑生态意识下农户收益函数为：

$$\pi=F(e\cdot EB)-W\cdot EB \tag{8-8}$$

生态行为的实施与否，取决于收入，而生态行为受生态意识所控制，因此得到下列表达式：

$$e=e(W),\ e'(\cdot)>0 \tag{8-9}$$

那么在考虑生态意识和生态行为下的收益函数变为：

$$F[e(W)\cdot EB]-W\cdot EB \tag{8-10}$$

在不考虑约束的情况下，求关于 EB 和 W 的一阶导，得：

$$F'(e(W)EB)e(W)-W=0 \tag{8-11}$$

$$F'(e(W)EB)e'(W)EB-EB=0 \tag{8-12}$$

根据式（8-11）和式（8-12），进一步得出：

$$\frac{We'(W)}{e(W)}=1 \tag{8-13}$$

式（8-13）表明生态意识关于实施生态行为的价格弹性为 1。在此水平，即使 W 继续增加，生态意识的强烈程度也不受影响。

上述最佳决策点，仅是在收入视角下的最优点，但是农户的生态意识不仅仅受到收入的影响，还要受到生态知识的影响。因此生态意识可以进一步写成：

$$e=e(W,\ K) \tag{8-14}$$

e 表示生态意识的强烈，W 表示生态行为的价格，K 表示生态知识多少。

由于生态知识多少和生态行为的价格属于不同计量范畴，因此无法相互比较。为了可以比较，这里把生态知识（K）价值化。假设在劳动力充分就业的情况下，农户花费的时间成本，即为同等时间所带来的收入。农户学习生态知识需要花费时间，因此生态知识的价格即为花费的时间所带来的收入。为了方便说明问题，这里把 k 简单量化为 W_k，表示花费时间的变现价格。因此可以进一步写成：

$$e = e(W,\ W_K) \tag{8-15}$$

在式（8-10）的基础上，重新得到一阶条件：

$$F'(e\ (W,\ W_K) \cdot EB) = \frac{W}{e(W,\ W_K)} \tag{8-16}$$

$$\frac{we'(w,\ w_K)}{e(w,\ w_K)} = 1 \tag{8-17}$$

因此得到模型决策条件为：

$$w = w_K \tag{8-18}$$

式（8-18）说明当生态知识的变现价格与实施生态行为的工资相等时，即个人处理好两者时间资源的平衡时，农户才能够实现利益最大化。

8.2.3　引入外部因素的生态行为决策

生态制度作为一项制度，对人们既有激励作用和约束作用。为了模型的简化，本书主要考虑生态制度的约束作用。

同样在式（8-1）的基础上，引进生态制度的约束成本，得到：

$$\prod = F(EB) - (W + W_2) \cdot EB \tag{8-19}$$

在考虑约束条件2下，得到拉格朗日函数为：

$$ב = [F(EB) - (W + W_2) \cdot EB] + \lambda[U(W + W_2) - V(L)] \tag{8-20}$$

这样求关于 L、W、W_2 的一阶导：

$$F'(EB) - (W + W_2) = \lambda V'(EB) \tag{8-21}$$

$$\lambda U'(W) = L \tag{8-22}$$

$$\lambda U'(W_2) = L \tag{8-23}$$

然后得出决策条件为：

$$W = W_2 \tag{8-24}$$

$$F'(EB) = \lambda V'(EB) + 2W_2 \tag{8-25}$$

以上得出：当制度的处罚成本和自己亲力亲为的工资相等时，个人才能实现利益最大化。当制度的处罚成本小于实施生态行为的工资时，人们可能就不愿意实施生态行为。根据上述结论，最理想的办法是根据每个人的收入来进行处罚，这样对社会是最优的。但是这样进行处罚，显然有失公平，处罚难度极大，农户也会隐瞒收入。式（8-25）也说明生态行为的边际产出取决于亲力亲为的工资、不实施生态行为因而被惩罚的力度，实施生态行为的负效用。当社会的工资水平不变时，当前的生态行为工资决定了生态行为的负效用等于生态行为的产出；当技术不变时，即人们无法通过技术改进减少负效用时，生态行为的工资和不实施生态行为的处罚越高时，生态行为的边际收益越高。

8.3 图示分析

8.3.1 收入—知识—意识关系

在上述的理论分析中，得到收入和知识具有替代性，那两者究竟如何替代？两者替代关系的经济理论基础如下：在劳动力充分就业的情况下，生态知识的价格是目前收入的一定比例，因为农户要花费工作时间，学习生态知识。当收入上升，意味着生态知识的价格更为昂贵。根据上述分析，两者关系如图 8－2 所示。农户的时间是有限的，用 H 表示。当农户的收入水平提高，即位于 A 点的水平移动为 B 点水平，生态知识变得昂贵，农户倾向于多劳动，购买工资，即 H_1 的工作量变为 H_2。在此种情况下，用于学习生态知识的时间则变为 $H-H_2$。因此得出，一个人有限的时

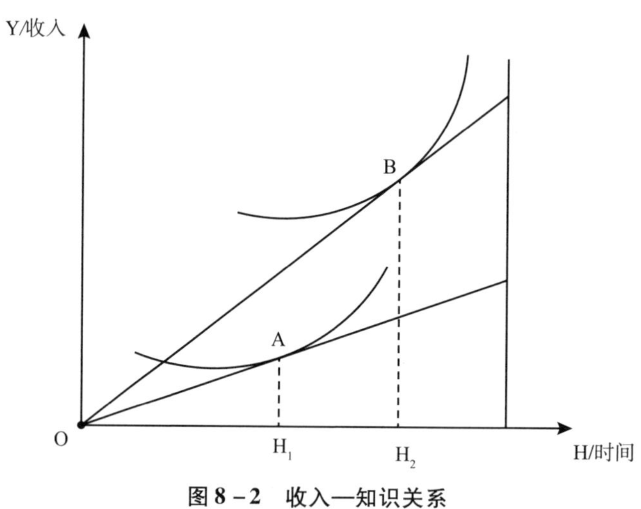

图 8－2 收入—知识关系

间需要在生态知识的学习和工作时间进行合理分配。如果农户收入很高，即使生态知识相对不丰富，农户也会有良好的生态意识，实施生态行为；同样，如果农户生态知识较高，但农户收入相对不高，那生态知识也会作用于生态意识，起到相同的效果。

根据上述分析，意识为收入和知识的函数，如图8－3所示，用F来表示。Y表示收入，X表示知识，当知识越多，即由C点变为D点，那生态意识自然也由F_1变为F_2。那么生态知识越多，生态意识也就越好。

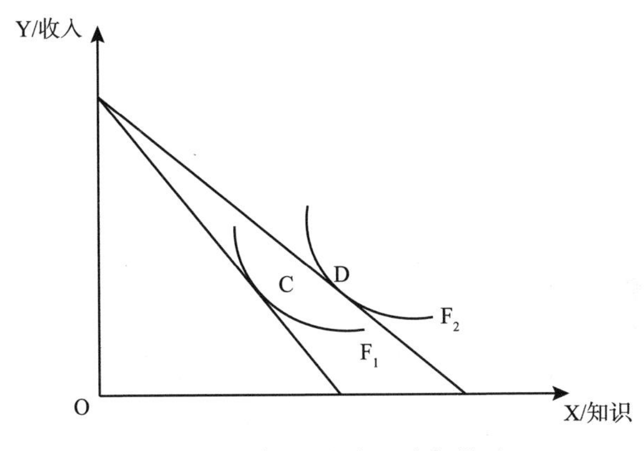

图8－3 收入—知识—意识关系

8.3.2 知识—意识—行为关系

在上述理论分析中，生态行为受到生态知识和意识的影响，即生态行为作为产出函数，投入要素为生态知识和生态意识。那生态知识和生态意识作为行为的要素投入，两者的投入关系如何？从整体水平来说，生态知识和生态意识呈正相关，两者关系与固定比例生产函数特性相似，一定水平的生态知识必定与同等程度的生态意识相匹配。借用固定比例生产函数，两者具体关系如图8－4所示。假设X、Y分别表示生态知识和生态意识，其行为产出线为EB，一单位水平的知识，需要搭配一定程度的意识，从而决定行为。随着知识和意识的不断提高，其行为产出线自然也不断向右移动，即越倾向于采取生态行为。

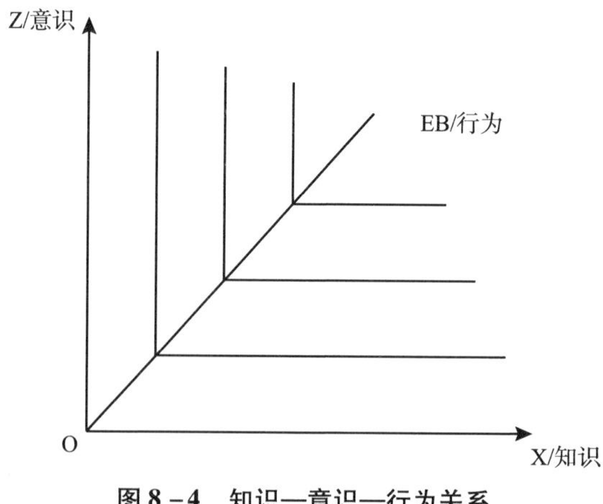

图 8－4　知识—意识—行为关系

8.3.3　知识—意识—制度关系

我们引进了生态制度因素，并分析了其对生态行为的影响，此时，在图 8－5 中，F 表示实施生态行为的产出，生态制度究竟如何影响生态行为？当农户不执行生态行为，会被惩罚，收入会减少，行为作为产出函数，自然就向下移动。综上分析，制度影响行为的机制，主要通过制度的约束作用或者惩罚作用，影响农户的收入预期，具体的变化情况如图 8－5 所示。Y 表示收入，X 表示生态知识或者生态意识。当惩罚发生，行为的

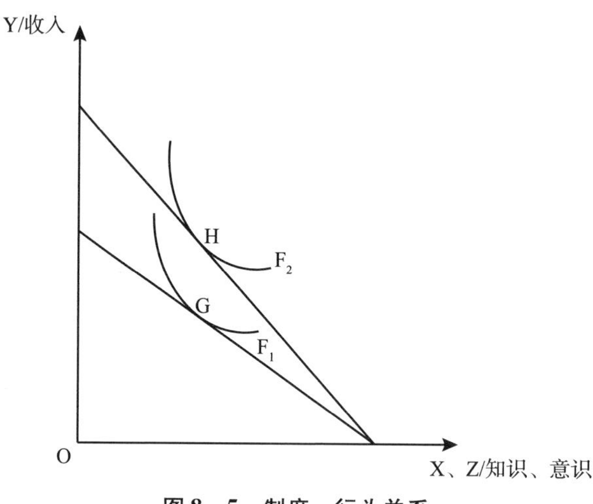

图 8－5　制度—行为关系

产出函数也由 F_2 变为 F_1，其行为最佳决策点也由 H 点变为 G 点，农户作为理性投资者，其生产福利下降。为避免损失，农户必然要采取生态行为，从而规避惩罚。

同时，生态制度也可以转化为生态知识和生态意识，通过这一途径，间接影响生态行为，其路径是：生态制度固然是制度，但农户在遵守制度的同时，也吸收制度，将其转化为知识和意识。在这种情况下，制度不是通过上述所说的惩罚作用，而是通过生态法律知识的教育作用，具体如图 8－6 所示。随着制度建设和保障的不断完善，农户的生态知识、生态意识也会不断增加，使行为产出向右移动，由 F_1 变为 F_2，均衡点也由 E 变为 F 点。

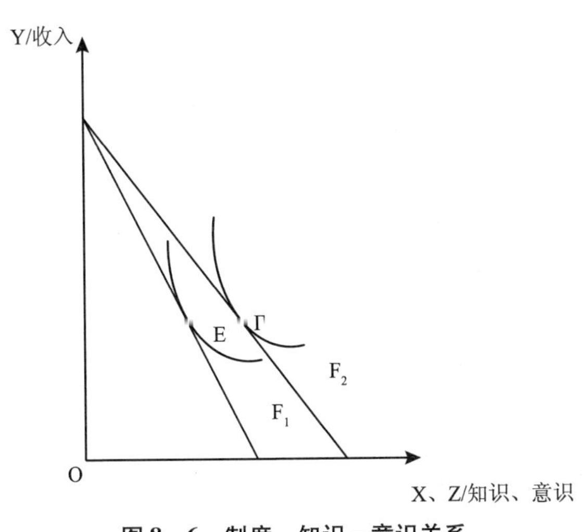

图 8－6　制度—知识—意识关系

8.3.4　知识—意识—行为—制度关系

从新古典经济学出发，构建了生态行为的经济理论模型。运用理论模型，并通过图示分析，进一步讨论了各因素之间的影响机制，即知识在影响行为的同时，也会通过意识这一中介影响生态行为；制度在影响行为的同时，也会调节生态知识和意识，进而间接影响生态行为，如图 8－7 所示。

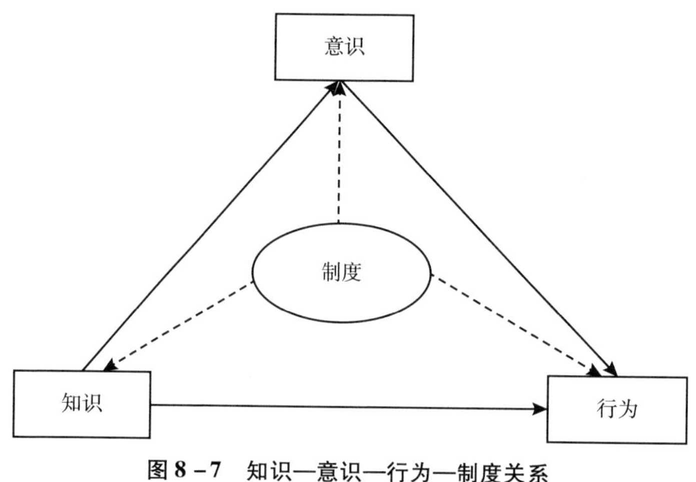

图 8－7　知识—意识—行为—制度关系

8.4　研究假设

本章从内部因素（生态移民的生态意识、生态知识）和外部因素（生态制度建设与保障）两个方面提出研究假设。

8.4.1　内部因素研究假设

在理论基础上，内部因素是指来自农户自身的内在约束，本书内部因素主要指生态知识和生态意识，他们如何作用于生态行为？借鉴微观投资者理论与模型，农户追求高收益，这些收益包括美好的环境、自我的身体健康，以及后代的利益等，而所产生的成本为所花费时间和劳动等。假设他是一个理性人，他的生态知识越多，则他的生态意识就越好，生态行为也越好。因为在成本不变的基础上，生态知识和意识水平增加，有利于科学指导人们的生态行为。

对于生态知识，农户可以从生活中学到，也可以从教育中获得。由于农民这一群体大多没有较高的学历，因此他们获取生态知识的渠道主要有生活经验、邻里传播、电视，以及越来越普遍的智能手机。无论如何获取生态知识，条条大路通罗马，农户都可以实现“知书达理”，从而作用于自身生态行为。例如，在调研时，许多农户会根据公众号的健康知识，调节自家的饮食结构。由此可见，生态知识会作用于人们的生态行为。

在生态知识和生态行为的关系上：文首文、吴章文（2009）运用生态教育干预的方法，研究得出，游客的生态知识会影响游客的行为，其机制主要是：个人通过生态教育，把正确的旅游观念和制度规范转变为自己的价值观，从而约束其行为。王屏等（2016）分析了森林游憩者群体的生态行为，得出生态知识、生态体验和生态态度会显著正向影响人们的生态行为。范香花等（2016）研究了旅游景区居民的环境行为发现，环境知识会显著影响居民的环境行为。施生旭、甘彩云（2017）通过对 CGSS 2013 数据的分析，研究得出，环保知识与公众的环保行为存在正相关关系，而环保意识与环保行为不相关。

在生态意识和生态行为的关系上，徐菲菲，何云梦（2016）从文献综述的角度，分析了环境伦理观和可持续旅游行为的进展，认为环境伦理观是可持续旅游行为的基础。龚继红等（2016）实证分析了生态保护意识和农药施用行为的关系，发现生态保护意识对后者有显著的影响；高越红（2018）研究了移民区农户的生态知识和生态行为的关系，得出生态知识会显著影响农户的生态行为。在以上理论基础和文献综述的基础上，提出以下两个研究假设：

研究假设1：生态知识越丰富，移民的生态行为越好。

研究假设2：生态意识越强，移民的生态行为越好。

8.4.2 外部因素研究假设

外部因素是指约束力来自外部环境的因素，在本书主要为生态制度，包括制度建设和制度保障两个层面。在制度经济学视野下，制度激励或约束群体行为，但是本书主要考虑制度的约束作用。事实上，当前生态制度也主要是约束作用，并不因为个人表现良好而予以奖赏。制度约束如何影响生态行为？继续按照理性投资者模型，农户若不实施生态行为，生态制度会予以惩罚。当惩罚被物质化，即不实施生态行为要交罚款，那么农户作为理性投资者，农户的成本就会增加，从而导致收益减少。惩罚力度越大，农户的成本就越高。成本的变化会影响农户的收入预期，继而影响生态行为。

在文献综述上，张莎莎（2010）研究了西北地区农户的生态行为，认为土地产权制度、农业技术推广，农业补贴政策等对农户的生态行为具有积极的导向作用；彭远春（2011）从环境行为的社会结构性视角认为，政府主导的环境制度和政策会影响人们的生态行为，但缺乏实证；郭利京、赵瑾（2014）基于796份农户数据研究得出，非正式制度对农户的亲环境行为存在直接或间接的影响；谢伟伟（2015）研究了影响石河子棉农生态行为的因素，研究得出，征地制度、补贴政策、农技推广以及文化等影响棉农的生态行为；唐林、罗晓锋等（2019）认为，以村干部监督和保洁员监督为核心的外部监督对农户生活垃圾的集中处理有显著的作用。根据上述分析，提出假说3：

研究假说3：生态制度建设效果越好，制度保障越完善，农户的行为会越好。

8.5 生态行为影响因素分析

8.5.1 模型选择

8.5.1.1 Tobit 模型

Tobit 模型是在全部数据可观测的情况下，被解释变量 y_i 压缩于某一点，被解释变量同时由一个离散点和连续数据所组成，对分布的依赖较强。本书在研究生态行为表现时，由于被解释变量存在0，即存在农户没有选择任何一种生态行为，所以 Tobit 模型符合本书的实际情况。Tobit 模型的具体推导过程如下：

对于满足条件“$y_i>0$”的子样本，

$$\begin{aligned} E(y_i \mid x_i;\ y_i>0) &= E(y_i^* \mid x_i;\ y_i>0) \\ &= E(x_i'\beta+\varepsilon_i \mid x_i;\ y_i^*>0) \\ &= x_i'\beta + E(\varepsilon_i \mid x_i;\ x_i'\beta+\varepsilon_i>0) \\ &= x_i'\beta + E(\varepsilon_i \mid x_i;\ \varepsilon_i>-x_i'\beta) \\ &= x_i'\beta + \sigma\cdot\lambda(-x_i'\beta/\sigma) \end{aligned} \tag{8-26}$$

因此得到整个样本：$E(y_i \mid x_i)=0\cdot P(y_i=0 \mid x_i)+E(y_i \mid x_i;\ y_i>0)\cdot P(y_i>0 \mid x_i)$。托宾提出用 MLE 估计该模型，获得如下混合分布的概率密度函数：

$$f(y_i \mid x)=[(1-\emptyset(x_i'\beta/\sigma))]^{1(y_i=0)}\left[\left(\frac{1}{\sigma}\emptyset((y-x_i'\beta)/\sigma)\right)\right]^{1(y_i>0)} \tag{8-27}$$

8.5.1.2 Probit 模型

Probit 模型是一种离散选择模型，其被解释变量为非负整数。本书在研究生态行为选择时采用此模型。生态行为选择指的是农户是否采用任何一种生态行为，采用即为 1，未采用即为 0，因此被解释变量为 0～1 变量，需要采用离散选择模型进行分析。此模型具体推导过程如下：

第一，在解释变量和被解释变量之间建立连接函数。为使被解释变量介于［0，1］之间，建立下述两点分布函数：

$$\begin{cases} P(Y=1 \mid X) = F(x, \beta) \\ P(Y=0 \mid X) = 1 - F(x, \beta) \end{cases} \tag{8-28}$$

第二，建立标准的累计分布函数：

$$P(Y = 1 \mid X) = F(x, \beta) = \varnothing(x'\beta) \equiv \int_{-\infty}^{x'\beta} \varnothing(t)\,dt \tag{8-29}$$

第三，求概率密度函数。

为了深入分析生态行为，本章从两个层面进行研究：一是生态行为选择；二是生态行为表现。生态行为表现是生态行为选择后的结果，如果没有选择任何一种行为，自然就不存在表现好坏的问题。因此本书在研究生态行为选择的可能性及其表现程度时，需要考虑样本的自我选择。如果样本存在自我选择，则可以通过 Heckman 两阶段法来进行实证分析。样本选择问题是被解释变量因为样本会自我选择，而存在断尾，从而导致选择性偏差。为此，赫克曼（Heckman）在 1979 年提出两步估计法解决此问题。本书通过两步估计法，结果发现，模型逆米尔斯的 P 值为 0.470，如表 8－1 所示，并不显著，因此本模型不存在样本自我选择问题。

表 8－1　Heckman 回归部分结果

项目	Coef.	Robust Std. err	T	P > |t|	[95% conf. interval]	
Mills lambda	0.281	0.388	0.72	0.470	−0.480	1.041

由于不存在样本自我选择问题，因此本书分别建立 Probit 和 Tobit 模型：

$$P_i = \beta \times EI_i + \gamma \times EK_i + \delta \times EC_i + \epsilon_{1i} \tag{8-30}$$

$$BI_i = \beta \times EI_i + \gamma \times EK_i + \delta \times EC_i + \epsilon_{2i} \tag{8-31}$$

方程（8－30）是 Probit 模型，表示生态行为选择方程。被解释变量是0~1变量，选择生态行为即为1，没有选择即为0。方程（8-31）是Tobit模型，表示生态行为表现方程。被解释变量是一连续变量，EI_i 表示生态制度，EK_i 表示生态知识，EC_i 表示生态意识，ϵ_{1i}、ϵ_{2i}分别表示方程（8-30）和方程（8-31）的随机误差。

8.5.2 数据描述

生态行为具有复杂性且难以度量，既受到生态移民自身因素的影响，又会受到外部法律法规的制约或激励。因此，我们将生态行为的影响因素分为内部因素（生态移民自身特征、自身生态知识与意识）和外部因素（法律法规建设与保障等）。下面将结合这些内外部因素进行数据描述性统计。

8.5.2.1 个人特征与生态行为

表8-2给出了个人特征分类下的生态行为统计结果。在性别上，无论在个人领域，还是公共领域，女性的生态行为都好于男性，这与以往的实证结果是一致的。女性爱干净、对环境更为敏感，且随着男性劳动力外出，农村女性一般承担家庭管理的角色，这就决定了她们与生态行为密切相关。在婚姻上，整体上已婚农户的生态行为要好于未婚农户，主要是由于已婚农户的公共生态行为较好，但是未婚农户的个人生态行为较好。因为未婚农户大多是青年人，他们由于教育水平等原因，生态知识、生态意识都比较好。已婚农户的公共生态行为比较好，是因为他们已有家室、生儿育女、社会责任感强。在年龄上，青年人的生态行为要好于中年人，中年人要好于老年人，一方面，是由于教育水平所决定，另一方面可能是时代决定。在文化程度上，生态行为表现出先增后减的趋势。文盲和高中的生态行为基本一致，反而是小学及初中水平的生态行为比较好。在收入水平上，全部生态行为表现出先减后增的趋势，这个趋势与个人生态行为的趋势一致，但是高收入群体的公共生态行为要好于低收入和中等收入群体。

表8-2　　个人特征和生态行为描述统计

个人特征	分类	频次	总体生态行为	个人生态行为	公共生态行为
性别	男	274	0.69	1.00	0.42
	女	212	0.84	1.18	0.55

续表

个人特征	分类	频次	总体生态行为	个人生态行为	公共生态行为
婚姻	未婚	52	0.69	1.19	0.24
	已婚	434	0.77	1.06	0.50
年龄	青年	175	0.84	1.21	0.53
	中年	193	0.73	1.03	0.46
	老年	118	0.66	0.94	0.42
文化程度	文盲	122	0.73	1.08	0.41
	小学及初中	284	0.78	1.07	0.51
	高中	80	0.73	1.08	0.43
收入	低收入	111	0.76	1.10	0.45
	中等收入	209	0.69	1.01	0.41
	高收入	166	0.75	1.03	0.51

8.5.2.2 满意度与生态行为

表8-3是移民项目满意度和环境满意度分类下的生态行为统计结果，这两项指标的理论依据来自ABC理论中的环境因素。首先，从满意度的调查结果来看，农户对生态移民工程和环境是非常满意的。生态行为的表现与满意度并非成正比，即满意度越高，生态行为并不一定越好，而是表现出不规则性。但两者又有一致性，生态行为表现与满意度呈倒“U”型，符合凹函数基本性质。

表8-3　满意度和生态行为描述统计

满意度	分类	频次	总体生态行为	个人生态行为	公共生态行为
项目满意度	非常不满意	8	0.62	1.01	0.28
	不满意	41	0.75	1.05	0.47
	一般	81	0.84	1.15	0.57
	满意	288	0.76	1.09	0.47
	非常满意	68	0.70	0.95	0.42

续表

满意度	分类	频次	总体生态行为	个人生态行为	公共生态行为
环境满意度	非常不满意	7	0.75	1.16	0.37
	不满意	41	1.06	1.05	0.76
	一般	84	0.87	1.19	0.59
	满意	293	0.74	1.08	0.43
	非常满意	61	0.70	0.92	0.51

8.5.2.3 内部因素与生态行为

表8－4是内部因素分类下的生态行为统计结果。为了与上述分析保持一致，这里按照平均水平将内部因素各个指标分为低水平和高水平两个维度。在生态知识方面，无论是生产知识，还是生活知识，低水平比例都占到农户一半以上。生态知识与生态行为基本成正比，生产知识越丰富，农户生态行为表现越好。在总体、个人、公共行为中，只有生产知识的水平与个人生态行为不一致，生产知识少的人，个人生态行为反而更好。生态意识水平在人口分布上差异较大，首先，超过一半农户对生态环境不敏感，但两者比例相差不大，为250∶236。农户的生态价值观以及生态责任的平均水平较高，尤其是生态责任，绝大部分农户生态责任感强烈，占到90.74%。在两者关系上，生态意识和生态行为基本上成正比，生态意识越强烈，生态行为表现越好。值得一提的是，生态责任感强烈与否与农户生态行为不一致，生态责任感强烈的农户，总体生态行为和个人生态行为并没有表现良好，反而和生态责任感不强烈的人表现基本一样，但在公共生态行为上表现较好。

表8－4　　　　内部因素和生态行为描述统计

内部因素	分类	频次	总体生态行为	个人生态行为	公共生态行为
生产知识	低	275	0.75	1.10	0.45
	高	211	0.76	1.05	0.50
生活知识	低	265	0.74	1.05	0.46
	高	221	0.78	1.10	0.49

续表

内部因素	分类	频次	总体生态行为	个人生态行为	公共生态行为
生态敏感	低	250	0.74	1.04	0.47
	高	236	0.78	1.11	0.48
生态价值观	低	230	0.73	1.06	0.43
	高	256	0.78	1.09	0.51
生态责任	低	45	0.76	1.12	0.45
	高	441	0.76	1.07	0.48

8.5.2.4 制度因素与生态行为

从制度建设和制度保障水平看（如表8－5所示），一半以上农户认为制度建设和制度保障较低。相比于制度建设，制度保障水平更低，两者比例为256∶273。在生态制度和生态行为关系上，生态制度的建设水平和保障力度与生态行为基本上成正比，只有制度建设与个人生态行为不一致，但基本上也相差不大。这可能是由于制度的约束力是有限的，比起个人领域，制度在公共领域可能更有约束力。个人领域的生态行为有时候具有隐蔽性，制度难以发现并纠正。

表8－5　　　　制度因素和生态行为描述统计

外部因素	分类	频次	总体生态行为	个人生态行为	公共生态行为
制度建设	低	256	0.75	1.08	0.46
	高	230	0.76	1.06	0.49
制度保障	低	273	0.74	1.06	0.45
	高	213	0.78	1.09	0.50

8.5.3 变量选择

本章参考以往经典文献并结合实际进行选取，从而保证变量的科学性以及信度要求。对于指标的量化方法，首先采用熵值法对生态行为、生态知识、生态意识以及生态制度进行归一化。归一化处理的思想是：一方面，这几个变量都涉及多项指标，一项指标难以度量。以生态知识为例，一个问题并不足以反映农户知识的多寡。但如果将生态知识的若干替代指标同时进行实证分析，无法说明问题也不合理。另一方面，指标归一化通过变换有利于减小共线性。具体变量设置如下。

8.5.3.1 被解释变量

被解释变量是生态行为，包括整体生态行为、个人生态行为和公共生态行为。个人生态行为是发生在农户个人领域、与农户个人利益直接相关的行为；公共生态行为是农户参与的关乎公众环境利益并具有强烈外部效应的行为；整体生态行为涵盖农户个人和公共生态行为。具体的衡量指标详见第5章。

8.5.3.2 核心解释变量

本章核心解释变量有生态知识、生态意识和生态制度。生态知识分为生产知识和生活知识。生产知识是农民对于农业生产规律的总结，能够指导他们科学、合理地进行农业生产和改造；生活知识是与农户日常生活密切相关的知识。生态意识也是本章的核心解释变量之一，包括生态敏感、生态价值观、生态责任三个方面。生态敏感是生态移民对生态脆弱性或者环境变坏的察觉程度，从而引起的对未来环境的担忧；生态价值观是生态移民关于基本的生态问题立场是否正确的认同感；生态责任感是人们对生态环境日趋恶劣后主动去承担保护环境的意愿。生态敏感、生态价值观、生态责任的具体指标详见第5章。

本章的另一个核心解释变量是生态制度，具体包括制度建设和制度保障。制度建设是中国目前实施的生态法律和法规体系，包括从中央到地方的主要生态法律。如果农户知道这些制度，则认为这部法律或者法规对他有约束力①；生态制度保障主要是生态制度建设以后，各级政府进行监督、宣传等措施来保障生态制度的贯彻落实。具体衡量指标详见第5章。

8.5.3.3 其他解释变量

本章其他变量主要包括移民满意度和农户个人特征。由于本书研究对

① 这种量化方法的前提是政府具有公信力。当政府缺乏公信力，生态法律或法规缺乏约束力；这里还要说明的是，为了科学性和真实性，本书通过农户的评价来衡量制度的约束力，主要是基于这样的思考：制度实施的最终目的是让公民知道，并且按照制度实施生态行为，而不是仅仅停留在文件上。

象为生态移民，因此将生态满意作为影响因素，包括农户对移民项目的满意度和农户对目前居住地的满意度；另一个控制变量是个人特征，包括性别、婚姻、年龄、收入、教育程度等。表 8 – 6 是本章的具体变量设置及其均值和标准差。被解释变量是生态行为，包括总体生态行为、个人生态行为、公共生态行为三个细分变量；核心解释变量是生态知识、生态意识以及生态制度，生态知识包括生产知识和生活知识两个细分变量，生态意识包括生态敏感、生态价值观以及生态责任三个细分变量，生态制度包括制度建设和制度保障两个细分变量。以上细分变量均包含多个衡量指标（具体指标见第 5 章），为了更加科学化，采用熵值法将以上指标进行归一化，从而将多个衡量指标变为一个最终值。熵值法客观赋权既能弥补简单加权平均的优势，又能减小多重共线性。其余指标的替代变量或者度量方法如表 8 – 6 所示。要指出的是，本书根据调研数据的实际情况，将年龄分为中年、青年以及老年；根据收入多寡，将收入分为低收入、中等收入和高收入三个等级。

表 8 – 6　　变量描述

<table>
<tr><th colspan="6">变量设置及表示</th><th colspan="2">统计性描述</th></tr>
<tr><th colspan="3">类型</th><th>细分变量</th><th colspan="2">替代变量或度量方法</th><th>均值</th><th>标准差</th></tr>
<tr><td colspan="2" rowspan="2">被解释变量</td><td rowspan="2">生态行为</td><td>个人行为</td><td colspan="2">已归一化，具体替代指标见第 4 章</td><td>1.08</td><td>0.56</td></tr>
<tr><td>公共行为</td><td colspan="2">同上</td><td>0.47</td><td>0.57</td></tr>
<tr><td rowspan="9">解释变量</td><td rowspan="5">内部因素</td><td rowspan="2">生态知识</td><td>生产知识</td><td colspan="2">同上</td><td>0.42</td><td>0.30</td></tr>
<tr><td>生活知识</td><td colspan="2">同上</td><td>0.31</td><td>0.31</td></tr>
<tr><td rowspan="3">生态意识</td><td>生态敏感</td><td colspan="2">同上</td><td>2.04</td><td>0.83</td></tr>
<tr><td>生态价值观</td><td colspan="2">同上</td><td>1.08</td><td>0.61</td></tr>
<tr><td>生态责任</td><td colspan="2">同上</td><td>0.96</td><td>0.17</td></tr>
<tr><td rowspan="4">外部因素</td><td rowspan="2">生态制度</td><td>制度建设</td><td colspan="2">同上</td><td>0.37</td><td>0.29</td></tr>
<tr><td>制度保障</td><td colspan="2">同上</td><td>1.61</td><td>0.47</td></tr>
<tr><td rowspan="2">生态满意</td><td>移民满意度</td><td colspan="2" rowspan="2">1 = 非常不满意；2 = 不满意；3 = 一般；4 = 满意；5 = 非常满意</td><td>3.75</td><td>0.85</td></tr>
<tr><td>环境满意度</td><td>3.74</td><td>0.84</td></tr>
<tr><td colspan="2" rowspan="2">其他因素</td><td rowspan="2">个人特征</td><td>性别</td><td colspan="2">1 = 男；2 = 女</td><td>1.43</td><td>0.50</td></tr>
<tr><td>婚姻</td><td colspan="2">1 = 未婚；2 = 已婚</td><td>1.89</td><td>0.31</td></tr>
</table>

续表

变量设置及表示				统计性描述	
类型		细分变量	替代变量或度量方法	均值	标准差
其他因素	个人特征	年龄	1 = 青年；2 = 中年；3 = 老年	1.88	0.77
		收入	1 = 低收入；2 = 中等收入；3 = 高收入	1.91	0.64
		文化程度	1 = 文盲；2 = 小学及初中；3 高中及以上	2.11	0.75

8.5.4 变量检验

实证分析之前，本书先对所有的变量进行共线性检验。本书以生态行为作为被解释变量，其他因素作为解释变量。结果表明，共线性方差膨胀因子（VIF）的范围在 1.072 ~ 1.983，均小于 10 的最大要求，说明不存在多重共线性问题。各变量方差膨胀因子如表 8 - 7 所示。

表 8 - 7 变量多重共线性检验

变量	VIF
生产知识	1.778
生活知识	1.983
生态敏感	1.205
生态价值观	1.187
生态责任	1.081
制度建设	1.459
制度保障	1.187
移民满意度	1.582
环境满意度	1.541
性别	1.145
婚姻	1.152
年龄	1.345
收入	1.490
文化程度	1.072

8.5.5　结果分析

我们将生态行为分为三大类进行回归，第一类是总体生态行为选择与表现；第二类是个人领域生态行为选择与表现；第三类是公共领域生态行为选择与表现。下面我们对这些实证结果分类汇报。

8.5.5.1　总体生态行为选择与表现

表 8 – 8 给出了影响生态行为选择和生态行为表现的回归结果。在生态行为选择回归结果中，生活知识、生态敏感、项目满意以及婚姻是影响人们的生态行为选择的重要因素。在生态行为表现的结果中，生产知识、生活知识、生态敏感、生态价值观、生态制度以及文化程度是影响生态行为表现的重要因素。

表 8 – 8　　　总体生态行为选择与表现回归结果

变量		生态行为选择		生态行为表现	
		系数	稳健标准误	系数	稳健标准误
生态知识	生产知识	0.048	0.673	0.184**	0.082
	生活知识	2.040**	0.807	0.162**	0.080
生态意识	生态敏感	0.460***	0.158	0.040**	0.024
	生态价值观	–0.009	0.217	0.059*	0.031
	生态责任	–0.477	0.866	0.004	0.078
生态制度	制度建设	0.036	0.566	0.158**	0.077
	制度保障	0.187	0.305	0.278***	0.038
生态满意	项目满意	–0.281*	0.146	–0.027	0.026
	环境满意	0.018	0.176	0.034	0.025
个人特征	性别	–0.068	0.284	0.038	0.041
	婚姻	0.795**	0.314	0.056	0.062
	年龄	0.052	0.176	0.026	0.029
	文化程度	0.071	0.251	0.094**	0.037
	收入	0.021	0.173	0.017	0.024

注：***、**、*分别表示在 99%、95%、90% 概率水平下显著。

（1）生态知识。在生态知识对生态行为的选择和表现上，生活知识显著影响农户的生态行为选择和表现，且通过95%水平的显著性检验，系数为正。统计结果表明，生活知识越丰富，人们越倾向选择生态行为，并且表现得更加好；生产知识在95%的水平显著正向影响生态行为表现，即生产知识越丰富，农户的生态行为表现越好。至此，从而验证假设1。综合以上分析得出：生活知识会影响人们的生态行为选择，而要想人们的生态行为表现得更好，还要依靠生产知识的提高。造成此种结果的可能是：生态行为表现是生态行为选择的进一步深化。生活知识的提高有助于人们选择生态行为，但是生态移民毕竟是农民，他们通过实践对生产知识会有深刻的理解和体会，这样便从原来单纯地选择生态行为到进一步表现良好。

（2）生态意识。生态意识对于生态意识影响生态移民的生态行为选择和表现，生态敏感影响生态行为选择的回归系数在99%的水平上显著，并且为正，说明人们的生态敏感越强，人们越倾向于选择生态行为，而生态敏感在90%的水平显著正向影响生态行为表现；另外，生态价值观在90%的水平显著正向影响生态移民的生态行为表现。虽然生态价值观对生态行为选择和生态行为表现不存在影响，但从整体分析来看，假设2得到验证。即尽管人们的生态意识较好，但是生态意识在促进生态行为方面有一定的局限性。造成上述情况的原因可能是：人们虽然有意识提高生态行为，但是由于其他因素导致并未付诸实际行动。就如每个人都有好好学习的意识，但是由于各种原因并不一定会好好学习，做到言行合一。

（3）生态制度。生态制度对于生态行为选择没有影响，但是生态制度显著影响农户生态行为的表现。制度建设通过95%的显著性检验水平影响生态行为，且系数为正；制度保障在99%的水平显著正相关影响生态移民的生态行为表现。至此，假设3得到验证。基于上述分析得出：生态制度建设越完善，保障力度越大，人们的生态行为表现越好。生态制度影响农户生态行为的机制可能是：第一，法律和法规的威慑性和惩罚性。当农户不采取生态行为，会遭到村委会的职责以及上级政府的惩罚。第二，政府的公信力。由于政府具有公信力，农户信任政府。事实上，个人生态行为具有隐蔽性，制度可能无法发现并追责。即便如此，农户也愿意对政府所颁布的制度作出积极的响应。

（4）其他。在生态移民满意和农民基本特征里，项目满意在90%的水平上显著为负，造成此种情况的原因可能是公共生态行为所导致。人们对于移民项目越满意，就越不会参加集体性活动来表达自己的不满；婚姻在95%的水平上显著为正，相对于没有结婚的人，结婚的人越倾向于选择生态行为，这种情况是因为人们婚姻有利于人们家庭和社会责任感的形成，亦或是出于教育孩子的目的，从而敦促自己做好榜样示范作用。其他因素对生态行为的选择没有影响。在生态行为表现方面，只有教育在95%的水平上显著正向影响人们的生态行为。从侧面揭示出教育具有引导行为、知书达理的作用。

表8-9　　　　总体生态行为选择和表现

变量		生态行为选择		生态行为表现	
		系数	稳健标准误	系数	稳健标准误
个人特征	性别	-0.155	0.268	-0.013	0.044
	婚姻	0.710***	0.262	0.036	0.069
	年龄	0.141	0.180	0.047	0.031
	文化程度	0.067	0.167	0.094***	0.028
	收入	0.177	0.192	0.218*	0.037

注：***、**、*表示分别在99%、95%、90%概率水平下显著。

上述实证分析结果发现，收入因素对生态行为的影响并不显著，这与以往研究结果和上述理论分析不一致，因此这里我们单独研究了生态行为对个人特征的回归结果，如表8-9所示。研究发现，收入在90%的显著水平正向影响生态行为，但是一旦考虑生态知识等核心因素，收入则不再影响生态行为。对于其中的原因可能是：当收入和生态知识等核心因素影响生态行为时，在一定程度上可能具有替代作用，即生态行为的表现可以通过提高农户收入水平来实现，或者依靠生态知识传输等手段，这对贫困地区引导农户生态行为具有一定的启发意义。

8.5.5.2　个人领域生态行为选择与表现

为了对生态行为进行更为全面的剖析，本章继续把生态行为分解为个人生态行为和公共生态行为，并对个人领域的生态行为选择和表现进行回归，结果如表8-10所示。对于个人生态行为选择，生活知识影响生态移民的生态行为选择，在95%的水平显著正相关；在生态意识方面，生态敏感在99%的显著性水平正向影响生态行为选择；制度建设和制度保障因素对个人生态行为选择不产生影响。

对于个人生态行为表现，生产知识影响人们的生态行为，且在95%的水平显著正相关；在生态意识方面，生态敏感在95%的显著水平显著影响生态行为；制度建设和制度保障因素分别在95%和90%的水平正向影响个人生态行为表现。环境满意对生态行为表现的影响通过90%的显著性检验，且系数为正，说明人们对搬迁过来的环境越满意，越倾向于采取个人生态行为；文化程度也会在90%的水平正向影响个人生态行为表现。

表8-10　　个人领域生态行为选择和表现

变量		个人生态行为选择		个人生态行为表现	
		系数	稳健标准误	系数	稳健标准误
生态知识	生产知识	-0.456	0.576	0.281***	0.107
	生活知识	2.176***	0.792	0.161	0.103
生态意识	生态敏感	0.444***	0.123	0.085**	0.034
	生态价值观	-0.109	0.171	0.044	0.042
	生态责任	-0.318	0.588	-0.061	0.136
生态制度	制度建设	0.631	0.582	0.225**	0.100
	制度保障	-0.076	0.302	0.096*	0.053
生态满意	项目满意	0.111	0.171	-0.010	0.034
	环境满意	-0.274	0.214	0.059*	0.032
个人特征	性别	-0.147	0.235	0.047	0.052
	婚姻	0.487	0.316	0.052	0.087
	年龄	0.184	0.168	-0.045	0.037
	文化程度	0.035	0.229	0.091*	0.046
	收入	0.131	0.148	0.020	0.033

注：***、**、*表示分别在99%、95%、90%概率水平下显著。

8.5.5.3　公共领域生态行为选择与表现

本章在分析公共生态行为时，同样也分为公共生态行为选择和公共生态行为表现两个层次，回归结果如表 8 - 11 所示。对于公共生态行为选择，只有制度保障和文化程度显著影响生态移民的公共生态行为选择，两者分别通过了 99% 和 90% 水平的显著性检验。

对于公共生态行为表现，生态意识中的生态价值观通过 90% 水平的显著性检验，且系数为正。从上面分析可得：生态价值观并不影响人们的个人生态行为，而是影响农民的公共生态行为；制度保障在 99% 的水平显著正向影响人们的公共生态行为，制度保障越完善，人们公共生态行为表现越好。文化程度在 95% 的水平显著正向影响生态移民的公共生态行为；而年龄在 95% 的水平显著正向影响生态移民的公共生态行为，这可能是因为人们年龄越大，社会责任感越强，从而越倾向于参加公共生态活动，来表达自己的意见，造福后代。

表 8 - 11　　公共领域生态行为的选择和表现

变量		公共生态行为选择		公共生态行为表现	
		系数	稳健标准误	系数	稳健标准误
生态知识	生产知识	-0.008	0.273	0.131	0.168
	生活知识	0.335	0.278	0.236	0.176
生态意识	生态敏感	0.029	0.002	0.004	0.049
	生态价值观	0.111	0.108	0.114*	0.067
	生态责任	0.308	0.362	0.171	0.212
生态制度	制度建设	0.114	0.259	0.140	0.167
	制度保障	1.306***	0.164	0.728***	0.079
生态满意	项目满意	-0.125	0.089	-0.075	0.056
	环境满意	0.139	0.091	0.041	0.055
个人特征	性别	-0.033	0.131	0.035	0.086
	婚姻	0.344	0.212	0.123	0.139
	年龄	0.104	0.092	0.124**	0.059
	文化程度	0.188*	0.112	0.154**	0.075
	收入	-0.054	0.086	0.003	0.052

注：***、**、* 表示分别在 99%、95%、90% 概率水平下显著。

8.6 中介和调节效应下生态行为分析

以上我们从理性投资人的视角研究了内部因素和外部因素对生态行为的影响得出：生态知识、生态意识以及生态制度对生态行为存在显著的正向影响；在个人层面，农户的文化水平对生态行为也存在显著的正向影响。但是其影响因素的作用逻辑是什么？内部因素和外部因素是否有一定的联系？以往的大多文献也局限在影响因素的分析层面，并没有揭示因素之间的作用机制，本章在上述基础上进一步探索它们之间的相互关系。为了达到上述目的，本章引进中介效应和调节效应概念。中介效应是变量 X 和变量 Y 的影响关系，不是直接影响，需要通过变量 M 来实现（如图 8－8 所示）；如果被解释变量 Y 和解释变量 X 是变量 M 的函数，即变量 M 影响变量 X 和变量 Y 之间的关系，则称变量 M 为调节变量（如图 8－9 所示）。本章试图通过中介效应和调节效应概念，证实生态知识、生态意识、生态制度以及生态行为之间的关系。

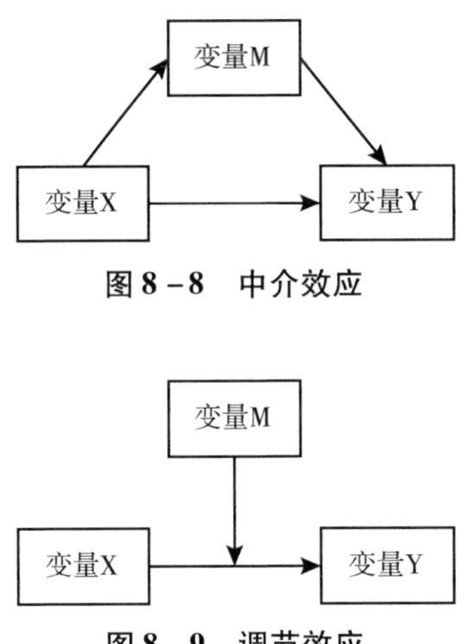

图 8－8 中介效应

图 8－9 调节效应

8.6.1 研究假设

目前关于知识和意识的关系研究主要来自企业方面。张鹏、谢刚

（2018）研究得出，企业的知识吸收能力会影响企业的创新意识和创新行为，从而产生技术溢出效应。知识对意识的影响有着一定的脑科学或者神经学基础，从经济学上看，知识如何影响意识？假设农户是理性的投资者，生态知识会辅助农户决策，使农户对未来理性预期，从而实现收益最大化；另外，生态知识有助于农户规避自然和法律风险，从而减小生产成本，实现利润最大化；生态知识尤其是生产知识，还会引导农户科学种植。因此在以上的分析之上，得到假设 4：

研究假设 4：生态知识通过影响生态意识从而作用于生态行为。

根据调节效应的概念，生态制度可能是生态知识和生态行为、生态意识和生态行为的调节变量。从第 7 章已得出生态制度显著影响生态行为，即生态行为是生态制度的函数。如果生态知识、生态意识也是生态行为的函数，调节效应就必定存在。生态制度是如何影响生态知识和生态意识？首先，生态制度在约束农户的同时，也必定转化为生态法律知识；其次，生态制度的处罚力度影响了农户的收入预期。由于懒惰或者侥幸心理，部分生态意识较好、生态知识丰富的农户并不一定会实施生态行为，但是生态制度处罚会增大农户机会成本，减少收益。因此得出假设 5 和假设 6：

研究假设 5：制度约束对生态知识影响生态行为有正向调节作用。

研究假设 6：制度约束对生态意识影响生态行为有正向调节作用。

8.6.2　模型与变量

本章在以上分析与假设之下，建立如下模型：

$$EB_i = \beta_1 EK_i + \beta_2 X_i + \varepsilon_i \quad (8-32)$$

方程（8－32）是生态知识对生态行为的影响模型，其在第 5 章已被检验，EB_i 是被解释变量，表示生态行为；EK_i 表示生态知识；X_i 表示影响生态行为的控制变量。

$$EC_i = \gamma_1 EK_i + \gamma_2 X_i + \varepsilon_i \quad (8-33)$$

方程（8－33）表示生态知识对生态意识的影响，EC_i 是中介变量，表示生态意识；EK_i 表示生态知识；X_i 表示影响生态行为的控制变量。

$$EB_i = \alpha_1 EK_i + \alpha_2 EC_i + \alpha_3 X_i + \varepsilon_i \quad (8-34)$$

方程（8－34）是生态知识和生态意识对生态行为的影响模型，与方程（8－32）、方程（8－33）共同构成了中介效应模型。EB_i 是被解释变量，表示生态行为；EK_i 表示生态知识；EC_i 为生态意识；X_i 表示影响生态行为的控制变量。

$$EB_i = \omega_1 EK_i + \omega_2 EC_i + \omega_3 EK_i \times EI_i + \omega_4 EC_i \times EI_i + \omega_5 X_i + \varepsilon_i \qquad (8-35)$$

方程（8－35）是调节效应模型，EB_i 是被解释变量，表示生态行为；EK_i 表示生态知识；EC_i 为生态意识；EI_i 是调节变量，表示生态制度。关于生态制度对生态知识和生态意识的调节效应用交乘项来表示，如果 ω_3、ω_4 显著，则说明调节效应存在。如果系数为正，则说明存在正向调节效应。

8.6.3 结果分析

8.6.3.1 中介效应

根据逐步检验法①（Baron and Kenny，1986），如果生态知识影响生态意识，那么部分中介效应则存在，否则不存在中介效应。在上述方程（8－32）中，当不等于 0 且显著时，则部分中介效应存在。

按照这个逻辑，先从整体上分析生态知识对生态意识的综合影响，然后再分析生态知识对生态意识构成的分解影响。再控制可能影响生态意识的其他变量下，生产知识对生态意识的影响通过了 99% 的显著性检验，即生产知识与农户的生态意识正相关。表 8－12 是生态知识影响生态意识的实证结果。在分解效应中：（1）生产知识和生活知识分别在 99% 和 90% 的显著水平影响生态敏感，且系数为正；（2）生产知识和生活知识对生态价值观的正向影响通过了 99% 和 95% 的显著性检验；（3）生产知识在 99% 的水平正向影响生态责任感，而生活知识不影响农户的生态责任感。综合以上得出：首先，生态知识对生态意识的影响是存在的，也就是说，生态意识对生态知识影响生态行为具有部分中介效应；其次，比起生活知识，生产知识对生态行为的影响更为显著。

① 逐步检验法由巴伦和肯尼（Baron and Kenny）在 1986 年提出，通常采用三步骤法（以图 6－1 为示）：首先，检验变量 X 对变量 Y 回归系数的显著性；其次，检验变量 X 对变量 M 回归系数的显著性；最后，检验变量 X 和变量 M 对变量 Y 的显著性。若以上变量均显著，则说明存在中介效应。若第三步中，变量 X 对变量 Y 的回归系数不显著，则变量 M 发挥完全中介效应（Judd and Kenny，1981）；反之，发挥部分中介效应。

表8-12 生态意识中介效应回归结果

变量类型	总效应	分解效应		
	生态意识	生态敏感	生态价值观	生态责任
生产知识	0.137*** (0.026)	0.452*** (0.144)	0.446*** (0.120)	0.101*** (0.026)
生活知识	0.017 (0.025)	0.252* (0.137)	0.222** (0.112)	-0.008 (0.025)
控制变量	YES			

注：***、**、*表示分别在99%、95%、90%概率水平下显著。

生态知识影响生态意识的机制主要通过人的神经机制的作用，比如，生态知识的增加影响人们的风险感知（邬兰娅，2014）；也有可能是因为耳濡目染，成为生活习惯，从而内化为一种生态意识。相比较生活知识，生产知识的作用更为明显的原因是：目前农民和土地存在天然的情感关系。这种情感可以用禀赋效应（Thaler，1980；Knetsch，1989）来解释：耕作对农民来说不仅仅是一份工作，劳作多年，还存在深厚的土地情结。同时，对部分农民而言，耕地也是自我价值的实现。基于以上分析，农户更为关注生态知识。

8.6.3.2 调节效应

部分研究得出，即使拥有丰富的生态知识或者良好的生态意识，但人们未必会实施生态行为。上述分析也支持了这样的结论：从整体上来说，农户的生态意识是良好的，但是生态行为却不理想。所以在制度约束的情况下，生态知识和生态意识对生态行为是否有促进作用?

从表8-13和表8-14看出，生态知识在生态制度调节下会对生态行为存在显著的正向影响。首先，无论是制度建设方面还是制度保障方面，生态知识对生态行为都有着显著的正向作用，都通过了99%水平的显著性检验。此外，进一步对生态知识分解为生产知识和生活知识，生产知识和生活知识也在制度建设和制度保障的约束下对生态行为有着显著的正向调节作用。

表 8-13　生态制度（制度建设）调节效应回归结果—生态知识

变量类型	模型 1	模型 2	模型 3
制度建设×生态知识	0.806*** (0.099)		
制度建设×生产知识		0.674*** (0.090)	
制度建设×生活知识			0.715*** (0.095)
控制变量	YES		

注：***、**、*表示分别在99%、95%、90%概率水平下显著。

表 8-14　生态制度（制度保障）调节效应回归结果—生态知识

变量类型	模型 4	模型 5	模型 6
制度保障×生态知识	0.371*** (0.038)		
制度保障×生产知识		0.299*** (0.037)	
制度保障×生活知识			0.299*** (0.035)
控制变量	YES		

注：***、**、*表示分别在99%、95%、90%概率水平下显著。

生态意识在生态制度约束下对生态行为结果如表 8-15 和表 8-16 所示。同样按照上述分析思路，先分析总生态意识在制度约束下对生态行为的影响，通过了99%的显著性检验；然后将生态意识分解为生态敏感、生态价值观、生态责任三个维度，同样都通过了99%水平的显著性检验。结合上述生态行为的影响因素分析，生态制度对生态知识、生态意识促进生态行为具有显著的正向调节作用。从而证明了上述猜测：即使部分农户生态意识较好，但是他们并不会付诸实施，但是生态制度会给他们一个推力。这可能是因为人们即使有丰富的生态知识和生态意识，但人们由于惰性或者侥幸心理并不会去行动，可以用行为经济学的时间偏好理论（Thaler，1981）解释：从长期来看，实施生态行为会带来丰厚的利润，但是在短期内却要花费一定的时间和精力。但是在制度约束下，如果不实施生态行为，可能会遭受惩罚。农户由于担心被惩罚，就会在潜意识里敦促自己去实施生态行为；另外，制度保障的推进会让农户感受到社会公共议题的紧迫性，促进了保护生态环境的社会氛围的传播与扩散。

表 8-15　　生态制度（制度建设）调节效应回归结果—生态意识

变量类型	模型 7	模型 8	模型 9	模型 10
制度建设×生态意识	0.431*** (0.068)			
制度建设×生态敏感		0.168*** (0.029)		
制度建设×生态价值观			0.308*** (0.047)	
制度建设×生态责任				0.458*** (0.075)
控制变量	YES			

注：***、**、*表示分别在 99%、95%、90% 概率水平下显著。

表 8-16　　生态制度（制度保障）调节效应回归结果—生态意识

变量类型	模型 11	模型 12	模型 13	模型 14
制度保障×生态意识	0.294*** (0.033)			
制度保障×生态敏感		0.087*** (0.012)		
制度保障×生态价值观			0.127*** (0.017)	
制度保障×生态责任				0.278*** (0.036)
控制变量	YES			

注：***、**、*表示分别在 99%、95%、90% 概率水平下显著。

8.6.4 稳健性和内生性讨论

对于上述实证结果，本章进一步采用最小二乘法进行回归，去观察结论与上述结果是否存在一致性，结果如表8-17所示。结果显示，回归的结果和上述结论基本一致，说明实证分析结果稳健。有两个原因可能会导致本书内生性的出现：首先，模型的设定偏差也会影响内生性的出现；其次，在以往的研究中，大部分研究把生态知识和生态意识看作外生变量，即生态知识、生态意识会单向影响生态行为。实际上生态行为也会通过“干中学”的方式来反向影响生态知识和生态意识。对于以上两种内生性的问题，本书首先在借鉴苏岚岚等（2018）的做法上，生成这样一个工具变量：同一个村的同一收入水平的其他人的平均生态知识存量和平均意识水平，然后进行二阶段回归。这样做是基于这样的思考：同一个村的同一收入水平之间的生态知识和生态意识会互相影响，但是其他农户的生态知识和生态意识不会影响自己的行为。但是遗憾的是，上述方法无法拒绝弱工具变量的假设。在难以找到合适工具变量的情况下，本书在借鉴以往文献的基础上，试图将影响生态行为的因素考虑得更为全面；另外，本书使用代理变量法（proxy）进一步减小遗漏变量所带来的内生性。

表8-17 稳健性检验结果

变量		全部生态行为	个人生态行为	公共生态行为
生态知识	生产知识	0.181** (0.082)	0.271*** (0.105)	0.073 (0.102)
	生活知识	0.156* (0.080)	0.157 (0.101)	0.192*（108）
生态意识	生态敏感	0.035 (0.023)	0.078** (0.033)	0.002 (0.027)
	生态价值观	0.059* (0.032)	0.049 (0.041)	0.077** (0.039)
	生态责任	0.007 (0.078)	-0.051 (0.131)	0.045 (0.110)

续表

变量		全部生态行为	个人生态行为	公共生态行为
生态制度	制度建设	0. 157 ** (0. 077)	0. 229 ** (0. 098)	0. 101 (0. 102)
	制度保障	0. 275 *** (0. 038)	0. 095 ** (0. 051)	0. 433 *** (0. 053)
生态满意	项目满意	-0. 027 (0. 026)	-0. 013 (0. 033)	-0. 029 (0. 034)
	环境满意	0. 035 (0. 025)	0. 061 * (0. 032)	0. 002 (0. 034)
个人特征	性别	0. 039 (0. 041)	0. 045 (0. 051)	0. 041 (0. 050)
	婚姻	0. 049 (0. 061)	0. 049 (0. 084)	0. 055 (0. 084)
	年龄	0. 027 (0. 029)	-0. 044 (0. 036)	0. 102 *** (0. 036)
	文化程度	0. 017 *** (0. 024)	0. 018 ** (0. 032)	0. 013 *** (0. 030)
	收入	0. 096 (0. 037)	0. 089 (0. 045)	0. 110 (0. 046)

注：***、**、* 表示分别在 99%、95%、90% 概率水平下显著。

8.7　研究结论

本章对农户生态行为及其影响因素进行了理论和实证研究，并进一步探讨了其影响因素的作用逻辑。通过分析，得到以下结论：

（1）在总体水平上，首先生态移民区农户的生态意识较好，生态知识和生态行为相对不理想。生态制度建设取得了显著的成绩，但仍还需进一步完善。其次，相对于公共生态行为，农户的个人生态行为表现较好；最后，农户的生态意识和生态行为不一致，即农户整体生态意识良好，但生态行为滞后于生态意识。

（2）影响生态行为的核心因素包括生态制度、生态知识以及生态意识等。生态制度和生态知识显著影响生态行为，生态制度对生态行为的影响最大，其次是生态知识。生态意识对生态行为影响比较微弱。

（3）在生态行为的作用逻辑上，生态意识对生态知识影响生态行为有不完全的中介作用，此外，生态制度对生态知识和生态意识影响生态行为具有正向调节作用。这一结论与本书的理论分析和预期结果一致。

（4）在个人特征影响因素上，和以往的一些研究相似，除了教育对生态行为的影响比较明显外，其他因素对农户的总体生态行为并不显著。在教育水平上，调查对象受教育水平整体较低，文盲较多。

（5）当只考察个人特征对生态行为的影响时，收入在90%的显著水平影响生态行为。当加入生态知识等核心因素后，收入就不再显著，因此，收入与上述核心因素在一定程度上可能具有相互替代作用。另外，在收入水平上，农村整体收入水平达到小康，但贫富差距较大。在农村家庭，整体上来看收入尚可，但是一旦计算人均收入，家庭就显得捉襟见肘。

（6）农户对国家的生态移民政策是满意的，对搬迁过来的村庄的生态环境也是满意的。生态移民政策将他们从落后的山区搬过来，让他们有了更好的生存环境和居住环境，更加有利于农户生存和发展。

8.8 本章小结

首先，本章在生态行为研究的基础上，进一步考虑了生态知识、生态意识和生态制度等因素之间的相互作用逻辑，得出生态知识通过生态意识影响生态行为，生态意识在其中扮演着部分中介作用。其次，生态制度对生态知识和生态意识影响生态行为起着正向调节作用，与理论预期相一致。最后，本章通过最小二乘法对上述结论进行稳健性检验，其结论基本一致。同时，本章还采用工具变量法、代理变量法讨论了内生性问题。

第 9 章

生态文明建设响应机制研究

9.1 研究思路

生态系统是一个动态系统，其演化的规律依靠系统与环境、系统内部各子系统之间以及各要素之间的相互耦合关系，这种关系通过能量、物质和信息的流动在一个相当长的时间内保持系统的平衡。生态文明是人们在对传统工业文明进行反思的基础上，探索建立一种可持续发展的理论及其实践成果，是继原始文明、农业文明和工业文明之后的人类文明的一种新形态。生态文明涵盖了社会生活的各个方面，不仅要求人与自然的和谐，还要求人与人、人与社会的和谐，具有伦理性、可持续性、和谐性等基本特征（刘静，2011）。

生态文明建设应包含生态意识、生态行为和制度保障三个部分内容。机制是指系统内各子系统（要素）之间相互作用、相互联系、相互制约的形式和运动原理及其内在的、本质的工作方式。响应机制概念来自“压力——状态——响应（PSR）”模型，该模型的逻辑关系是“原因——效应——响应”。本书借鉴了这一概念的逻辑关系，即生态文明作为一种外部“压力”，必然驱动生态移民从意识、行为到制度发生“状态”改变，才能“响应”生态文明建设目标的要求。

生态移民对生态文明建设响应机制应包含两个层面：从微观上看，生态文明要求移民具有生态意识、生态行为；宏观上应有完善的制度保障。它们之间的关系应该是：生态意识和生态行为是生态文明目标实现的内在驱动力，是生态文明目标实现的内因；制度保障是生态文明目标实现的外在驱动力，是外因；内因是根本，外因通过内因起作用，可加速或延缓生态文明目标实现的进程。本章拟从宏观（外部环境）到微观（生态移民）、从外驱（制度保障）到内驱（生态意识和生态行为）两个层面，揭示生态意识、生态行为、制度保障三者之间的内在因果关系，以及三者对生态文明建设目标响应的外在联动效应，总结生态文明响应机制。

9.2 研究假设

在文献回顾与理论框架的基础上，提出如下研究假设。

9.2.1 生态移民的生态意识研究及假设

生态意识是生态移民响应对生态文明建设的内在动力。移民的生态意识受到本身的知识、信仰、经验等因素影响，因此，不同移民（指不同文化、不同经济地位、不同社会关系等）的生态意识不同，对生态文明建设目标的响应程度也不同。

研究假设1：生态意识越强，生态移民对生态文明建设的响应度越高。

研究假设2：不同移民的生态意识不同，对生态文明建设的响应度不同。

9.2.2 生态移民的生态行为研究及假设

生态行为是生态移民响应生态文明建设的内在约束力，生态意识对生态行为具有促进或抑制作用，生态行为与生态意识一起构成生态文明建设的内在驱动力。实施生态行为需要对某些生产和生活方式进行调整。一般而言，生态移民的行为越文明，生态文明目标越容易实现。然而，由于不同移民的生态行为成本不同，因而对生态文明目标实现的响应程度也不同。

研究假设3：生态行为越文明，生态移民对生态文明建设响应度越高。

研究假设4：不同移民实施生态行为的成本不同，对生态文明建设响应度不同。

9.2.3　生态文明的制度研究及假设

完善的制度和强有力的执行是生态移民响应生态文明建设的外在驱动力。一般而言，生态保护制度越完善、执行越严格，对于生态移民而言，其实施生态行为的可能性越大，从而对生态文明目标的响应程度越强。然而，由于不同移民对制度遵守的程度和受到的惩罚概率不同，因而其对生态文明目标实现的响应程度也不同。

研究假设5：制度建设越完善，生态移民对生态文明建设的响应度越高。

研究假设6：不同移民对制度遵守程度不同，因而对生态文明建设响应度不同。

9.3　评价指标

9.3.1　生态意识指标

生态意识，即生态文明意识，也称环保意识、环境意识等。在生态危机加剧的情况下，人类开始了对生存环境的重新审视，由此萌发的生态意识越来越强烈；人类对生态环境的保护意识，与人类社会状况紧密联结，随着社会发展而不断更新变化。迈克尔·马洛尼和迈克尔·沃德（Michael P. Maloney and Michael P. Ward，1973）提出了环境关心或环境关注（environmental concern）的概念，将环境关注概括为四个内容：情感（A）、口头承诺（VC）、自我报告的实际承诺（SAC）和知识（K），且此概念一经提出便被广泛应用于环境关心的实证研究中。他们将实际承诺即实际行为列入环境关心的衡量范围内，作为环境关心的一个维度。关于环境关心最重要的研究成果是邓拉普和范利埃（Dunlap and VanLiere）于1978年提出的NEP量表，即“新环境范式”（new environment paradigm），该量表是在传统方法上发展起来的、替代过去那种用单一要素测量环境关注的一种新范式，衡量公众对环境与经济的关系的认知，强调限制增长、保持经济与自然平衡增长的必要性。因该量表量化了难以测量的态度，将环境态度的内容具体化，且在西方公民的实践中得到了良好的反馈，能提高测量生态意识的效度，之后便在世界范围内被广泛应用。

首先，生态意识是人类在面对日益严重的生态危机时产生的关于心系自己命运的一种忧患意识；其次，生态意识是要求人们用生态科学的眼光审视自然、指导实践的一种科学意识；再次，生态意识也是人类肯定及确认自然界价值及生态价值是自然最高价值的一种价值意识；最后，生态意识是一种每个人都应对生态环境持有的一种责任意识（刘湘溶，1994）。闫喜凤（2008）认为，生态意识是人类、经济与社会自然之间的相互联结，形成的新型意识形态，即全面协调可持续，它包括生态伦理意识、生态价值意识、生态科技意识和生态审美意识等。祁秋寅（2009）等发现游客的环境态度可以细分为关于环境的情感、责任、知识以及道德四个维度的内容。陈小娜（2013）认为，生态意识指人类深刻反思了工业文明后，看待自然的一种更先进的思想认识，涉及人对生态问题的情感、态度、认识等诸多方面；生态意识针对当代生态危机，有其独特的时代内涵，是一种新的时代意识（于冰，2016）。因此，结合国内外观点，生态意识是人类思想的先进观念，体现了人类、自然与社会和谐共生的价值观，是一种更高级的人类文明存在形式，其内涵随着时代的发展而变化，具体选取指标如表 9 -1 中所示。

表 9 -1　　生态意识指标描述

<table>
<tr><th>变量标识</th><th>指标描述</th><th>变量描述</th></tr>
<tr><td>A1</td><td>节约资源、使用绿色农资是否可以保护环境</td><td>0 = 否，1 = 是</td></tr>
<tr><td>A2</td><td>节约资源、使用低污染、低残留的农药化肥是否可以增加收入</td><td>0 = 不知道，1 = 否，2 = 是</td></tr>
<tr><td>A3</td><td>是否担心“废水、废气、废渣”会影响本村环境</td><td rowspan="3">0 = 不担心，1 = 一般
2 = 比较担心，
3 = 非常担心</td></tr>
<tr><td>A4</td><td>是否担心后代人的生态环境会越来越差</td></tr>
<tr><td>A5</td><td>是否担心从市场上买的粮食、蔬菜有重金属、农药残留超标问题</td></tr>
<tr><td>A6</td><td>您觉得现在的环境污染问题</td><td>0 = 无所谓，1 = 不严重
2 = 一般，3 = 严重</td></tr>
<tr><td>A7</td><td>您觉得林地、草地、河流对维持生态平衡重要吗</td><td>0 = 不知道，
1 = 否，2 = 是</td></tr>
</table>

续表

变量标识	指标描述	变量描述
A8	您认为个人的生态保护意识对整个社会的影响是否重要	0 = 无所谓，1 = 不重要 2 = 重要
A9	您觉得随意抛弃禽畜粪便会不会破坏环境	0 = 无所谓，1 = 没想过 2 = 不会，3 = 会
A10	您觉得随意焚烧秸秆（稻秆）会不会破坏环境	
A11	您觉得随意抛弃塑料地膜会不会破坏环境	
A12	目前的人口总量接近地球能够承受的极限	1 = 非常不同意， 2 = 不同意 3 = 一般，4 = 同意， 5 = 非常同意
A13	目前人类正在滥用和破坏环境	
A14	地球只有很有限的空间和资源	

9.3.2 生态行为指标

从社会角度出发，亨格福德·佩顿（Hungerford and Peyton，1985）将环境行为定义为：行为主体欲解决某一环境问题所付诸的行为表现，这里的行为主体包括个体和群体；徐和罗斯（Hsu and Roth，1998）认为，环境行为是个人采取的保护或改善环境质量的行为，使得个人与整个社会都受益。从个人角度来说，博格（Berger，1997）定义负责任的环境行为是“人与人之间展现的一种正向的、跨领域且友好的环境行为”。海恩斯（Hines）在 1999 年将环境行为称为“负责任的环境行为”，并将其定义为“基于个人责任感和价值观的一种有意识的行为”。从行为机制的角度来说，斯特恩（Stern，2000）认为，环境行为应从“影响”（强调人的行为对环境产生的影响）和“意向”（行为者的环保动机）两方面来界定；根据行为的不同影响领域，他又将生态行为划分为个人领域和公共领域两方面。

一般来说，广义的生态行为是指可以影响生态系统的环境质量或对环境起到保护作用的行为，它既包括作用于生态环境的正向行为，又有负面行为的部分。但大多数文献中，环境行为指积极、正面、有利于生态环境的行为，即公众积极参与，力求通过自身行为解决、预防生态问题的行为。如张兴莲等（2004）认为，生态行为是指人们具有一定的环境知识、态度和技能后，必须采取行动，参与解决环境问题；刘建国（2007）认为，环境行为是人们为解决影响生态环境的问题或以保护环境为目的的行为，它来源于个人对环境的情感认识、价值观和责任感。彭远春（2011）从政策取向视角、环境态度——环境行为关系视角和社会结构视角三个不同的视角对环境行为研究进行了划分。梁静溪（2017）结合黑龙江省15个县实地调查问卷结果，通过引用结构方程模型表明，农户个体特征、邻里环境及制度环境是影响农户生态行为的关键因素。刘梦情（2017）对影响环境行为的因素进行验证性因子分析，结果显示，社会互动、大众传媒对环境行为有正向影响。

根据以上论述，生态行为定义为正面的、积极的环境保护行为，不仅包括个人领域的随意扔垃圾、垃圾的分类处理、使用节能家电等行为，还包括公共领域的参加环保活动、对环境污染提意见等行为，具体选取指标如表9－2所示。

表9－2　　生态行为指标描述

变量标识	指标描述	变量描述
B1	您是否使用无磷洗衣粉	0＝从不，1＝有时候，2＝经常
B2	您家里的塑料袋或塑料玻璃容器是否会循环使用	0＝从不，1＝有时候，2＝经常
B3	您是否购买了节能家庭设备，如节能灯、冰箱、洗衣机等	0＝从不，1＝有时候，2＝经常
B4	您是否关注环境问题的媒体信息	0＝从不，1＝有时候，2＝经常
B5	您是否积极参与环境政府或村里组织的环境活动	0＝从不，1＝有时候，2＝经常
B6	您是否积极参与民间组织的环境活动	0＝从不，1＝有时候，2＝经常
B7	您是否积极参加呼吁、表达对环境问题的担忧的活动	0＝从不，1＝有时候，2＝经常
B8	您对保护周边植被与耕地是否发表过您的意见	0＝否，1＝是

9.3.3　生态制度指标

美国新制度经济学派代表人物之一道格拉斯·C. 诺斯（2008）将制度分为正式规则、非正式规则和这些规则的执行机制三种类型，涉及责任规则、惩罚规则、度量衡规则以及价值信念、伦理规范、道德观念、风俗习惯和意识形态等。美国的生态管理体制在横向上由行政、立法、司法三个相对独立而又有相互联系的系统构成，通过直接的行政管制、自愿管制、责任赔偿制、污染税制、津贴制等策略和措施，改革行政决策方法和程序，最终实现在污染控制中将法律与技术控制相结合，将行政管理与公众参与相结合，其主要政策包括环境管理的指导原则、可持续发展政策、人口政策、绿色补贴政策、环境外交政策、环境技术战略。日本国内对生态问题普遍重视并进行了广泛的持续不断的居民运动，其环境管理体系主要由环境标准、环境影响评价、环境监督、环境经济政策四部分构成。

国内学者郇庆治（2013）在宏观层面对生态文明制度内涵进行了解释，认为生态文明制度一方面是生态文明建设各种制度形态和形式的总和；另一方面是社会主义基本制度在生态文明领域的革新或重构。夏光（2012）从微观层面出发，认为生态文明制度是生态文明建设中的各种引导性、规范性和约束性规定和准则的集合，一般分为法律条例等正式制度和伦理习俗等非正式制度。顾钰民（2013）认为，想要真正实现生态文明建设，首先需要正确认识人与人、个体与社会之间的关系。而要想达成这个目的，必须通过在社会各领域建立符合生态文明要求的制度，从而来规范和引导个体的实践活动。李仙娥（2015）指出，生态文明制度建设应从顶层设计、市场机制以及制度体系创新三方面进行突破。新时代生态文明制度建设面临的主要问题包括生态文明补偿制度问题和乡村生态文明制度问题（王思远，2018）。

本书选取了9个指标测量制度保障情况，主要体现的是在移民村中，政府相关部门和村干部对生态文明的宣传情况和各种补贴政策实施力度的情况，均出自移民的主观评价，具体指标如表9-3所示。

表9-3　制度保障指标描述

变量标识	指标描述	变量描述
C1	村上是否经常进行技术培训和推广活动	0=从不，1=有时候，2=经常
C2	您觉得政府投入环境保护资金力度	0=少，1=一般，2=多
C3	政府监督检查工作是否到位	0=没有，1=一般，2=到位
C4	政府是否实施各种生态保护补贴政策	0=没有，1=少，2=多
C5	您觉得政府在宣传生态文明建设方面的力度怎么样	0=没效果或没接触过，1=一般，2=很好

续表

变量标识	指标描述	变量描述
C6	您觉得政府在宣传提升公民生态文明意识方面的工作怎么样	0 = 没效果或没接触过，1 = 一般，2 = 很好
C7	村干部是否经常组织宣传环保知识	0 = 没有，1 = 偶尔，2 = 经常
C8	您觉得当地政府在环境保护方面的执法力度如何	0 = 没有，1 = 一般，2 = 足够
C9	村干部是否经常进行法规方面的宣传	0 = 没有，1 = 偶尔，2 = 经常

9.4 生态文明建设响应机制分析

9.4.1 研究方法

在许多实际问题研究中，经常需要对多维变量的系统做出评价。通过系统评价，明确系统的目标值，辨别系统的内在结构和运行机制，这将为系统正常高效的运行提供科学依据。在系统评价过程中，其难点是系统具有多指标性，因为某一体系的指标个数越多，研究内容的复杂程度则越高。由第 5 章分析可知，生态文明建设响应评价指标体系主要由生态意识、生态行为和制度保障三个部分组成，其中生态意识包括 14 个子指标，生态行为包括 8 个子指标，制度保障包括 9 个子指标。如果直接进行多指标分析，数据庞大且过程复杂，很难直接比较其优劣。并且只有将具体的指标抽象化，将每一部分综合成一个指数，才能代入响应机制模型中，进而验证响应机制。因此，需要将指标进行降维归一处理，从而得到生态意识、生态行为和制度保障各自的综合指数。

本书采用主成分分析法对指标进行降维处理，主要步骤包括通过指标层相关系数矩阵、特征值、特征向量的获得，确定各主成分变量公式；通过各主成分贡献率的获得确定主成分参评变量；将贡献率占比确定为参评主成分的权重，通过加权叠加求得各部分的综合指数值。之后，再依据三者的综合指数归纳出移民对生态文明建设的响应度大小，进而完成生态文明建设响应机制的实证分析。

主成分分析（principal component analysis，PCA）是研究如何将多指

标问题转化为较少的综合指标的一种重要统计方法，它能将高维空间的问题转化到低维空间去处理，使问题变得比较简单、直观，而且这些较少的综合指标之间互不相关，又能提供原有指标的绝大部分信息，在经济、教育、工业、管理、医学等领域有较多的应用。主成分分析是霍特林于 1933 年首先提出的。它通过投影的方法，实现数据的降维，在损失较少数据信息的基础上把多个指标转化为几个有代表意义的综合指标。主成分分析的基本思想，假设对某一问题的研究涉及 p 个指标，记为 X_1，X_2，…，X_p，由这 p 个随机变量构成的随机向量为 $X=(X_1, X_2, \cdots, X_p)'$，设 X 的均值向量为 U，协方差矩阵为 $\sum$。设 $Y=(Y_1, Y_2, \cdots, Y_p)'$为对 X 进行线性变换得到的合成随机向量，即：

$$\begin{pmatrix} Y_1 \\ Y_2 \\ \cdots \\ Y_p \end{pmatrix} = \begin{pmatrix} \alpha_{11} & \alpha_{12} & \cdots & \alpha_{1p} \\ \alpha_{21} & \alpha_{22} & \cdots & \alpha_{2p} \\ \cdots & \cdots & \cdots & \cdots \\ \alpha_{p1} & \alpha_{p2} & \cdots & \alpha_{pp} \end{pmatrix} \begin{pmatrix} X_1 \\ X_2 \\ \cdots \\ X_p \end{pmatrix} \tag{9-1}$$

设 $\alpha_i=(\alpha_{i1}, \alpha_{i2}, \cdots, \alpha_{ip})'$，$A=(\alpha_1, \alpha_2, \cdots, \alpha_p)'$，则有：

$$Y = AX, \ i=1, 2, \cdots, p \tag{9-2}$$

且

$$Var(Y_i) = \alpha_i' \sum \alpha_i, \ i=1, 2, \cdots, p$$

$$Cov(Y_i, Y_j) = \alpha_i' \sum \alpha_i, \ i=1, 2, \cdots, P \tag{9-3}$$

由式（9-1）和式（9-2）可以对原始变量进行多次的线性变换，不同线性变换得到的合成变量 Y 的统计特征必然是不一样的。每个 Y_i 应尽可能多地反映 p 个原始变量的基本信息，通常用方差来度量“信息”，Y_i 的方差越大，则表示它所包含的信息越多。由式（9-3）可以看出，将系数向量 α_i 扩大倍数会使 Y_i 的方差无限增大，为了消除这种不确定性，增加约束条件：$\alpha_i'\alpha_i=1$。同时，为了有效地反映原始变量的基本信息，Y 的不同分量包含的信息不应重叠。综上所述，式（9-1）的线性变换需要满足下面约束：

$$\alpha_i'\alpha_i = \alpha_{i1}^2 + \alpha_{i2}^2 + \cdots + \alpha_{ip}^2 = 1, \ i=1, 2, \cdots, p \tag{9-4}$$

Y_1 在满足约束式（9-4）即 $\alpha_i'\alpha_i=1$ 的情况下，方差最大；Y_2 是在满足约束式（9-4）且与 Y_1 不相关的条件下，其方差达到最大；……Y_p 是在满足约束条件式（9-4），并且与 Y_1，Y_2，…，Y_{p-1} 不相关的条件下，在不同线性组合中方差达到最大的一个。满足上述约束得到的合成变量 Y_1，Y_2，…，Y_p 分别称为原始变量的第一主成分、第二主成分、第三主成分、…第 p 主成分，而且各主成分方差在总方差中占的比重依次递减。在实际问题研究中，仅挑选前几个方差较大的主成分，降维以达到简化系统结构的目的。

9.4.2 数据处理

主成分分析的目的之一是减少变量的个数，但是对应该保留多少个主成分没有确切的定义。通常需要综合考虑样本总方差的量，特征值的相对大小以及各成分对现实的阐述。一般所取主成分使得累计贡献率达到85%以上为宜，得到的值大于以上，另一个比较常用的可视的方法是碎石图，首先将特征值按照从大到小的顺序进行排列，碎石图中横轴表示序号数，纵轴表示特征值。为了确定主成分选取合适个数，选择碎石图斜率变化较大的拐点，一般在此序号之后的特征值取值比较小，则此序号作为主成分的个数。第三个经验的判断方法是只保留那些方差大于1 的主成分。

本书选取主成分的标准一般为成分的累积贡献率超过 85%，依据 SPSS 运行结果（解释的总方差变量、碎石图、主成分特征向量），选取主成分。以三个主成分为例：

第一主成分：$$F_1 = X_1V_1 + X_2V_2 + X_3V_3 \tag{9-5}$$

第二主成分：$$F_2 = Y_1V_1 + Y_2V_2 + Y_3V_3 \tag{9-6}$$

第三主成分：$$F_3 = Z_1V_1 + Z_2V_2 + Z_3V_3 \tag{9-7}$$

X_1、X_2、X_3、Y_1、Y_2、Y_3、Z_1、Z_2、Z_3 表示主成分特征向量；V_1、V_2、V_3 表示关键因子，然后再以三个主成分各自占的权重作新的主成分。

$$I = \alpha F_1 + \beta F_2 + \gamma F_3 \tag{9-8}$$

I 即为我们在研究中所用的指数，α、β、γ 权重。

选取上文确定的指标数据作为样本，利用 SPSS 软件对原始数据标准化处理，分析得出变量的 KMO 检验值均大于 0.7，即符合因子分析的相关要求；Bartlett 球形检验值小于 0.0001，故可对上述因子做主成分分析，分析结果如表 9－4 所示。

根据式（9－5）到式（9－8）可计算得出：

生态意识指数：

$$A = 0.27345F_1 + 0.10742F_2 + 0.09915F_3 + 0.07754F_4 + 0.06679F_5 + 0.05834F_6 + 0.05321F_7 + 0.04914F_8 + 0.04641F_9 + 0.04418F_{10}$$

表 9－4 生态意识、行为、制度总方差分解

类别	因子	初始特征值			提取和平方载入		
		特征值	贡献率（%）	累积（%）	特征值	贡献率（%）	累积（%）
生态意识	A1	3.828	27.345	27.345	3.828	27.345	27.345
	A2	1.504	10.742	38.087	1.504	10.742	38.087
	A3	1.388	9.915	48.001	1.388	9.915	48.001
	A4	1.086	7.754	55.755	1.086	7.754	55.755
	A5	0.935	6.679	62.434	0.935	6.679	62.434
	A6	0.817	5.834	68.268	0.817	5.834	68.268
	A7	0.745	5.321	73.589	0.745	5.321	73.589
	A8	0.688	4.914	78.503	0.688	4.914	78.503
	A9	0.650	4.641	83.143	0.650	4.641	83.143
	A10	0.618	4.417	87.561	0.618	4.417	87.561
	A11	0.514	3.670	91.231			
	A12	0.472	3.374	94.605			
	A13	0.393	2.806	97.411			
	A14	0.362	2.589	100.000			
生态行为	B1	2.528	31.603	31.603	2.528	31.603	31.603
	B2	1.232	15.397	47.001	1.232	15.397	47.001
	B3	0.957	11.963	58.964	0.957	11.963	58.964
	B4	0.868	10.851	69.815	0.868	10.851	69.815
	B5	0.790	9.878	79.692	0.790	9.878	79.692
	B6	0.632	7.902	87.594	0.632	7.902	87.594
	B7	0.542	6.779	94.374			
	B8	0.450	5.626	100.000			
制度保障	C1	3.991	44.341	44.341	3.991	44.341	44.341
	C2	0.981	10.895	55.236	0.981	10.895	55.236
	C3	0.922	10.250	65.486	0.922	10.250	65.486
	C4	0.779	8.652	74.137	0.779	8.652	74.137
	C5	0.665	7.389	81.526	0.665	7.389	81.526

续表

类别	因子	初始特征值			提取和平方载入		
		特征值	贡献率（%）	累积（%）	特征值	贡献率（%）	累积（%）
制度保障	C6	0.599	6.660	88.186	0.599	6.660	88.186
	C7	0.557	6.191	94.378			
	C8	0.414	4.596	98.974			
	C9	0.092	1.026	100.000			

生态行为指数：

$$B = 0.31603F_1 + 0.15397F_2 + 0.11963F_3 + 0.10851F_4 + 0.09878F_5 + 0.07902F_6$$

制度保障指数：

$$C = 0.44341F_1 + 0.10895F_2 + 0.10250F_3 + 0.08652F_4 + 0.07389F_5 + 0.06660F_6$$

通过对生态意识（A）、生态行为（B）、制度保障（C）的归一化处理得出各个指数（向量），其描述性统计如表 9 - 5 所示。

表 9 - 5　　归一化指标描述性统计

变量	均值	最小值	最大值	大于均值符号	小于均值符号
生态意识（A）	2.7185890	1.218677	3.499941	+	-
生态行为（B）	0.7693998	0	1.795014	+	-
制度保障（C）	0.8985610	0	2.839150	+	-

9.4.3　生态文明建设响应度归纳

设生态意识关键因子指数为一组矢量 A，生态行为关键因子指数为一组矢量 B，制度保障关键因子指数为一组矢量 C，根据表 9 - 5 中得出的归一化结果，以各自的均值为标准，大于均值取正，小于均值取负，以此判断矢量方向。

若：A + B + C +，则定义为正响应，响应度非常强，表现为积极配合，赋值 5；

若：A + B + C -，则定义为正响应，响应度较强，表现为自发行为，需完善制度建设，赋值4；

若：A－B＋C＋，则定义为正响应，响应度较强，表现为自发行为，需加强生态教育，赋值4；

若：A－B＋C－，则定义为正响应，响应度中，表现为自发行为，需加强生态教育、完善制度建设，赋值3；

若：A＋B－C＋，则定义为负响应，响应度较弱，表现为不配合，需强化行为约束，赋值2；

若：A＋B－C－，则定义为负响应，响应度较弱，表现为不配合，需完善制度、强化行为约束，赋值2；

若：A－B－C＋，则定义为负响应，响应度较弱，表现为不配合，需加强生态教育，强化行为约束，赋值2；

若：A－B－C－，则定义为负响应，响应度非常弱，表现为不配合，生态文明目标无法实现，赋值1。

根据计算出的指数和响应度的归纳规则，最终得到所有调研移民的响应度，响应度就是移民对生态文明建设实现程度的具体化表现，其总体分布情况如表9－6所示。

表9－6　响应度频数分布情况

响应度	非常弱	较弱	中	较强	非常强
	1	2	3	4	5
频数	100	149	28	115	94

归一化的指数与响应度的确定，为后面生态文明建设响应机制分析奠定了基础。

9.4.4 生态文明建设响应机制验证

9.4.4.1 响应度与生态意识、行为、制度关系

本节应用Order Logit模型（adjacent-category Logit Model）分析生态意识、生态行为、制度保障关键因子对响应的度影响。Order Logit模型主要用于因变量需要排序的研究中，由于响应度有非常弱、较弱、中、较强、非常强五个级别，因而适用于此模型。

设：Y 为排序因变量（Ordered Dependent Variable），代表移民对生态文明的响应度，有 r 个选择类别，Y =（1，2，…，r），j =1，2，…，r 代表第 j 个选择（本研究中用 1、2、3、4、5 分别代表非常弱、较弱、中、较强、非常强），$\pi = (\pi_1, \pi_2, \cdots, \pi_j)$ 代表各种态度出现的概率；自变量 XWZ 分别有 K 个影响个体选择的变量。

函数形式分别为：

Y 代表移民响应度，X 代表生态意识关键因子：

$$y_i = f(x_i, u_i) \qquad (9-9)$$

Y 代表移民响应度，W 代表生态行为关键因子：

$$y_i = f(w_i, u_i) \qquad (9-10)$$

Y 代表移民响应度，Z 代表制度保障关键因子：

$$y_i = f(z_i, u_i) \qquad (9-11)$$

定义个体的选择落入相邻两个级别的机会比对数（log-odds）为 $\log \frac{\pi_{j+1}}{\pi_j}(j = 1, 2, \cdots, r-1)$，可得相邻级别 Logit 模型如下：

$$\log \frac{\pi_j}{\pi_{j+1}} = \alpha_1 + \beta_1 x_1 + \beta_2 x_2 + \cdots + \beta_k x_k (j = 1, 2, \cdots, r-1) \qquad (9-12)$$

式（9 -12）包括 r -1 个回归方程和 k +（r -1）个待估参数，采用极大似然法估计，求得因变量的取值落入各等级的概率。由于因变量 Y 的取值是排序的，模型参数表示当其他自变量保持不变时，自变量每变化一个单位，因变量的取值落入任意两个相邻等级 j +1 和 j 的机会比对数（log-odds）都变化个单位。

运用 STATA 软件对响应度与生态意识、生态行为、制度保障做 Order Logit 回归，结果如表 9 -7 所示。

表 9 -7　　响应度影响因素回归结果

响应度	系数	标准差	z	P > |z|	置信区间	
生态意识	2.7793	0.2947	9.43	0.000	2.2016	3.3569
生态行为	6.0676	0.4070	14.91	0.000	5.2699	6.8653
制度保障	1.8622	0.1893	9.84	0.000	1.4911	2.2333

通过响应度影响因素回归分析可知，生态意识、行为、制度系数都为正，表明响应度与各部分之间正相关，即生态意识越强响应度越高、生态

行为越文明响应度越高、制度保障越完善响应度越高，从而验证了研究假设1、假设3、假设5。

9.4.4.2 个人特征与生态意识、行为、制度关系

一个变量往往要受到若干因素的影响，生态意识、生态行为、制度保障根据移民的不同特征，不仅受到不同年龄的影响而且还有不同文化程度的影响以及其他因素的影响。说明若要充分反映出各个部分与这些因素的变动情况，必须增加更多的解释变量，因此采用多元回归模型进行如下分析，移民特征变量设定如表9-8所示。

表9-8 移民特征变量设定

变量名称	变量定义	最小值	最大值
性别	1=男；2=女	1	2
年龄	1=35岁以下；2=35~49岁；3=50岁及以上	1	3
职业	1=不干活；2=主从农业；3=非农	1	3
健康	1=较差；2=一般；3=良好	1	3
文化	1=文盲；2=小学；3=初中；4=高中及以上	1	4
人口	1=1~3个；2=4个；3=5个；4=6个及以上	1	4
收入	1=1万元及以下；2=1万~2万元；3=2万~4万元；4=4万元以上	1	4

将生态意识、生态行为、制度保障指数与移民特征变量做回归，结果显示：

（1）不同移民的生态意识不同，对生态文明建设的响应度不同。通过生态意识与移民特征变量回归分析，发现生态移民中，村民的职业偏向非农文化程度越高、收入越高生态意识越强，进而生态文明建设响应度越高，验证了假设2，如表9-9所示。

（2）不同移民实施生态行为的成本不同，对生态文明建设响应度不同。通过生态行为与移民特征变量回归分析，发现生态移民中，村民的文化程度越高、收入越高，生态行为越文明，进而生态文明建设响应度越高，验证了假设4，如表9-10所示。

表 9 – 9　　生态意识与移民特征变量回归结果

	变量	非标准化系数		标准误差	T
		系数	标准系数	试用版	
生态意识	常数	2.126	0.162		13.098
	性别	-0.020	0.040	-0.023	-0.493
	年龄	-0.017	0.026	-0.031	-0.634
	职业	0.046 *	0.027	0.078	1.701
	健康	0.034	0.028	0.055	1.190
	文化	0.112 ***	0.019	0.269	5.777
	人口	0.023	0.017	0.058	1.338
	收入	0.050 ***	0.019	0.119	2.694

注：* 表示 P<0.05，** 表示 P<0.01，*** 表示 P<0.001，下同。

表 9 – 10　　生态行为与移民特征变量回归结果

	变量	非标准化系数		标准系数	T
		系数	标准误差	试用版	
生态行为	常数	0.248	0.163		1.522
	性别	-0.002	0.041	-0.002	-0.038
	年龄	0.027	0.027	0.050	0.996
	职业	-0.033	0.027	-0.056	-1.207
	健康	0.040	0.029	0.066	1.396
	文化	0.133 ***	0.020	0.320	6.775
	人口	0.007	0.017	0.017	0.397
	收入	0.037 **	0.019	0.090	2.002

（3）不同移民对制度遵守程度不同，因而对生态文明建设响应度不同。通过制度保障与移民特征变量回归分析，发现生态移民中，村民的年龄越高、文化程度越高对制度实施越有利，进而生态文明建设响应度越高，验证了假设6，如表9－11所示。

表9-11　　制度保障与移民特征变量回归结果

	变量	非标准化系数		标准系数	T
		系数	标准误差	试用版	
制度保障	常数	0.345	0.262		1.317
	性别	-0.079	0.065	-0.059	-1.201
	年龄	0.129***	0.043	0.157	3.029
	职业	-0.027	0.043	-0.030	-0.619
	健康	0.058	0.046	0.062	1.272
	文化	0.100***	0.031	0.156	3.195
	人口	-0.003	0.028	-0.005	-0.116
	收入	0.028	0.030	0.044	0.942

9.5 研究结论

本章在回顾国内外生态文明建设和生态移民发展研究成果的基础上，依据样本描述性统计，通过分析移民参与生态文明建设的影响因素，建立了响应机制的理论模型，并运用SPSS、STATA数量统计软件分析，对理论模型进行实证分析，探讨了迁入区移民生态文明建设响应机制的内在驱动逻辑，然后验证了各个驱动因素与不同移民特征之间的关系，最后，对如何促进生态文明建设提出政策建议。本章得到如下结论：

（1）生态移民对生态文明建设响应机制应包含三个驱动因素：生态意识、生态行为和制度保障。它们之间的关系是：生态意识和生态行为是生态文明建设目标实现的内在驱动力，制度建设是生态文明建设目标实现的外在驱动力。

（2）三个驱动因素共同作用，正向加速生态文明建设目标实现的进程，即生态意识越强，生态行为越文明，制度保障越完善，生态移民对生态文明建设的响应度越高。

（3）移民不同的个人特征对生态文明建设有不同程度的响应，即不同移民的生态意识不同，实施生态行为的成本不同，对制度遵守程度不同，对生态文明建设的响应度不同。具体表现在移民的职业偏向非农、文化程度越高、收入越高、年龄越高对生态文明建设响应度越高。

9.6 本章小结

首先，本章对生态意识、生态行为和制度保障三类指标通过主成分分析进行归一化处理，获得相应的指数；其次，根据每类指标的正负号归纳出响应度级别；最后，通过回归分析得到响应度与生态意识、行为、制度之间存在正相关关系，不同移民特征对生态文明建设响应度不同。

第 10 章

建议与展望

10.1 政策建议

10.1.1 培育生态移民生态意识

10.1.1.1 实施移民环境教育行动

移民环境素质的培养需要广泛的、具体的社会宣传，营造以保护环境为荣、破坏环境为耻的舆论氛围。可以选择通过环境宣传教育行动这一方式向他们传播生态知识，让他们在持续不断的环境宣传教育行动中潜移默化地受到影响，对生态知识有基本的了解。实施移民环境宣传教育不能只是依靠学校教师和群众性环保组织，还要充分利用互联网、电视广播、报刊书籍、宣传栏等大众媒介，为移民了解环境知识和相关法规政策提供有利条件。尤其是要充分利用电视广播、互联网这两大媒介，这些是他们每天生活必不可少的一部分，通过这样的方式能有效快捷地让他们接收生态环境知识。实施移民环境宣传教育行动，除了通过大众媒介向移民传播生态知识和环保知识外，还要鼓励移民充分发挥他们的监督作用，引发对生态环境问题的重视。让他们从小事做起，从自身做起，将生态环保意识转化为他们的自觉行为和日常习惯，来促进农村地区的生态文明建设。

10.1.1.2 加大环境知识宣传力度

加大对农村地区环境知识的宣传力度，通过这样的方式使移民生态意识得到提升。农村环境知识宣传主要包括两个方面：一是环境科学知识的宣传；二是环境法律知识的宣传。环境科学知识主要包括与我们日常生活相关的基本常识，也包括具有广泛意义的国际热点议题，还包括正确、合理运用科学技术。借助这些环境科学知识，他们才能预见破坏生态和污染环境的长远影响与结果。移民除了掌握基本的环境科学知识外，还需要具备一定的环境法律知识，这是农村环境知识宣传的一个重要内容。向移民宣传环境法律知识最为重要的一点就是使他们明确自身对环境保护的权利和义务，能够清楚知道哪些行为是破坏环境、哪些行为是违反法律。在意识到自己的生态权益受到侵害时，懂得运用法律手段来解决，对于身边的生态违法行为，要向相关法律部门及时检举。

10.1.1.3 加强移民道德教育

加强移民生态道德教育，就是使移民在处理与自然之间关系时有正确行为道德规范，面临生态环境时有明确的善恶标准约束自己。移民既要用道德标准来规范自己，又要学会用道德规范来监督其他人，不要单纯为了追求经济效益而忽视生态环境的保护。加强移民生态道德教育，注重移民生态道德实践，这样才能有效提升移民生态道德意识。生态道德教育应该理论与实践相结合，加强移民生态道德教育的结果就是让移民进行生态道德实践，成功的生态道德实践会强化移民的生态道德意识，深化移民的道德认知。加强移民生态道德教育，一个重要的方面就是要有效引导移民正确处理经济效益与生态环境的关系，处理好农村的建设和生态环境保护，最终使移民意识到良好的生态环境，更能够促进农村的经济发展。

10.1.2 强化生态移民生态行为

10.1.2.1 促进移民生态环境参与

移民环境参与程度体现了他们的生态文明实践能力，同时，促进移民环境参与能够充分体现他们的主人翁意识，及对环境保护的责任感和使命感。移民既是农村良好环境的享受者，又是农村环境被破坏最直接的承受者，促进他们的环境参与能够使他们第一时间关心身边的环境状况，增强他们参与生态环境保护的热情。但是，由于农村经济条件限制，现阶段移民整体上存在着参与度不高的问题。为了搞好农村地区的生态文明建设，提升移民的生态文明参与水平，必须有序扩大和完善移民环境参与。首先，通过立法确立移民在生态环境保护方面的权利和义务，是贯彻移民参与原则的重要途径，使移民能够充分发挥自身在生态环境保护和生态文明建设中的作用。其次，相关部门或机构应建立公告制度。只要有可能发生与移民生活紧密相关的污染环境和破坏生态的事情，都应以公告或其他形式向移民告知。最后，移民环境参与的途径和方式应明确。明确移民参与生态环境管理与监督的具体途径，提高他们环境参与质量。

10.1.2.2 开展丰富生态实践活动

生态文明建设进程中组织移民开展丰富多彩的实践活动，有利于移民直观地了解相关生态知识，提升他们的生态意识。通过开展生态实践活动，使移民在实践活动中获得丰富的生态道德体验，激发他们更多地参与生态实践活动，增强他们的生态文明实践能力。在实践过程中，对移民进行直观的生态道德教育，注重生态道德实践。开展丰富多彩的生态实践活动的主要目的是为了激发移民保护生态环境的情感，提升他们的生态实践能力。例如，学校可以定期到农村地区组织绿色夏令营活动，进行和移民有关的活动，让他们在活动中感受人与自然的和谐之美。相关政府部门在条件允许的情况下建立环保网站，发行环保刊物，召集移民组织生态知识竞赛并给予奖励。通过这些生态实践活动使得移民之间互相激励、相互合作，面对破坏生态和污染环境的事件时，他们能够分析判断应该怎样处理更为合理，在不知不觉中就能使移民生态意识得以提高，生态行为得以规范。

10.1.2.3 鼓励移民参加生态环保志愿活动

为了提升移民的生态实践能力，要鼓励移民多参加生态志愿活动，立足于从身边的小事做起。参加志愿活动这一行为本身就是一种美德，是高尚的情操和道德品质的体现。环保志愿者对生态环境保护抱有极大的热情，他们有强烈的责任感，把移民带入到环保志愿活动中。一是为了使移民能够在环保志愿者身上感染到那份对生态环境保护的激情；二是在生态志愿活动中，让移民能够明白保护生态环境比获取短暂效益对他们未来更有利。因此，要积极鼓励和引导移民加入各种形式的生态环保志愿活动中。移民参与生态志愿活动的程度成为衡量农村生态文明建设水平高低的一个重要标志，也是移民对生态环境问题关注度高低的标志之一。

10.1.3 完善生态制度建设

10.1.3.1 完善农村生态文明法律法规建设

就目前而言，我国与环境相关的法律法规中很多条文都是保护工业发展和治理城市的污染问题，农村的环境治理上缺乏相关的立法。有些法律中虽然会对农业、农村环境污染的问题做出相应的规定，但也往往由于缺乏实际可操作性而成为一纸空文，法律的制定并未为切实解决农村环境问题提供可行性指导，以致农村频频出现环保违法事件。种种问题警示我们要重视农村环境立法工作，只有解决好立法这个问题，才能让执法工作者有法可依，只有立法工作者深入到农村，才能了解到立法困难的症结所在，深入了解到农村环境污染的特点，更有针对性地解决农村及农业现存的污染问题。

加快制定关于土壤、水源、乡镇企业污染等相关的环保法律，引导、教育移民改进农业技术、合理地使用化肥等化学制剂，向移民推广绿色种植的益处和聘请技术人员指导移民循环利用资源，从源头上阻断农业生产过程中的环境污染。由于各个农村环境污染的具体情况不同，地方性法规的制定工作也应积极推进。要注重协调好中央政府和地方政府的关系，地方政府在落实中央政策的同时，要结合地方的实际情况，制定出符合本地区实际情况的法律法规，以便更好地解决农村环境污染问题。要根据实际情况的变化修改与完善已有环保法规。各级地方政府应当抓紧干实事，紧跟国家大政方针，制定出符合农村生产发展特点的地方性法规，确保移民的权利有法律作为保障。

10.1.3.2 全方位保证政策落实

落实环保政策，需要协调各利益相关方关系，形成由各参与主体组成的网络化执法机构。首先，加强对农村基层官员环保政策的宣传教育。农村环保政策能否有效落实，在很大程度上受执行机构对政策理解和贯彻程度的影响。地方官员作为执行机构的核心，必须要正确领会并吃透政策，这就需要打造地方官员的教育平台，为他们讲解相关政策的来龙去脉及内在含义，帮助他们寻找政策执行的具体可行路径，以便更好地发挥政策的指导作用。其次，严格落实责任追究制，依法处理不干实事的官员、不负责任的部门。最后，依靠移民群众的力量形成环保责任监督机制。在农村成立环保小分队，让村民们监督环保部门工作的同时也相互监督，充分发挥环保部门的示范作用，带动群众参与环保工作的积极性。当发生生态破坏及移民的生态环境权益受损时应当就地处理，实现环境保护有人监督管理，生态问题及时高效处理，为农村营造良好的生态法制环境，把村民打造成生态公民，把农村建设成美好的生态乐园，争取尽早实现农村生态宜居的目标。

10.1.3.3 改革政绩考核制度

随着生态文明建设的不断深入，建立绿色GDP的政绩考核制度显得尤为重要。“既要金山银山，又要绿水青山”阐释了绿色GDP的含义，就是要实现经济效益和生态效益的统一。因此，必须根据国家生态文明建设情况，改革干部工作考核制度，切实保障农村生态文明教育顺利开展。首先，要制定规范化、制度化、体现生态文明要求的领导干部政绩考核指标体系。这就需要在整合与生态文明相关的节能减排、环境保护、生态建设等各类考核评价工作的基础之上，制定出涵盖经济、资源、环境、生态、民生等各类指标的统一的考核指标体系。其次，建立与考核结果挂钩的奖惩机制。干部选拔任用要依据考核结果，对于那些提升了当地绿色GDP的领导干部予以嘉奖，对于对盲目决策造成资源浪费和生态环境破坏的领导干部，严格追究其责任，视情节轻重给予惩罚。针对各级领导还需建立生态环境损害责任终身追究制度，以此为鉴来警戒其他政府人员，让民众看到政府建设生态文明的决心，提高政府的公信力。

10.1.4 提高生态移民收入

中国古语有云：“仓廪实而知礼节，衣食足而知荣辱”，即使在今天，仍有一定的启发意义。马斯洛的需求层次理论也揭示了基本需求和衍生需求的关系。在贫困地区，处在小康边缘的人群仍会担心收入问题，尤其是刚摆脱贫困的这部分群众。因此面对这样的现实情况，政府在解决绝对贫困之后，依然需关注相对贫困问题。

10.1.5 促进生态宜居建设

工业化、现代化的发展使人类忽略了生态环境的严重性，经济的快速增长大多建立在牺牲环境的基础上。在经济转型的新时期，国家高瞻远瞩地提出生态文明建设。在此目标下，农村环境问题不容忽视。

首先，农村的生态文明建设需要和乡村振兴战略有机联系起来，乡村振兴战略的目标之一是推动农村生态宜居。在生态宜居的目标下，乡村振兴战略也对农村提出了战略性和具体性的环境要求。当生态文明建设和乡村振兴战略共同驱动农村生态环境建设时，需要从战略层次协调目标，保证两者一致性。

其次，农村的环境治理体系不仅要涵括生活方面，更包括生产方面，例如，焚烧秸秆的执行与监督。治理体系不仅监督农户生态行为，更要监督各级政府生态环境执行和落实的力度。

最后，农村要想生态宜居，必须促进公共服务均等化。在农业生产方面，需要定期维护农业灌溉系统，推动高标准农田建设、进行土地整治，促使农业生产便利化、高效化。在农村生活方面，建设公共文化、体育等场所，发展农村文化，增强农户体质。同时，农村也应根据当地消费现状，推动当地下水道、天然气以及旱厕改革。另外，建设并完善村与村、村与镇、村与县、村与市之间的道路，方便农户外出。

10.2 难点与局限

10.2.1 NEP 量表指标表述与理解

从计量方法上来说，尽管结构方程允许测量误差，但这个误差范围没有明确的界限，我们无法确定研究的误差在允许的范围内；从研究的信度上来说，生态移民文化程度普遍不高，理解能力有限，因此，调查员的表述是否正确，以及调查员与被访者是否存在理解偏差，这种偏差是否会影响以及多大程度地影响整个模型的合理性都无法确定，这也就决定了我们对问卷的反复斟酌修改，以期在调研过程中能把握被访者态度的真实性和准确性，极大程度缩小这种测量造成的误差，确定计量尽可能精准的数据来源。

10.2.2　潜变量指标选取与维度测量

本书选取了 68 个测量指标，一方面，各种测量指标的合理性与适用性毋庸置疑，但将其综合考虑并剔除弱指标，最终留下既有利于模型解释又符合现状的理想指标，需要考虑诸多因素，不仅要结合现实情况，考虑实施调研的可能性，还要避免各测量指标之间的极大相关性，以提高统计分析的精确性；另一方面，生态意识是四个维度的二阶潜变量，这也是在参考大量文献的基础上作的创新，本书已经通过实证分析证明了这种创新在计量分析上的逻辑性与正确性，但生态意识是一个心理学概念，其深度和广度难以通过简短几个问题测量，只是尽可能贴近真实。

10.2.3　参数估计方法与计量软件应用

虽然多组线性结构方程模型历史较长，且出现类别变量的调节变量时，该方法优点很明显，但也存在一些问题：一是分组的人为性太过主观；二是基于可测变量的分组，忽略了测量误差；三是没有给出效应（系数）的估计；四是受样本容量的限制，统计学中 30 个样本即可称为大样本，虽然本研究的样本数据有 486 个，但是在研究的过程中还是发现样本有些不足。结构方程模型对样本的要求较高，要求大样本，要求样本数一般要大于 200，虽然本研究的样本数达到了这个标准，但是在进行多线组结构方程模型时，分组后导致样本较小情况（温忠麟，2012）。

10.3　研究展望

10.3.1　丰富研究视角

生态意识和行为的研究具有跨学科的特点，现有的环境行为研究涉及心理学、社会学、公共管理学、资源管理学等诸多的学科，基于不同的学科、不同的研究视角，其研究的侧重点会有所不同，研究成果也会有一定的差异，本研究的结果并不全面。因此，后续的研究可以利用各学科的研究成果，进一步吸收各学科各领域的研究成果，开展综合多学科视角的研究，深入研究影响我国农民生态意识和生态行为的关系，改善其生态行为。

10.3.2 拓宽样本范围

NEP 量表最初应用于西方各国公民生态意识的测量，后来逐渐用于世界范围内的研究。国内学者在进行 NEP 量表分析的时候，因素负荷量都在 0.5 左右，大部分指标的因素负荷量小于 0.5，不是很理想。因为 NEP 量表是根据国外研究，对测量我国生态移民生态意识是否适用，需要深入研究；问卷设计中包括移民生态行为的测量指标，但实地调查时才发现由于土地总数和分配的限制，当下进行一定规模农业生产和养殖的移民比例不多，且使用农资的移民仅达半数，因此，后续研究中可以通过拓宽研究领域，增加样本数量，进行多地区多模式比较研究。

附录：调 查 问 卷

问卷编号：

省名	宁夏	户主姓名	
县名		被访者姓名	
乡名		与户主关系	
村名		电话号码	

调查员姓名		调查日期	
调查员电话		审核员姓名	

关系代码	1 户主　2 配偶　3 子女　4 孙辈　5 父母　6 兄弟姐妹　7 女婿，儿媳，姐妹夫，嫂子弟媳　8 公婆，岳父母　9 亲戚　10 无亲戚关系

您家是哪年搬迁来的？从哪里搬迁来的？

您对生态移民项目的整体评价：

1 非常不满意　2 不满意　3 一般　4 满意　5 非常满意

您对现在居住村庄的生态环境：

1 非常不满意　2 不满意　3 一般　4 满意　5 非常满意

您对现在居住村庄的生活环境：

1 非常不满意　2 不满意　3 一般　4 满意　5 非常满意

您对现在居住村庄的生产环境：

1 非常不满意　2 不满意　3 一般　4 满意　5 非常满意

第一部分：家庭基本情况

1. 您家2016年家庭成员人数________（人）？

2. 您家2016年有多少劳动力（男子：16~65岁，女子16~60岁）________人？

3. 您家2016年是否有学龄儿童________（人）？

4. 您家2016年是否有伤残及慢性病人________（人）？

5. 您家2016年是否有失学少年儿童________（人）？

表1　家庭基本特征（2016年）调查时把分家后的几家合起来看作1家

编号	姓名	与户主关系	性别	出生年份	民族	婚姻	户口类型	文化程度	是否还在上学	身体状况	是否是村干部	是否党员	主要职业	2016年在家住了多少天
		代码1	1男；2女	年月	1汉；2回；3满；4蒙；5其他	1未婚；2已婚；3再婚；4离婚；5丧偶	1农业；2非农；3没户口；4待定；5其他	代码2	1是；2否	1较差；2一般；3良好	1是；2否	1是；2否	代码3	天
1														
2														
3														
4														
5														
6														
7														
8														

代码1：1户主；2配偶；3子女；4孙辈；5父母；6兄弟姐妹；7女婿，儿媳，姐妹夫，嫂子弟媳；8公婆，岳父母；9亲戚；10无亲戚关系

代码2：0幼儿园及学龄前儿童；1文盲；2一年级；3二年级；4三年级；5四年级；6五年级；7六年级；8初中一年级；9初中二年级；10初中三年级；11高一；12高二；13高三；14初中中专；15高中大专；16本科；17研究生

代码3：1不干活；2只在自家干农活；3干农活，有时在当地打工；4当地打工；5外地打工；6自营活动；7乡村干部；8教师；9医生；10当兵；11上学；12学龄前儿童

2016 年家庭全年总收入（元）		2016 年家庭全年总支出（元）	
工资性收入 在非企业组织劳动得到的； 在本地企业劳动得到的； 常住人口外出就业得到的； 其他工资性收入		购置生产性固定资产支出 缴纳税金 生活消费支出 转移及财产性支出	
家庭经营收入 农业收入 *种植业收入* *林业收入* *牧业收入* *渔业收入* 工业收入 建筑业收入 运输邮电业收入 批、零贸易、餐饮业收入 社会服务业收入 其他家庭经营收入		家庭经营费用支出 农业生产 *种植业生产支出* *林业支出* *牧业支出* *渔业支出* 工业支出 建筑业支出 运输邮电业支出 批、零贸易、餐饮业支出 社会服务业支出 其他家庭经营支出	
转移性收入			
财产性收入			

作物编码：代码1：1 小麦　2 玉米　3 水稻　4 大豆　5 土豆　6 红薯　7 谷子　8 糜子　9 高粱　10 荞麦　11 绿豆　12 豌豆　13 胡麻　14 烟叶　15 花生　16 芝麻　17 向日葵　18 棉花　19 蔬菜　20 桃　21 苹果　22 梨　23 核桃　24 板栗　25 红枣　26 桑叶　27 草类　28 其他（注明）：________

第二部分：生态移民生态知识调查

表 2　　一般生态知识测量指标（NEP 模型指标）

注意：1 非常不同意　2 不同意　3 一般　4 同意　5 非常同意

NEP 指标	指标	1	2	3	4	5
共同指标	1. 自然的平衡是脆弱且不稳定的					
	2. 当人们干扰了自然后，总会产生一些混乱的后果					
	3. 人们应该与自然和谐共处					
	4. 应该把人口数量限制在地球可承受范围内					
	5. 地球有空间和资源的限制					
	6. 人类有权为满足自己的需要改造自然					

续表

NEP 指标	指标	1	2	3	4	5
1978 年指标	7. 应控制工业增长以建立稳定的经济					
	8. 应该采取一些限制措施使工业社会不能无限扩张					
	9. 人类应该建立控制自然的规则					
	10. 现在人们对自然是掠夺式利用					
	11. 动植物存在目的是为了被人类利用					
	12. 自然界可以自行调整以满足人类需要					
2000 年指标	13. 人类应该遵守自然法则					
	14. 自然界可以自我调节，应对工业社会的影响					
	15. 如果我们知道如何开发，地球的自然资源应该是足够的					
	16. 动植物和人类都有在地球上共存的权利					
	17. 人类的才能可以确保我们不会导致地球不可居住					
	18. 人类面对的生态危机被夸大了					
	19. 人类最终会统治自然界					
	20. 人类正在学习如何掌控自然					
	21. 假如环境继续恶化，我们将很快遭受生态灾难					

农村生态知识：

生产中的生态知识：

22. 您知道“测土配方”吗？________

A. 知道　B. 没听说过（如果选“A”，则继续本题，如果选“B”，则跳转到第 23 题）

您从什么渠道知道的？________

A. 书本上　B. 电视广播上　C. 农技推广人员　D. 村干部　E. 其他渠道（请注明）

您会按照“测土配方”的检测结果施肥吗？________

A. 会　B. 不会　C. 根据自己的经验施肥

23. 您知道抛荒对土地的影响吗？________

A. 会导致土质下降　B. 杂草丛生会导致再耕种困难　C. 没啥影响吧

24. 您知道大量施用化肥对土地的影响吗？________

A. 土壤板结　B. 盐渍化　C. 不知道

25. 您家有沼气池吗？________

A. 有 B. 没有

生产沼气的原料是什么？________

A. 人畜排泄物 B. 农业残留物 C. 其他（请注明）

26. 您知道养殖场应该选在啥地方比较合适？（可多选）________

A. 离居民区远些 B. 在下风口 C. 离水源远些 D. 随便吧

27. 您村有工厂吗？________

A. 有 B. 没有（如果选 A，则继续本题，如果选 B，则跳转到第 28 题）

有什么工厂？____________________________，

您认为这些工厂有污染环境的情况吗？

A. 有 B. 没有

28. 您知道生态农业吗？________

A. 知道 B. 不知道

29. 您知道温室效应吗？________

A. 知道 B. 不知道

30. 请指出下列哪些是温室效应的危害？（多选题）________

A. 地球上的病虫害增加 B. 海平面上升 C. 气候反常，海洋风暴增多 D. 土地干旱，沙漠化面积增大

31. 您知道什么是循环经济吗？________

A. 知道 B. 不知道

32. 您听说过无公害产品、绿色产品、有机产品吗？________

A. 听说过 B. 没听说（如果选 A，则继续本题，如果选 B，则跳转到第 33 题）

您知道无公害产品、绿色产品、有机产品哪个要求最高？________

33. 您知道什么是白色污染？________

A. 知道 B. 不知道（如果选 A，则继续本题，如果选 B，则跳转到第 34 题）

白色污染的主要来源有哪些（可多选）________

A. 食品包装 B. 泡沫塑料填充包装 C. 快餐盒 D. 农用地膜

34. 您家田里的废弃农膜怎么处理？________

A. 烂在地里 B. 收集起来卖掉 C. 捡回来当垃圾扔了 D. 其他（请注明）

35. 您知道工业“三废”是什么吗？________

A. 知道　B. 不知道

36. 您什么时候开始注意到“雾霾”这个事情？________

A. 早已发觉　B. 随着社会关注才发觉的

37. 您村周围50公里内有没有垃圾填埋场？________

A. 有　B. 没有

38. 您知道PM2.5吗？________

A. 清楚地知道PM2.5的概念　B. 听说过，但不清楚具体是什么　C. 只知道PM2.5对人体健康有害　D. 并未听说过PM2.5

39. 您获得生态文明信息的主要渠道有哪些？（多选题）________

A. 广播电视　B. 学校教育　C. 报刊杂志　D. 政府部门的宣传　E. 网络　F. 其他（请注明）

40. 您听说过“生态文明”吗？________

A. 听说过　B. 没听说过（如果选A，则继续本题，如果选B，则跳转到第41题）

您是通过哪些渠道了解生态文明这个概念的？________

41. 您觉得生态文明和什么有关？________

A. 经济发展水平　B. 人民生活　C. 道德教育水平　D. 政策制定　E. 其他（请注明）

生活中的生态知识：

42. 您知道以下哪些是可回收垃圾吗？（多选）________

A. 废纸　B. 塑料　C. 玻璃　D. 金属　E. 布料　F. 水果皮　G. 枯枝落叶

43. 您家的生活垃圾是怎么处理的？________

A. 装在塑料袋仍垃圾桶里　B. 丢在村口渠沟边　C. 其他（请注明）

44. 村上有没有给你们进行过生活垃圾分类的培训呢？________

A. 培训过　B. 没有培训

45. 您家厨房垃圾是怎么处理的？________

A. 喂家里的鸡鸭和牲口了　B. 当普通垃圾扔了　C. 丢在专门的厨房垃圾收集点了　D. 其他（请注明）

46. 您家人畜粪便是怎么处理的？________

A. 施肥到地里　B. 通过专门的管道排放了　C. 收集到沼气池里　D. 其他（请注明）

47. 您觉得您家饮用水干净吗？________

A. 干净 B. 不干净、有杂质 C. 其他（请注明）

48. 你们这里的灌溉用水有没有被污染吗？________

A. 没有污染 B. 有污染

49. 您认为本地的环境变化趋势是：________

A. 越来越坏 B. 越来越好 C. 一直都不好

50. 您认为现在的环境问题？________

A. 迫在眉睫 B. 无所谓 C. 到时候再说 D. 不需要解决

51. 您认为您所居住的地区，还有哪些方面需要改进？(多选) ________

A. 空气质量 B. 饮用水水质 C. 绿化 D. 污水处理 E. 垃圾清理 F. 噪音 G. 其他（请注明）

52. 您这里有没有专门的污水处理系统？________

A. 有 B. 没有

53. 你们这里生活污水是怎么处理的？________

A. 直接倒院子里 B. 下水道 C. 马路上 D. 其他（请注明）

54.

第三部分：生态移民生态意识调查

（一）环境和经济的关系

55. 假设你们村要建一个工厂，这个工厂不会损害这里的生态环境，但会损害临近地区环境（如下游地区），您的态度是什么？________

A. 同意建工厂 B. 不确定 C. 不同意建工厂

56. 您觉得你们村的空气质量怎么样？________

A. 污染非常严重 B. 污染比较严重 C. 一般 D. 空气比较好 E. 空气非常好

57. 您觉得你们村的水质情况怎么样（指湖水、河流和溪流的水质）？________

A. 污染非常严重 B. 污染比较严重 C. 一般 D. 水质比较好 E. 水质非常好

58. 您觉得你们村环境污染的主要来源是什么？________

A. 工厂排污 B. 农业上残留 C. 生活垃圾污染 D. 没有污染

59. 假如你们村耕地不足，允许开荒，您的态度是什么？________

A. 允许开就开 B. 不让开就不开

60. 您会在集体的草地上偷偷放牧吗？________

A. 偶尔会 B. 不会

61. 您认为村里乱丢垃圾现象严重吗？________

A. 非常严重　B. 比较严重　C. 一般　D. 没有

（二）生态敏感度

62. 您卖到市场上的粮食和自己吃的是一样的吗？________

A. 一样的　B. 不一样（请注明）

63. 您卖到市场上的蔬菜和自己吃的是一样的吗？________

A. 一样的　B. 不一样（请注明）

64. 您是否担心自己从市场上买到的粮食有重金属、农药残留超标问题？________

A. 非常担心　B. 比较担心　C. 一般　D. 不担心

65. 您是否担心自己从市场上买到的蔬菜有重金属、农药残留超标问题？________

A. 非常担心　B. 比较担心　C. 一般　D. 不担心

66. 您是否担心后代人的生态环境会越来越差？________

A. 非常担心　B. 比较担心　C. 一般　D. 不担心

67. 您是否担心“废水、废气、废渣”会影响本村的生态环境？________

A. 非常担心　B. 比较担心　C. 一般　D. 不担心

68. 您觉得随意抛弃塑料地膜会：________

A. 破坏环境　B. 不会破坏环境　C. 没有想过　D. 无所谓

69. 您觉得随意焚烧秸秆（稻秆）会：________

A. 破坏环境　B. 不会破坏环境　C. 没有想过　D. 无所谓

70. 您觉得随意抛弃禽畜粪便会：________

A. 破坏环境　B. 不会破坏环境　C. 没有想过　D. 无所谓

（三）生态价值观

71. 您认为经济发展和保护环境哪个更重要？________

A. 经济发展重要　B. 环境保护重要　C. 都重要

72. 您觉得林地、草地、河流对维持生态平衡重要吗？________

A. 重要　B. 不重要　C. 不知道

73. 节约资源、使用绿色农资可以增加收入吗？________

A. 增加收入　B. 减少收入　C. 不清楚

74. 节约资源、使用绿色农资可以保护环境吗？________

A. 可以保护环境　B. 没啥用

（四）生态责任感

75. 您觉得个人的生活活动会对生态环境产生负面影响吗？________

A. 会　B. 不会

76. 您觉得个人的生产活动会对生态环境产生负面影响吗？________

A. 会　B. 不会

77. 您觉得个人应该为保护环境和治理环境污染出资或出力吗？________

A. 应该　B. 不应该

78. 您觉得是否应该指责或制止破坏环境的行为？________

A. 应该　B. 不应该

79. 您觉得个人的生态保护意识对整个社会的影响是否重要？（单选题）________

A. 重要，环保要从每人做起　B. 不重要，自己太渺小不构成影响　C. 从来没考虑过　D. 无所谓

80. 您认为人与自然的关系是什么？（单选题）________

A. 人定胜天，人可以征服自然　B. 自然是为人类而存在　C. 人类应有限度地开发自然　D. 人与自然没有多大的联系

81. 您觉得本地区生态环境变坏谁的责任最大？________

A. 工业　B. 农业　C. 服务业　D. 其他（请注明）

82. 您觉得谁应该承担农村环境保护的主要责任？　（请排序）________

A. 政府　B. 企业主　C. 农民　D. 其他（请注明）

第四部分：生态移民生态行为调查

（一）生产中的生态行为：

83. 您是否愿意购买低污染的农药和化肥？________

A. 是　B. 否，如果选“A”，继续本题；如果“否”，直接跳转 84 题。

在实际中，您是否购买了这种低污染的农药化肥？________

A. 经常　B. 有时候　C. 从不

如果是“有时候”或“从不”，什么原因？请注明________________

84. 您是否愿意购买可降解的农膜？________

A. 是　B. 否。如果“是”，继续本题；如果“否”，直接跳转 85 题。

在实际中，您是否一直购买这种可降解的农膜呢？

A. 经常　B. 有时候　C. 从不

如果是“有时候”或“从不”，什么原因？请注明________________

85. 您是否愿意使用喷灌、滴管等节水灌溉技术？________

A. 是 B. 否。如果“是”，继续本题；如果“否”，直接跳转 86 题。

在实际中，您是否一直在使用喷灌、滴管等节水灌溉技术呢？

A. 经常 B. 有时候 C. 从不

如果是“有时候”或“从不”，什么原因？请注明________________

86. 您是否愿意对废弃的药瓶、农膜等进行回收？________

A. 是 B. 否。如果“是”，继续本题；如果“否”，直接跳转 87 题。

在实际中，您是否一直对农业废弃物（如药瓶、农膜等）进行回收呢？________

A. 经常 B. 有时候 C. 从不

如果是“有时候”或“从不”，什么原因？请注明________________

87. 您是否赞成“不能偷牧”的规定？________

A. 同意 B. 不同意，如果“是”，继续本题；如果“否”，直接跳转 88 题。

在实际中，您是否有偷偷放牧的情况？

A. 经常 B. 有时候 C. 从不

如果是“有时候”或“从不”，什么原因？请注明________________

88. 您是否同意不能随意开荒？________

A. 同意 B. 不同意，如果“是”，继续本题；如果“否”，直接跳转 89 题。

在实际中，您是否有开荒行为发生？

A. 经常 B. 有时候 C. 从不

如果是“有时候”或“从不”，什么原因？请注明________________

89. 您是否同意不能随意焚烧秸秆？________

A. 同意 B. 不同意，如果“是”，继续本题；如果“否”，直接跳转 90 题。

在实际中，您是否焚烧过秸秆？________

A. 经常 B. 有时候 C. 从不

如果是“有时候”或“从不”，什么原因？请注明________________

90. 在日常生活中，您是否关注农产品质量安全？________

A. 关注；B. 不关注

91. 您一般从哪些途径获得农产品质量安全的相关信息？（可多选）

____

A. 知识讲座；B. 报刊；C. 广播、电视、网络；D. 政府宣传；E. 亲戚朋友之间的交流；F. 其他________（须注明）

92. 您平时比较关心的农产品质量安全有哪些？________

A. 农药残留超标　B. 肉品种兽药残留超标　C. 添加剂　D. 不知道　E. 其他（须注明）________

93. 您所在地是否有专门的农产品质量安全监管机构？________

A. 有　B. 没有

（二）生活中的生态行为

94. 您是否同意对生活垃圾分类处理？________

A. 是　B. 否　C. 不知道。如果“是”，继续本题；如果“否”或“不知道”，跳转 95 题。

在实际中，您是否一直对生活垃圾分类呢？________

A. 经常　B. 偶尔　C. 从不

如果是“偶尔”或“从不”，什么原因？请注明________________

95. 您是否同意减少塑料袋的使用？________

A. 同意　B. 不同意。如果“是”，继续本题；如果“否”，直接跳转 96 题。

在实际中，您家里的塑料袋或塑料玻璃容器会循环使用吗？________

A. 经常　B. 有时候　C. 从不

那您家的塑料袋或塑料玻璃容器一般用来做什么？________

如果是“有时候”或“从不”，什么原因？请注明________

96. 您是否愿意购买无磷洗衣粉？________

A. 是　B. 否　C. 不知道。如果“是”，继续本题；如果“否”或不知道，直接跳转 97 题。

在实际中，您是否一直购买这种无磷洗衣粉呢？________

A. 经常　B. 有时候　C. 从不

如果是“有时候”或“从不”，什么原因？请注明________________

97. 您是否愿意购买节能家庭设备，如节能灯、节能冰箱、洗衣机？________

A. 是　B. 否。如果“是”，继续本题；如果“否”，直接跳转 98 题。

在实际中，您是否一直购买这种节能家庭设备呢？________

A. 经常　B. 有时候　C. 从不

如果是“有时候”或“从不”，什么原因？请注明________________

98. 您觉得在公路上或村里乱丢垃圾现象严重吗？________

A. 严重 B. 不严重如果“严重”，继续本题；如果“否”，直接跳转99题。

在实际中，您是否也有在公路或村里乱丢垃圾的现象？________

A. 经常 B. 有时候 C. 从不

如果是“经常”，什么原因？请注明____________________________

99. 您关注环境问题和媒体信息吗？________

A. 经常 B. 有时候 C. 从不

100. 您是否愿意为保护环境和治理环境污染捐出一天的工资，如100元？________

A. 是 B. 否。如果“是”，继续本题；如果“否”，直接跳转101题。

在实际中，您是否为保护环境和治理环境污染捐出过一天的工资，如100元呢？

A. 有 B. 没有

如果“没有”，什么原因？请注明____________________________

101. 您是否积极参与环境政府或村里组织的环境活动？________

A. 经常 B. 有时候 C. 从不

如果是“有时候”或“从不”，什么原因？请注明________________

102. 您是否积极参与民间组织的环境活动？________

A. 经常 B. 有时候 C. 从不

如果是“有时候”或“从不”，什么原因？请注明________________

103. 您是否会用自己的钱维护公共的树林和草地？________

A. 经常 B. 有时候 C. 从不

如果是有时候或从不，什么原因？请注明________________________

104. 您是否会积极参加呼吁、表达对环境问题的担忧？________

A. 经常 B. 有时候 C. 从不

如果是“有时候”或“从不”，什么原因？请注明________________

105. 除上述问题外，您还有过哪些生态保护行为，举例说明？______

（三）生态行为效果（是否）

106. 您对现在水资源的短缺现象很着急？________

A. 是 B. 否

107. 您对现在水资源污染的情况很着急？________

A. 是　B. 否

108. 您对现在的土壤污染现象很担心？________

A. 是　B. 否

109. 您对现在的雾霾天气很生气？________

A. 是　B. 否

110. 您对擅自开荒行为很生气？________

A. 是　B. 否

111. 您对现在的粉尘污染很生气？________

A. 是　B. 否

112. 您对现在的粉尘污染很生气？________

A. 是　B. 否

113. 您对现在人口密度过大的现象很担心？________

A. 是　B. 否

114. 您对现在破坏地区环境的现象很愤怒？________

A. 是　B. 否

115. 您对偷牧行为很愤怒？________

A. 是　B. 否

116. 您对村里的难闻的气味（可能是畜牧业、可能是工厂的废气等）不能忍受？________

A. 是　B. 否

117. 您已经不使用那些高污染、高残留的农药化肥了？________

A. 是　B. 否

118. 您愿意为环境保护尽自己的努力？________

A. 是　B. 否

119. 您对附近的高污染的工厂存在很生气？________

A. 是　B. 否

120. 您对保护周边植被与耕地发表过您的意见？________

A. 是　B. 否

121. 您对没有经过无害化处理就排放的禽畜粪便、养殖污水提出过意见？________

A. 是　B. 否

122. 您对村里开办的工矿企业布局提出过建议________

A. 是　B. 否

123. 保护环境是我们每一个人的责任？________

A. 是　B. 否

第五部分：生态制度保障

（一）法律法规方面

125. 以下是国家和宁夏出台的保护农村环境的相关法律法规，您知道下面哪一个？（听说过的打钩√、没听说过的打叉 ×）

环境立法基础：《宪法》（　）；

环境保护基本法：《中华人民共和国环境保护法》（　）；

生态环境资源保护单行法：《土地管理法》（　）、《渔业法》（　）、《水法》（　）、《水土保持法》（　）、

《森林法》（　）、《草原法》（　）、《野生动物保护法》（　）、《水污染防治法》（　）、《大气污染防治法》（　）、《固体废物污染防治法》（　）；

农业资源保护行政法规：《基本农田保护条例》（　）、《土地管理法实施条例》（　）、

《秸秆禁烧和综合利用办法》（　）；

农业环境保护部门规章：《全国农业环境监测工作条例（试行）》（　）、《农业环境监测报告制度》（　）

《农业部绿色食品产品管理暂行办法》（　）、《农药登记规定》（　）、《农药安全使用规定》（　）；

地方性农业环境法规和地方政府规章：《宁夏回族自治区农业环境保护条例》（　）；

农业环境标准：《农田灌溉水质标准》（　）、《渔业水质标准》、《土壤环境质量标准》（　）、

《农药安全使用标准》（　）、《保护农作物的大气污染物最高允许浓度》（　）、《地面水环境质量标准》（　）、《城镇垃圾农用控制标准》（　）、《农业粉煤灰中污染物控制标准》（　）、《农用污泥中污染物控制标准》（　）。

（二）组织保障

126. 村上是否经常进行技术培训和推广活动？________

A. 经常　B. 偶尔　C. 从来没有

127. 各级政府投入环境保护资金力度________

A. 非常少　B. 比较少　C. 一般　D. 比较大　E. 非常大

128. 政府监督检查工作到位________

A. 监督工作到位　B. 没什么监督　C. 一般般

129. 政府实施各种生态保护补贴政策________

A. 补贴种类多、额度大　B. 补贴种类很少金额小　C. 没有什么补贴

130. 土地产权制度稳定________

A. 土地产权比较稳定　B. 土地产权不稳定

131. 您觉得政府在宣传生态文明建设方面的力度怎么样？（单选题）

A. 做得很好，效果显著　B. 一般效果，但不显著　C. 做得不好，没什么效果　D. 没接触过任何有关宣传活动

132. 您觉得政府在宣传提升公民生态文明意识方面的工作怎么样？（单选题）

A. 做得很好，效果显著　B. 一般效果，但不显著　C. 做得不好，没什么效果　D. 没接触过任何有关宣传活动

133. 村干部是否经常组织宣传环保知识？________

A. 经常　B. 偶尔　C. 从来没有

134. 您觉得当地政府在环境保护方面的执法力度如何？________

A. 力度足够　B. 一般　C. 有力度，但没效果　D. 完全没有

135. 村干部是否经常进行法规方面的宣传？

A. 经常　B. 偶尔　C. 从来没有

136. 您知道的关于生态环境保护的补助有哪些？请举例说明。

137. 您认为农村生态文明建设主要是谁的事情？

138. 您听说过哪些民间环保组织的名字？请举例。

139. 和以前相比，您觉得现在的农村环境在哪方面有变化？

140. 您认为农村环境污染最大的来源是什么？

141. 您认为保护农村环境最重要的工作是什么？

问卷到此结束，感谢您的配合！

参 考 文 献

［1］艾慧．生态意识与行为矩阵及影响行为的因素研究［J］．求索，2008（03）：43－45.

［2］包庆德．从遮蔽到彰显生态存在：生态意识新进展［J］．自然辩证法研究，2011，27（06）：87－92.

［3］包庆德．论生态存在和生态意识［J］．北京林业大学学报（社会科学版），2005，4（01）：8－12.

［4］曹洪华，李艳．流域生态－经济系统耦合过程的农业响应机制研究［J］．山东农业大学学报（自然科学版），2017，48（03）：360－364.

［5］陈润羊，张贵祥，胡曾曾，冯军宁．京津冀区域生态文明评价研究［J］．环境科学与技术，2018，41（06）：188－196.

［6］陈小娜．浅析如何提升农民的生态文明意识［J］．才智，2013（17）：266.

［7］程志华．农户生活垃圾处理的行为选择和支付意愿研究［D］．西安：西北大学，2016.

［8］崔冀娜，王健，张晓慧．基于公民感知的移民搬迁后城镇融入研究——以三江源生态移民为例［J］．干旱区资源与环境，2019，33（02）：83－88.

［9］道格拉斯·C. 诺思，胡志敏．理解经济变迁的过程［J］．经济社会体制比较，2004（1）：1－7.

［10］丁凤琴，高晶晶．西部少数民族聚居区生态移民人口迁移的文化适应——以宁夏中部干旱带地区为例［J］．农业经济问题，2015，36（06）：75－82＋111－112.

［11］东梅，李晓明，刘乔巧．生态移民瞄准精度实证研究——以宁夏为例［J］．农业技术经济，2011（09）：24－32.

［12］东梅．生态移民与农民收入——基于宁夏红寺堡移民开发区的实证分析［J］．中国农村经济，2006（03）：48－52＋58.

[13] 东梅，魏涛，师东晖，赵凤，韩学雨．生态移民满意度驱动机制及其安置模式选择策略研究 [M]．北京：经济科学出版社，2015.

[14] 东梅，钟甫宁，王广金．退耕还林与贫困地区粮食安全的实证分析——以宁夏回族自治区为例 [J]．中国人口·资源与环境，2005 (01)：107－111.

[15] 董文英．农村初中生环境意识的现状及对策研究 [D]．武汉：华中师范大学，2017.

[16] 段海燕，肖依静，丁哲，王宪恩．区域人口、经济、能源环境协调发展情景预测研究 [J]．人口学刊，2017，39 (02)：47－56.

[17] 范香花，黄静波，程励．生态旅游地居民环境友好行为形成机制——以国家风景名胜区东江湖为例 [J]．经济地理，2016，36 (12)：177－188.

[18] 冯伟林，李树苗．生态移民风险应对策略的选择及影响因素——基于农户禀赋的视角 [J]．农村经济，2016 (09)：91－97.

[19] 冯潇，薛永基，刘欣禺．生态知识对林区农户生态保护行为影响的实证研究——生态情感与责任意识的中间作用 [J]．资源开发与市场，2017，33 (03)：284－288＋294.

[20] 冯银．湖北省生态文明建设水平评价研究 [D]．武汉：中国地质大学，2018.

[21] 付保荣，顾春雨，张润洁．城市化环境胁迫下水生态系统的响应机制——以本溪为例 [J]．辽宁大学学报（自然科学版），2017，44 (02)：152－156.

[22] 付春燕．生态保护导向下农民生态行为研究 [D]．兰州：西北师范大学，2012.

[23] 付广华．传统生态知识：概念、特点及其实践效用 [J]．湖北民族学院学报（哲学社会科学版），2012，30 (04)：52－57.

[24] 高越红．生态意识与生态行为关系的实证研究 [D]．银川：宁夏大学，2018.

[25] 葛怀凤．基于生态—水文响应机制的大坝下游生态保护适应性管理研究 [D]．北京：中国水利水电科学研究院，2013.

[26] 葛数金．西藏生态移民面临的问题与对策 [J]．人民论坛，2015 (21)：230－232.

[27] 耿言虎．农耕文化演变视角下的生态变迁——基于云南省 M 县

农业知识变迁的考察 [J]. 南京工业大学学报 (社会科学版), 2017, 16 (01): 92-99.

[28] 龚继红, 黄梦思, 马玉申, 孙剑. 农民背景特征、生态环境保护意识与农药施用行为的关系 [J]. 生态与农村环境学报, 2016, 32 (04): 546-551.

[29] 顾钰民. 论生态文明制度建设 [J]. 福建论坛 (人文社会科学版), 2013 (06): 165-169.

[30] 郭利华, 王飞. 可行能力视阈下牧区生态移民福利变化评价——以内蒙古、青海为例 [J]. 黑龙江民族丛刊, 2017 (02): 44-51.

[31] 郭利京, 赵瑾. 非正式制度与农户亲环境行为——以农户秸秆处理行为为例 [J]. 中国人口·资源与环境, 2014, 24 (11): 69-75.

[32] 韩学雨. 生态移民安置模式满意度比较研究 [D]. 银川: 宁夏大学, 2015.

[33] 何学欢, 胡东滨, 粟路军. 旅游地居民感知公平、关系质量与环境责任行为 [J]. 旅游学刊, 2018, 33 (9): 117-131.

[34] 洪大用, 范叶超, 邓霞秋, 曲天词. 中国公众环境关心的年龄差异分析 [J]. 青年研究, 2015 (01): 1-10+94.

[35] 洪大用, 范叶超. 公众环境知识测量: 一个本土量表的提出与检验 [J]. 中国人民大学学报, 2016, 30 (04): 110-121.

[36] 洪大用. 公民环境意识的综合评判及抽样分析 [J]. 科技导报, 1998 (09): 13-16.

[37] 洪大用, 肖晨阳. 环境关心的性别差异分析 [J]. 社会学研究, 2007 (02): 111-135+244.

[38] 侯鹏, 席海燕. 基于 PSR 模型的中国生态文明建设国际比较 [J]. 世界林业研究, 2015, 28 (05): 61-67.

[39] 胡洁瑛. 浙江省环境意识研究 [D]. 杭州: 浙江大学, 2008.

[40] 胡荣. 影响城镇居民环境意识的因素分析 [J]. 福建行政学院福建经济管理干部学院学报, 2007 (01): 48-53+98.

[41] 华春林, 张灿强. 农户响应农业面源污染治理教育引导机制的行为研究——以测土配方施肥项目为例 [J]. 生态经济, 2016, 32 (10): 193-197.

[42] 郇庆治. 论我国生态文明建设中的制度创新 [J]. 学习论坛, 2013, 29 (08): 48-54.

[43] 黄海燕，王永平. 城镇安置生态移民可持续发展能力评价研究——基于贵州生态移民家庭的调研 [J]. 农业现代化研究，2018，39 (04)：643 - 653.

[44] 黄和文. 农村生态文明建设与农民生态伦理教育的关系研究 [J]. 常州工学院学报 (社科版)，2013，31 (06)：95 - 98.

[45] 黄巧云，田雪. 生态文明建设背景下的农村环境问题及对策! [J]. 华中农业大学学报 (社会科学版)，2014 (02)：10 - 15.

[46] 黄蕊，李桦，杨扬，于艳丽. 环境认知、榜样效应对半干旱区居民亲环境行为影响研究 [J]. 干旱区资源与环境，2018，32 (12)：1 - 6.

[47] 黄志刚，陈晓楠，李健瑜. 生态移民政策对农户收入影响机理研究——基于形成型指标的结构方程模型分析 [J]. 资源科学，2018，40 (02)：439 - 451.

[48] 基鲁索夫. 生态意识是社会和自然最优相互作用的条件 [J]. 哲学译丛，1986 (04)：29 - 36.

[49] 贾衍菊，孙凤芝，刘瑞. 旅游目的地依恋与游客环境保护行为影响关系研究 [J]. 中国人口·资源与环境，2018，28 (02)：159 - 167.

[50] 贾耀锋. 中国生态移民效益评估研究综述 [J]. 资源科学，2016，38 (08)：1550 - 1560.

[51] 金莲，王永平. 贵州省生态移民经济可持续发展研究 [J]. 山地学报，2019，37 (01)：98 - 108.

[52] 亢楠楠，王尔大. 主观幸福感对居民环境行为的影响研究 [J]. 统计研究，2017，34 (05)：82 - 93.

[53] 李东. 中国生态移民的研究——一个文献综述 [J]. 西北人口，2009，30 (01)：32 - 35.

[54] 李芬，张林波，陈利军. 三江源区生态移民生计转型与路径探索——以黄南藏族自治州泽库县为例 [J]. 农村经济，2014 (11)：53 - 57.

[55] 李贵德，罗剑朝. 西部生态重建中农民生态行为初步分析 [J]. 生态经济 (学术版)，2007 (01)：309 - 311 + 315.

[56] 李贵德. 西部生态重建中农户生态行为研究 [D]. 咸阳：西北农林科技大学，2008.

[57] 李昊，李世平，南灵，李晓庆. 中国农户环境友好型农药施用行为影响因素的 Meta 分析 [J]. 资源科学，2018，40 (01)：74 - 88.

[58] 李昊. 内部动机视角下蔬菜种植户环境保护行为研究 [D]. 咸

阳：西北农林科技大学，2018.

[59] 李健瑜，陈晓楠．可持续生计视域下生态移民工程效果探析——基于陕南599份农户问卷的实证分析 [J]．干旱区资源与环境，2018，32（12）：41－48.

[60] 李鸣骥．西北干旱区内陆河流域城镇化过程与区域生态环境响应关系研究 [D]．兰州：西北师范大学，2007.

[61] 李宁宁．环保意识与环保行为 [J]．学海，2001（01）：120－124.

[62] 李培林，王晓毅．移民、扶贫与生态文明建设——宁夏生态移民调研报告 [J]．宁夏社会科学，2013（03）：52－60.

[63] 李绍东．论生态意识和生态文明 [J]．西南民族学院学报（哲学社会科学版），1990（02）：104－110.

[64] 李胜连，李雨康，黄立军．基于改进熵值法的宁夏生态移民发展能力评价 [J]．统计与决策，2016（04）：65－67.

[65] 李霞，文琦，朱志玲．基于年龄层次的宁夏生态移民社会适应性研究 [J]．干旱区资源与环境，2017，31（05）：26－32.

[66] 李笑春，陈智，刘敏，叶立国，董华，张君，聂馥玲．生态意识变迁的考察与草地畜牧业可持续发展——以内蒙古锡林郭勒退化草地为例 [J]．中国人口·资源与环境，2004（04）：95－99.

[67] 李宇，钟志强，刘晓文，董家华，项赟．江苏、广东两省生态文明建设水平特征分析 [J]．生态经济，2019，35（02）：214－218.

[68] 梁静溪，董一慧，李彩凤．基于SEM的黑龙江省农户生态行为影响因素分析 [J]．科技与管理，2017，19（05）：38－44.

[69] 廖冰．引入中介和调节变量的生态认知对生态行为作用机理实证研究 [J]．资源开发与市场，2018，34（04）：539－546.

[70] 林英梅．俄罗斯生态法制研究及对我国生态文明建设的镜鉴 [D]．北京：中国石油大学（北京），2017.

[71] 刘丛．2013年中国居民环保意识调查——多维度视域下的环保意识影响因素分析 [J]．新媒体与社会，2014（03）：141－155.

[72] 刘大椿．现代科学背景下的东方自然观 [J]．中国社会科学，1995（05）：200－202.

[73] 刘海霞，宋秀葵．生态意识：生态文明建设的动力系统 [J]．山东青年政治学院学报，2014，30（01）：51－55.

[74] 刘洪彬，王秋兵，吴岩，王大鹏，闫宇闻．耕地质量保护中农户的认知程度、行为决策响应及其影响机制研究［J］．中国土地科学，2018，32（08）：52－58.

[75] 刘建国．城市居民环境意识与环境行为关系研究［D］．兰州：兰州大学，2007.

[76] 刘静．柑橘种植户农药施用亲环境行为研究［D］．重庆：西南大学，2018.

[77] 刘静．中国特色社会主义生态文明建设研究［D］．北京：中共中央党校，2011.

[78] 刘乐，张娇，张崇尚，仇焕广．经营规模的扩大有助于农户采取环境友好型生产行为吗——以秸秆还田为例［J］．农业技术经济，2017（05）：17－26.

[79] 刘梦情．基于结构方程模型的我国居民环境行为影响因素分析［D］．大连：东北财经大学，2017.

[80] 刘思华．理论生态经济学若干问题研究［M］．广西：广西人民出版社，1989.

[81] 刘湘溶．论生态意识［J］．求索，1994（02）：56－61.

[82] 刘晓光，侯晓菁．中国农村生态文明建设政策的制度分析［J］．中国人口·资源与环境，2015，25（11）：105－112.

[83] 刘晓红．民族贫困地区农村生态移民可持续发展路径——以西藏察隅县扎拉村为例［J］．安徽农业科学，2019，47（06）：256－258＋261.

[84] 刘新庚，曹关平．公民生态行为规范论［J］．求索，2014（01）：81－86.

[85] 刘艳华．论大学生生态环保意识的培养［J］．思想教育研究，2009（01）：69－71.

[86] 卢春天，洪大用．建构环境关心的测量模型——基于2003中国综合社会调查数据［J］．社会，2011，31（01）：35－52.

[87] 吕群立．城镇化进程中农民生态意识培育研究［D］．贵州：贵州大学，2017.

[88] 罗庚．成都市居民环境关心与环境行为关系研究［D］．成都：西南交通大学，2016.

[89] 毛惠萍，何璇，何佳，牛冬杰，包存宽．生态示范创建回顾及

生态文明建设模式初探 [J]. 应用生态学报, 2013, 24 (04): 1177 - 1182.

[90] 倪珊, 何佳, 牛冬杰, 包存宽, 王娟. 生态文明建设中不同行为主体的目标指标体系构建 [J]. 环境污染与防治, 2013, 35 (01): 100 - 105.

[91] 倪彦红. 生态移民的次生贫困化问题研究 [D]. 长春: 吉林大学, 2017.

[92] 潘晓成. 三峡工程库区生态移民政策绩效分析及建议 [J]. 农业经济问题, 2006 (06): 18 - 23 + 79.

[93] 潘岳. 生态文明是社会文明体系的基础 [J]. 中国国情国力, 2006 (10): 1.

[94] 彭皓玥. 公众参与区域生态风险防范模式影响因素及政策干预路径研究——基于扎根理论的探索性研究 [J]. 软科学, 2015, 29 (02): 140 - 144.

[95] 彭文君. 喀斯特山区土地生态环境对人类活动的响应机制和耐受能力研究 [D]. 贵州: 贵州大学, 2018.

[96] 彭燕妮. 企业生态意识和生态行为研究 [D]. 合肥: 合肥工业大学, 2016.

[97] 彭远春. 城市居民环境行为的结构制约 [J]. 社会学评论, 2013, 1 (04): 29 - 41.

[98] 彭远春, 毛佳宾. 行为控制、环境责任感与城市居民环境行为——基于2010CGSS 数据的调查分析 [J]. 中南大学学报 (社会科学版), 2018, 24 (01): 143 - 149.

[99] 彭远春. 我国环境行为研究述评 [J]. 社会科学研究, 2011 (01): 104 - 109.

[100] 祁秋寅, 张捷, 杨旸, 卢韶婧, 张宏磊. 自然遗产地游客环境态度与环境行为倾向研究——以九寨沟为例 [J]. 旅游学刊, 2009, 24 (11): 41 - 46.

[101] 饶静, 许翔宇, 纪晓婷. 我国农业面源污染现状、发生机制和对策研究 [J]. 农业经济问题, 2011, 32 (08): 81 - 87.

[102] 任毅, 王武魁. 首都生态文明建设的阶段性特征与重点问题 [J]. 中国行政管理, 2015 (05): 158 - 159.

[103] 施生旭, 甘彩云. 环保工作满意度、环境知识与公众环保行为——基于 CGSS2013 数据分析 [J]. 软科学, 2017, 31 (11): 88 - 92.

[104] 石志恒，晋荣荣，慕宏杰，秦来寿．基于媒介教育功能视角下农民亲环境行为研究——环境知识、价值观的中介效应分析 [J]. 干旱区资源与环境，2018，32（10）：76－81.

[105] 史俊宏．基于PSR模型的生态移民安置区可持续发展指标体系构建及评估方法研究 [J]. 西北人口，2010，31（04）：31－35.

[106] 史俊宏，赵立娟．非自愿迁移人口生计转型困境及发展能力提高策略研究 [J]. 农业现代化研究，2015，36（04）：603－609.

[107] 帅庆，平欲晓．基于性别差异的生态文明意识培育 [J]. 江西社会科学，2014，34（07）：206－211.

[108] 宋宝莉，揭筱纹．西部资源型企业生态行为影响因素研究 [J]，生态经济，2014，30（07）：82－85

[109] 苏芳．多种生态补偿方案下流域农户生计的响应机制 [J]. 冰川冻土，2014，36（06）：1591－1598.

[110] 苏岚岚，何学松，孔荣．金融知识对农民农地流转行为的影响——基于农地确权颁证调节效应的分析 [J]. 中国农村经济 2008（08）：17－31.

[111] 苏世亮．流域生态系统对城市化的时空响应 [D]. 杭州：浙江大学，2013.

[112] 孙习祥，张启尧．自我一致性对消费者－绿色品牌关系真实性的影响——生态知识和感知效用的调节作用 [J]. 财经论丛，2017（11）：84－94.

[113] 孙岩．居民环境行为及其影响因素研究 [D]. 大连：大连理工大学，2006.

[114] 邰秀军，畅冬妮，郭颖．宁夏生态移民居住安置方式的减贫效果分析 [J]. 干旱区资源与环境，2017，31（04）：47－53.

[115] 唐宏，张新焕，杨德刚．农户生态移民意愿及影响因素研究——基于新疆三工河流域的农户调查 [J]. 自然资源学报，2011，26（10）：1658－1669.

[116] 唐丽霞，林志斌，李小云．谁迁移了——自愿移民的搬迁对象特征和原因分析 [J]. 农业经济问题，2005（04）：38－43.

[117] 唐林，罗小锋，张俊飚．社会监督、群体认同与农户生活垃圾集中处理行为——基于面子观念的中介和调节作用 [J]. 中国农村观察，2019（02）：18－33.

[118] 王耕源，田鹏，段永华．生态移民聚集区基础教育水平综合评价［J］．统计与决策，2019，35（03）：114－116.

[119] 王宏斌．西方发达国家建设生态文明的实践、成就及其困境［J］．马克思主义研究，2011（03）：71－75.

[120] 王甲旬．生态文明教育的新媒体途径研究［D］．武汉：中国地质大学，2016.

[121] 王孔雀．生态文明是社会文明的新形态［J］．生态经济，2010（02）：188－190.

[122] 王林伶．宁夏生态文明发展建设的历程与成就［J］．中共银川市委党校学报，2013（6）：6－69.

[123] 王林伶．宁夏生态文明发展建设的历程与成就［J］．中共银川市委党校学报，2013，15（06）：67－69.

[124] 王民．论环境意识的结构［J］．北京师范大学学报（自然科学版），1999（03）：423－426.

[125] 王敏，张晓平．生态脆弱区社会经济与资源环境耦合协调度研究：以云南省昭通市为例［J］．中国科学院大学学报，2017，34（06）：684－691.

[126] 王屏，戴年华，欧阳雪莲，郭晓敏．中西方森林游憩者生态行为影响研究——基于解说驱动机制视角［J］．生态学报，2016，36（12）：3666－3677.

[127] 王钦涛．山区高速公路建设区域生态系统响应机制及生态功能分区研究［D］．武汉：长江科学院，2011.

[128] 王思远．新时代生态文明制度建设路径探析［J］．领导科学，2018（35）：55－57.

[129] 王文略，刘旋，余劲．风险与机会视角下生态移民决策影响因素与多维减贫效应——基于陕西南部1032户农户的面板数据［J］．农业技术经济，2018（12）：92－102.

[130] 王晓楠．"公"与"私"：中国城市居民环境行为逻辑［J］．福建论坛（人文社会科学版）［J］，2018（06）：141－150.

[131] 王晓楠．我国环境行为研究20年：历程与展望——基于CNKI期刊文献的可视化分析［J］．干旱区资源与环境，2019，33（02）：22－31.

[132] 王昕，陆迁．农户生态行为影响因素的实证分析［J］．华中农业大学学报（社会科学版），2011（03）：43－46.

［133］王新军，杨娟，邵超峰，黄磊．生态文明视域下的生态移民模式设计［J］．生态经济，2014，30（07）：122－126.

［134］王耀先，李炜，杨明明，洪大用．建立环境素质评估指标体系提高公众环境素质［J］．环境保护，2011（06）：53－55.

［135］韦仁忠．保障、整合、激励：后移民时代三江源生态移民生活重建机制的三个维度［J］．青海社会科学，2019（01）：117－124

［136］文首文，吴章文．生态教育对游憩冲击的影响［J］．生态学报，2009，29（02）：768－775.

［137］邬兰娅，齐振宏，李欣蕊，黄建，罗丽娜．养猪农户环境风险感知与生态行为响应［J］．农村经济，2014（07）：98－102.

［138］夏光．再论生态文明建设的制度创新［J］．环境保护，2012（23）：19－22.

［139］谢刚，李文元，田红云，李文鹣．“服务中介—企业”互动与企业知识吸收能力共演——基于科技型小企业的案例研究［J］．软科学，2018，32（10）：88－91＋96.

［140］谢龙汉，尚涛，蔡明京．SPSS 统计分析与数据挖掘［M］．北京：电子工业出版社，2014.

［141］谢伟伟．石河子棉农生态行为影响因素研究［D］．石河子大学，2015.

［142］徐春．生态文明在人类文明中的地位［J］．中国人民大学学报，2010，24（02）：37－45.

［143］徐菲菲，何云梦．环境伦理观与可持续旅游行为研究进展［J］．地理科学进展，2016，35（06）：724－736.

［144］徐梓淇．论生态公民及其培育［D］．上海：复旦大学，2013.

［145］许国成．西部地区城市生态文明评价及发展研究［D］．武汉：中国地质大学，2018.

［146］薛求知，高广阔．跨国公司生态态度和绿色管理行为的实证分析——以上海部分跨国公司为例［J］．管理世界，2004（06）：106－112.

［147］闫喜凤．论生态文明意识［J］．理论探讨，2008（06）：65－68.

［148］杨炯炯．宁夏生态移民发展研究［D］．北京：北京化工大学，2013.

［149］杨俊，李争，李文波．农户耕地污染响应机制及影响因素研究——以环鄱阳湖地区为例［J］．长江科学院院报，2016，33（12）：46－50.

［150］杨培蓓．陕南农村居民环保意识调查研究［D］．西安：西安理工大学，2018.

［151］杨文健．中国水库农村移民安置模式研究［D］．南京：河海大学，2004.

［152］杨美艳．生态文明建设绩效评价研究［D］．济南：济南大学，2018.

［153］叶谦吉，罗必良．生态农业发展的战略问题［J］．西南农业大学学报，1987（01）：1－8.

［154］易先良，龚雁梓．环境意识初探［J］．社会科学，1987（05）：25－27.

［155］于冰，王洪新．生态意识的当代审视［J］．马克思主义研究，2016（03）：111－117.

［156］于伟．基于计划行为理论的居民环境行为形成机理研究——基于山东省内大中城市的调查［J］．生态经济，2010（06）：160－163.

［157］于伟．消费者绿色消费行为形成机理分析——基于群体压力和环境认知的视角［J］．消费经济，2009，25（04）：75－77＋96.

［158］余谋昌．环境意识与可持续发展［J］．世界环境，1995（04）：13－16＋12.

［159］余谋昌．生态意识及其主要特点［J］．生态学杂志，1991，10（04）：68－71.

［160］俞刚．可持续发展观视角下的民勤县生态移民问题研究［J］．财会研究，2010（03）：76－78.

［161］虞佳丽．环境知识与环境态度、环境行为的关系研究［D］．华东理工大学，2013.

［162］袁树，黄洪雷．关于我国农村生态文明建设的思考［J］．长春理工大学学报（社会科学版），2015，28（03）：28－31＋37.

［163］岳靓，孙超．生态文明视域下农村生态产业发展研究［J］．山西农业大学学报（社会科学版），2014，13（11）：1103－1107.

［164］曾昭鹏．环境素养的理论与测评研究［D］．南京：南京师范大学，2004.

［165］张董敏，齐振宏，李欣蕊，曹丽红，朱萌，邬兰娅．农户两型农业认知对行为响应的作用机制——基于 TPB 和多群组 SEM 的实证研究［J］．资源科学，2015，37（07）：1482－1490.

[166] 张丽美. 化被动为主动提高农民生态文明意识 [J]. 前沿, 2014 (Z1): 143 - 144.

[167] 张灵俐, 刘俊浩. 论生态移民的制度供给 [J]. 湖南社会科学, 2013 (04): 5 - 8.

[168] 张鹏. 大数据背景下企业创新能力提升研究——基于知识吸收能力视角 [J]. 山东社会科学, 2018 (03): 130 - 135.

[169] 张倩芸. 建国以来我国生态文明制度建设研究 [D]. 扬州: 扬州大学, 2016.

[170] 张莎莎. 西北地区农户生态行为及其激励机制研究 [D]. 咸阳: 西北农林科技大学, 2010.

[171] 张首先, 王丽娟. 中国生态文明建设的体制资源与动力基础 [J]. 理论导刊, 2010 (05): 35 - 37.

[172] 张首先. 中国生态文明建设的话语形态及动力基础 [J]. 自然辩证法研究, 2014, 30 (10): 119 - 123.

[173] 张首先. 中国生态文明建设的资本规制及战略选择 [J]. 理论导刊, 2013 (09): 102 - 104.

[174] 张涛, 袁辕, 张志良. 移民效益评估理论与方法 [J]. 中国人口科学, 1997 (06): 23 - 29.

[175] 张小明. 西部地区生态移民研究 [D]. 咸阳: 西北农林科技大学, 2008.

[176] 张兴莲, 郭友, 倪佳. 中学生环境行为调查报告 [J]. 首都师范大学学报 (自然科学版), 2004, 100 - 103.

[177] 张越, 李双奎, 夏淼. 生态移民工程中的移民满意度实证研究——以宁夏泾灵新村为例 [J]. 宁夏社会科学, 2014 (05): 54 - 61.

[178] 赵宏利, 陈修文, 姜越, 陈彦, 吴建海. 生态移民后续产业发展模式研究——以三江源国家级自然保护区为例 [J]. 生态经济, 2009 (07): 105 - 108.

[179] 赵卉卉, 王远, 王义琛, 谷学明, 王芳. 南京市公众环境意识总体评价与影响因素分析 [J]. 长江流域资源与环境, 2012, 21 (04): 406 - 411.

[180] 赵杰. 青少年环境意识的结构、特点及综合测评研究 [D]. 太原: 山西大学, 2008.

[181] 中国科学院. 中国可持续发展战略报告 [R]. 2006 (2).

[182] 钟水映，冯英杰．生态移民工程与生态系统可持续发展的系统动力学研究——以三江源地区生态移民为例 [J]．中国人口·资源与环境，2018，28 (11)：10 - 19.

[183] 周颖．农田清洁生产技术补偿的农户响应机制研究 [D]．北京：中国农业科学院，2016.

[184] 周志家．环境意识研究：现状、困境与出路 [J]．厦门大学学报（哲学社会科学版），2008 (04)：19 - 26.

[185] 朱慧．环境知识、风险感知与青年环境友好行为 [J]．当代青年研究，2017 (05)：66 - 72.

[186] 朱丽．环境脆弱区生态移民问题研究 [D]．兰州：甘肃农业大学，2008.

[187] 邹庆华．生态环境协同治理中公民生态意识的培育 [J]．哈尔滨工业大学学报（社会科学版），2016，18 (05)：115 - 120.

[188] Ajzen I. The Theory of Planned Behaviour [J]. Organizational Behaviour and Human Decision Processes, 1991, 50: 179 - 211.

[189] A Lexander Grob. A Structure Model of Environmental Attitudes and Behavior [J]. Journal of Environmental Psychology, 1995, (15): 209 - 220.

[190] Arcury T A, Christianson E H. Environmental Worldview in Response to Environmental Problems: Kentucky 1984 and 1988 Compared [J]. Environment and Behavior, 1990, 22 (3): 387 - 407.

[191] Arcury T A, Johnson T P. Public Environmental Knowledge: A Statewide Survey [J]. Journal of Environmental Education, 1987, 18 (4): 31 - 37.

[192] Arcury, T. A., Scollay, S. J., and T. P. Johnson. Sex Differences in Environmental Concern and Knowledge: The Case of Acid Rain [J]. Sex Roles, 1987, 16 (9): 463 - 472.

[193] Baron, R. M., &Kenny, D. A. The Moderator - mediator Variable Distinction in Social Psychological Research: Conceptual, Strategic, and Statistical Considerations [J]. Journal of Personality and Social Psychology, 1986 (51): 1173 - 1182.

[194] Bell D. Technology, Nature and Society: The Vicissitudes of Three World Views and the Confusion of Realms [J]. American Scholar, 1973, 42 (3): 85 - 404.

[195] Berger, I. E. The Demographics of Recycling and the Structure of Environmental Behavior [J]. Environment and Behavior, 1997 (29): 515 -531.

[196] Bigsten A. The Circular Migration of Smallholders in Kenya [J]. Journal of African Economies, 1996, 5 (1): 1.

[197] Bradley J C, Waliczek T M, Zajicek J M. Relationship Between Environmental Knowledge and Environmental Attitude of High School Students [J]. The Journal of Environmental Education, 1999, 30 (3): 17 -21.

[198] Brody C J. Differences by Sex in Support for Nuclear Power [J]. Social Forces, 1984, 63 (1): 209 -228.

[199] Brown O, Long A, Shah N, et al. System Lifecycle Cost Under Uncertainty as a Design Metric Encompassing the Value of Architectural Flexibility [C]. 2007.

[200] Carman C J. Dimensions of Environmental Policy Support in the United States [J]. Social Science Quarterly, 1998, 79 (4): 717 -733.

[201] Chatterjee D K. World Commission on Environment and Development [J]. Environmental Policy & Law, 1987, 14 (1): 26 -30.

[202] Curran, Renee, Hildebrandt, et al. Influence of Flaxseed Oil Administration on Glycemic Response in Active, Healthy Adults [J]. Topics in Clinical Nutrition, 2002, 17 (17): 28 -35.

[203] Curran S. Migration, Social Capital, and the Environment: Considering Migrant Selectivity and Networks in Relation to Coastal Ecosystems [J]. Population & Development Review, 2002, 28 (1): 89 -125.

[204] Dunlap. R. E. , Van Liere K. D. , Merting A. G. , et al. Measuring Endorsement of the New Environmental Paradigm: A Revised NEP Scale [J]. Journal of Social Issues, 2000, 56 (3): 425 -442.

[205] Dunlap. R. E. , Van Liere, K. D. . The New Environmental Paradigm [J]. Journal of Environmental Education, 1978 (9): 10 -19.

[206] Dunlap, Riley E. & Robert E. Jones 2002, Environmental Concern: Conceptual and Measurement Issues. in R. E. Dunlap & W. Michelson (eds.), Handbook of Environmental Sociology. Westport, CT: Greenwood Press.

[207] Ehrlich R, Slattery J C. Evaluation of Power - Model Lubricants in an Infinite Journal Bearing [J]. Industrial & Engineering Chemistry Fundamen-

tals, 1968, 7 (2): 239 -246.

[208] Ester P., Meer F. Determinants of Individual Environmental Behavior: An Outline of a Behavior Model and Some Research findings [J]. The Netherlands' Journal of Sociology, 1982, 18, 57 -94.

[209] Flamm B. The Impacts of Environmental Knowledge and Attitudes on Vehicle Ownership and Use [J]. Transportation Research Part D: Transport and Environment, 2009, 14 (4): 272 -279.

[210] Gambro J. S., Switzky H N. A National Survey of High School Students Environmental Knowledge [J]. The Journal of Environmental Education, 1996, 27 (3): 28 -33.

[211] Granzin K L, Olsen J E. Characterizing Participants in Activities Protecting the Environment: A Focus on Donating, Recycling, and Conservation Behaviors [J]. Journal of Public Policy & Marketing, 1991, 10 (2): 1 -27.

[212] Grodzinska - Jurczak M, Bartosiewicz A, Twardowska A, et al. Evaluating the Impact of a School Waste Education Programme Upon Students', Parents' and Teachers' Environmental Knowledge, Attitudes and Behaviour [J]. International Research in Geographical & Environmental Education, 2003, 12 (2): 106 -122.

[213] Guagnano G A, Stern P C, Dietz T. Influences on Attitude - Behavior Relationships: A Natural Experiment with Curbside Recycling [J]. Environment & Behavior, 1995, 27 (5): 699 -718.

[214] Guber D L. Environmental Concern and the Dimensionality Problem: A New Approach to an Old Predicament [J]. Social Science Quarterly, 1996, 77 (3): 644 -662.

[215] Haan A D. Livelihoods and poverty: The Role of Migration a Critical Review of the Migration Literature [J]. Journal of Development Studies.

[216] Haan S L, Cooper J. Threshold Shifts in Negative - ion Photodetachment [J]. Journal of Physics B Atomic & Molecular Physics, 1999, 17 (17): 3481.

[217] Hines J M, Hungerford H R, Tomera A N. Analysis and Synthesis of Research on Responsible Environmental Behavior: A Meta - analysis [J]. Journal of Environmental Education, 1999, 18 (2): 1 -19.

[218] Hines. J. M, Hungerford, H. K. and Tomera, A. N. Analysis and

Synthesis of Research on Responsible Environmental Behavior: A Meta-analysis [J]. The Journal of Environmental Education, 1986, 18 (2): 1 -8.

[219] Hsu S. J., Roth R. E.. An Assessment of Environmental Literacy and Analysis of Predictors of Responsible Environmental Behavior Held by Secondary Teachers in the Hualien Area of Taiwan [J]. Environmental Education Research. 1998, 4 (3): 229 -249.

[220] Hungerford, H. R. Peyton, A. N. Tomera, R. A. Litherl, J. M. Ramsey, and T. L. Volk. Investigating and Evaluating Environmental Issues and Actions Skill Development Modules [M]. Stipes Publishing Company, 1985.

[221] Jack Arbuthnot, Sandra Lingg. A Comparison of French and American Environmental Behaviors, Knowledge and Attitudes [J]. International Journal of Psychology, 1975, 10 (4): 275 -281.

[222] Jensen, Bruun B. Knowledge, Action and Pro - environmental Behaviour [J]. Environmental Education Research, 2002, 8 (3): 325 -334.

[223] Jolly D. Viral Vector Systems for Gene Therapy [J]. Cancer Gene Therapy, 1994, 1 (1): 51 -64.

[224] Kaiser F G, Wölfing S, Fuhrer U. Environmental Attitude and Ecologica Behaviour [J]. Journal of Environmental Psychology, 1996, 19 (1): 1 -19.

[225] Kallimanis A S, Mazaris A D, Tzanopoulos J, et al. How Does Habitat Diversity Affect the Species - area relationship? [J]. Global Ecology & Biogeography, 2010, 17 (4): 532 -538.

[226] Klineberg S L, Mckeever M, Rothenbach B. Demographic Predictors of Environmental Concern: It does Make a Difference How its Measured [J]. Social Science Quarterly, 1998, 79 (4): 734 -753.

[227] Knetsch J L. The Endowment Effect and Evidence of Nonreversible Indifference Curves [J]. American Economic Review, 2001, 79 (79): 1277 - 1284.

[228] Leeming, F. C., Dwyer, W. O., and B. A. Bracken. Children's Environmental Attitude and Knowledge Scale: Construction and Validation [J]. The Journal of Environmental Education, 1995, 26 (3): 22 -31.

[229] Lucas, Karen. Middle English Romance, Attitudes to Kingship and Political Crisis, c. 1272 -c. 1350 [J]. Durham University, 1997.

[230] Lucas R E. Internal Migration in Developing Countries [J]. Handbook of Population & Family Economics, 1997, 11 (2): 248.

[231] Maloney M P, Ward M P, Braucht G N. A Revised Scale for the Measurement of Ecological Attitudes and Knowledge [J]. American Psychologist, 1975, 30 (7): 787 -790.

[232] Marquette C M, Bilsborrow R E. Population and Environment Relationships in Developing Countries: Recent Approaches and Methods [M]. People and Their Planet. 1999.

[233] Mckenzie D, Rapoport H. Network Effects and the Dynamics of Migration and Inequality: Theory and Evidence from Mexico [J]. Working Papers, 2004, 84 (1): 1 -24.

[234] Mcstay J R, Dunlap R E. Male - female Differences in Concern for Environmental Quality [J]. International Journal of Womens Studies, 1983, 6 (4): 291 -301.

[235] Michael P. Maloney, Michael P. Ward. Ecology: Let's Hear from the People: An Objective Scale for the Measurement of Ecological Attitudes and Knowledge [J]. American Psychologist, 1973, 28 (7): 583 -586.

[236] Midden C J H, Ritsema B S M. The Meaning of Normative Processes for Energy Conservation [J]. Journal of Economic Psychology, 1983, 4 (1): 37 -55.

[237] Morrison S R. Surface Barrier Effects in Adsorption, Illustrated by Zinc Oxide [J]. Advances in Catalysis, 1955 (7): 259 -301.

[238] Panayotou T. Economic Growth and the Environment [M]. Kluwer Academic Publishers, 2000.

[239] Panayotou T, Tietenberg T, Folmer H. Population and Environment [M]. 2000.

[240] Ramkissoon, Haywantee, Weiler, Betty, Smith, Liam David Graham. Place Attachment and Pro - environmental Behaviour in National Parks: The Development of a Conceptual Framework [J]. Journal of Sustainable Tourism, 20 (2): 257 -276.

[241] Schahn, J., and E. Holzer. Studies of Individual Environmental Concern: The Role of Knowledge, Gender, and Background Variables [J]. Environment and Behavior, 1990, 22 (6): 767 -786.

[242] Scott D, Willits F K. Environmental Attitudes and Behavior: A Pennsylvania Survey [J]. Environment & Behavior, 1994, 26 (2): 239 –260.

[243] Shefrin, Hersh, Thaler, Richard H. An Economic Theory of Self – Control [J]. Social Science Electronic Publishing, 1981, 89 (2): 392 –406.

[244] SiaA. p. , Hungerford H. R. , Tomera A. N. , Selected Predictors of Responsible Environmental Behavior: Analysis [J]. The Journal of Environmental Education, 1985/1986, 17 (2): 31 –40.

[245] Stern P. C. . Toward a Coherent Theory of Environmentally Significant Behavior [J]. Journal of Social Issues, 2000, 56 (3): 407 –424.

[246] Van Liere K. D. , Dunlap R. E. The Social Bases of Environmental Concern: A Review of Hypotheses, Explanations and Empirical Evidence [J]. Public Opinion Quarterly, 1980, 44 (2): 181 –197.